デジタル課税と租税回避の実務詳解

長島・大野・常松法律事務所　弁護士
藤枝　純
遠藤　努

EY税理士法人　税理士
角田伸広
［著］

中央経済社

はしがき

　３人の共著者のうち藤枝と角田は，OECD/G20のBEPS（Base Erosion and Profit Shifting）行動８-10「移転価格税制と価値創造の一致」及び行動13「多国籍企業の企業情報の文書化」に対応する『移転価格税制の実務詳解』を2016年10月に初めて刊行した際，BEPS行動に係る多くの最終報告書の内，わが国の国際課税実務に重要な影響を及ぼすものすべてについて，できる限り最新の情報に基づきレベルを落とさず実務で役立つ解説を「実務詳解」シリーズで行いたいという夢を持っておりました。もっとも，BEPSプロジェクトは国際課税の分野における100年に一度とも言われる壮大なプロジェクトであり，採り上げているテーマの数も非常に多いため，それらを２人でカバーするのは至難のわざであることから，半ば"夢物語"のようなものでした。

　その後，2017年12月に刊行した『タックス・ヘイブン対策税制の実務詳解』において行動３「被支配外国法人ルールの設計」を採り上げ，さらに，2018年12月に刊行した『租税条約の実務詳解』において，行動２「ハイブリッド・ミスマッチ取極めの効果の無効化」（条約関連部分），行動６「不適切な状況における条約特典の授与の防止」，行動７「恒久的施設認定の人為的回避の防止」及び行動14「相互協議の効果的実施」の勧告を反映した，行動15「多国間協定の策定」に基づくBEPS防止措置実施条約を採り上げることによって，BEPSプロジェクトの過半をカバーすることができました。

　本書においては，EUの税制及びデジタル課税に詳しい遠藤弁護士に新たに参加してもらい，BEPS行動のうち，上記３冊で採り上げていなかった，現在の国際課税における最も重要な課題である(1)行動１「電子経済の課税上の課題への対処」及びこれに関連するフランス，英国等のデジタル課税制度，(2)行動４「利子控除及び他の金融支払いに係る税源浸食の制限」及びこれに対応する過大支払利子税制に関するわが国の令和元年（平成31年）度税制改正（以下，原則として単に「令和元年度税制改正」と記載することとします。），並びに，(3)行動12「義務的開示制度」及びこれに関連する諸外国の一般的租税回避否認規定等を主に採り上げ

ます。なお，上記(3)の「義務的開示制度」は租税回避の予防・対抗手段の一つで
あるところ，BEPSのような国際的租税回避に対抗するために，近年，多くの国
において，「義務的開示制度」に加えて，一般的租税回避否認規定であるGeneral
Anti-Avoidance Rule（ただし，英国等の場合は，General Anti-Abuse Rule。以下
"GAAR" と総称します。）やBEPSへの特別の対抗制度（例えば，英国の迂回利益税
(Diverted Profits Tax) 及び米国のBEAT（Base Erosion and Anti-abuse Tax））も導
入・強化する動きが認められ，それらを受けて，わが国においても，現行規定で
果たしてBEPSに有効に対抗できるのかという懸念から，GAAR等を導入すべき
時期にきているのではないかという問題提起が財務省・国税OBの学者等からな
されるようになってきています。将来，わが国においてもそれらの導入の是非が
積極的に議論される可能性も予想されるため，本書においては，主要国のGAAR
やBEPSへの特別の対抗制度の内容も概説します。

　上記(1)～(3)を採り上げることによって，BEPS行動の内，わが国企業の国際課
税実務に重要な影響を及ぼす項目及び関連する論点のほぼすべてを，「実務詳解」
シリーズでカバーできたことになります。

　なお，BEPS行動と「実務詳解」シリーズの対応関係は次のとおりです。

実務詳解シリーズ	BEPS行動
移転価格税制の実務詳解	8-10及び13
タックス・ヘイブン対策税制の実務詳解	3
租税条約の実務詳解	2，6，7，14及び15
本書	1，4，5，11及び12

　最後に，本書で表明する見解は，筆者らの個人的見解であり，筆者らの属する
組織の見解ではないことにご留意ください。また，本書の出版に当たっては，姉
妹本と同様，中央経済社実務書編集部奥田真史氏に，大変お世話になったことを
記して，ここに感謝を申し上げる次第です。

令和元年11月

藤枝　純　　角田　伸広

遠藤　努

目　　次

はしがき・i

序章
デジタル課税及び国際的租税回避の動向と本書の読み方

1

1　電子経済における多国籍企業に関する問題とデジタル課税に関する
　　議論の進展……………………………………………………… 2

2　本書の構成…………………………………………………………… 4

3　本書の特徴…………………………………………………………… 9

第1章
電子経済への対応策

11

1　OECD行動1「電子経済の課税上の課題への対応」最終報告書　12

　1　OECD最終報告書以前の，OECDにおける電子経済に関する検討の歴
　　史・12

　2　OECD最終報告書の概要・14

　3　OECD2018年中間報告書の概要・17

　4　最終報告書及び2018年中間報告書のまとめ・18

　5　2019年OECDパブリック・コンサルテーションドキュメント・22

　6　2019年OECD作業計画の公表及びG20の開催・33

　7　2019年OECD事務局提案・39

　8　今後の予定・45

2　EUによるデジタル課税強化 …………………………………… 46

　1　はじめに・46

　2　欧州委員会提案の概要・48

　3　欧州委員会提案後の動向・49

3　諸外国独自のデジタル課税……………………………………… 50

2◆目　次

　　　1　英　国・50

　　　2　フランス・51

　　　3　イタリア・52

　　　4　スペイン・52

　　　5　ニュージーランド・54

　　　6　インド・54

　　　7　イスラエル・55

　　　8　スロバキア・56

　　　9　マレーシア・56

　　　10　各国が独自の税制を設けることの問題点・57

4　わが国の対応……………………………………………………… 58

　　　1　わが国における電子経済への調査体制（電子商取引専門調査チーム（PROTECT）の設置）・58

　　　2　最近の取組み・59

　　　3　OECD税務長官会議での議論・64

　　　4　デジタル課税における税務調査・67

5　国際取引と消費税等の付加価値税……………………………… 68

　　　1　はじめに・68

　　　2　OECDガイドライン・68

　　　3　国際取引への消費税の適用・75

第2章
金銭の貸借等の国際的金融取引に係る租税回避対抗策

101

1　はじめに……………………………………………………………… 102

2　過大支払利子税制…………………………………………………… 103

　　　1　はじめに・103

　　　2　令和元年度税制改正前の制度導入の背景・趣旨・105

　　　3　令和元年度税制改正前の過大支払利子税制の内容・106

　　　4　先例及び参考事例・115

　　　5　他の隣接制度との関係・121

目　次　◆3

　　6　過大支払利子税制に係る令和元年度税制改正までの経緯・122
　　7　令和元年度税制改正の内容・132
　　8　OECD最終報告書・147
　　9　主要国の利子控除制限制度・164

3　過少資本税制 ……………………………………………………… 174
　　1　わが国の過少資本税制・174
　　2　主要国の過少資本税制・183

4　金銭の貸借取引を含む金融取引と移転価格税制 ……………… 185
　　1　はじめに・185
　　2　金融取引ガイダンス案の概要・186
　　3　グループ間貸付と独立企業間利率・187
　　4　保証と独立企業間対価・190

第3章
わが国の租税回避否認規定と諸外国のGAAR
193

1　わが国における「租税回避」の意義 ……………………………… 194
　　1　金子宏名誉教授の見解・194
　　2　谷口勢津夫教授の見解・196
　　3　酒井克彦教授の見解・197
　　4　今村隆教授の見解・198

2　わが国の租税回避否認規定 ……………………………………… 198
　　1　一般的租税回避否認規定創設をめぐるこれまでの議論・198
　　2　わが国の現行法の下での否認規定・207

3　諸外国のGAAR ………………………………………………… 215
　　1　米　国・215
　　2　E　U・223
　　3　英　国・224
　　4　ドイツ・237
　　5　フランス・239
　　6　オランダ・241

7　スペイン・242

　　8　オーストラリア・243

　　9　インド・245

　　10　中　国・247

　④　義務的開示制度……………………………………………………249

　　1　行動12（義務的開示制度）最終報告書の概要・249

　　2　義務的開示制度の具体的内容・249

　　3　わが国の対応・252

　⑤　わが国における国際的租税回避否認…………………………257

　　1　総　論・257

　　2　各　論・270

　　3　裁判所の判決と個別否認規定の追加・301

　　4　諸外国のGAARとわが国の租税回避否認制度の比較・304

　⑥　租税条約の特典の否認………………………………………307

　　1　はじめに・307

　　2　条文と解説・308

　　3　特典を受ける権利の一般的制限条項以外の個別条項・314

第4章

行動5「有害税制への対抗」と行動11「BEPSの規模・経済的効果の分析方法の策定」

317

　①　行動5「有害税制への対抗」について………………………318

　②　行動11「BEPSの規模・経済的効果の分析方法の策定」…………320

（注）　本文中「租税特別措置法」を略して「措置法」又は「措法」と表記した部分があります。同様に同法施行令を「措令」，同法施行規則を「措規」と略した部分があります。

序章

デジタル課税及び
国際的租税回避の動向と
本書の読み方

1 電子経済における多国籍企業に関する問題と デジタル課税に関する議論の進展

　近年，情報通信技術（Information and Communication Technology, ICT）の急激な発展に伴い，経済の電子化が急速に進行しています。このような電子経済において，国境を越える経済活動はそれまでと比べものにならないスピードで拡大しており，それによって，新しいビジネスモデルが次々と登場しています。その結果，GAFA（Google，Amazon，Facebook及びAppleという電子経済を代表する多国籍企業の頭文字をとったもの）と俗称されるような企業に代表される，1国の経済力・影響力を凌駕するような大きな力をもった多国籍企業が米国で次々と誕生しています。一方，近年では，中国も電子経済における存在感を高めるため，国家主導での研究開発活動に乗り出しており，10億人を超える自国の巨大なマーケット（この本を読んでいただければわかるように，電子経済において，マーケットは商品を販売する場所でもあり，かつ，データという21世紀における最も重要な資源を取得する場所でもあります。）を背景に，BAT（Baidu，Alibaba及びTencentという中国の電子経済を代表する多国籍企業の頭文字をとったもの）のような世界的なIT企業が誕生しています[1]。

　一方，そのような世界的なIT企業をもたないヨーロッパ各国や発展途上国などは，GAFA等にとってマーケット国として機能しているところ，これらの国は，GAFAを中心とする多国籍企業が様々な問題を引き起こしており，一定の規制が必要である旨主張しています。現在，GAFAを中心とする電子経済における多国籍企業に関する問題点としては，主に以下の3つが挙げられており，現在，これらの分野を中心に世界的な議論が進められています。

① 電子経済においては現行の国際課税ルールが十分に機能しておらず，これらの企業が十分な課税を受けていないのではないかとする課税上の問題
② プラットフォーマーと呼ばれる世界的なIT企業が公正な取引を妨げてい

1　わが国においても，令和元年11月18日に，「ヤフー」を展開するZホールディングスとLINEは，令和2年10月までに経営統合することで基本合意し，巨大IT企業が誕生します。

① 電子経済における多国籍企業に関する問題とデジタル課税に関する議論の進展　◆3

るのではないかという競争法（独占禁止法）上の問題[2]
③ 電子経済において最も重要な超過利益の発生源であり，21世紀の石油とも呼ばれるデータの保護に関する問題[3]

　このように，電子経済において，GAFAをはじめとする多国籍企業をどのように規制すべきかという問題は，税金の問題に限られない幅広い分野に関して世界中で議論されています。その基本的な構図は，GAFA等の本拠地であり，これらの企業の自由な経済活動をできる限り維持したい米国（及び中国）と，GAFA等の経済活動の規制を強化したいヨーロッパ各国等のマーケット国が対立しているという構図です。ただし，最近米国においてGAFAに対する競争法上の規制を強化する方向に政策を転換したとする報道もされており[4]，今後国際情勢や各国の国内政治の状況などによりGAFAに対する各国の姿勢は変わる可能性があります。そのような中で，国際課税については，米国や英国等の意見も踏まえた上で，OECDは，2019年2月に，複数の新たな課税制度の提案を含んだパブリック・コンサルテーション・ドキュメントを公表しました。当該文書に対する利害関係者

2　例えば，2019年2月26日付け日本経済新聞記事（電子版）は，公正取引委員会が，通販サイトのポイント還元を巡りアマゾンジャパン等の取引実態の調査に乗り出す旨を報じています。また，総務省，経済産業省及び公正取引委員会は2018年7月10日にデジタル・プラットフォーマーを巡る取引環境整備に関する検討会を立ち上げており，2019年4月24日には，同検討会が取りまとめた「取引環境の透明性・公正性確保に向けたルール整備の在り方に関するオプション」及び「データの移転・開放等の在り方に関するオプション」が公表されています。さらに，2019年8月29日に，プラットフォーマーと呼ばれる巨大IT企業が，個人情報の利用目的をウェブサイトで本人に知らせずに情報を取得したり，利用者の個人情報を本人の同意なく第三者に提供した場合などには「優越的地位の濫用」に該当し得る旨の「デジタル・プラットフォーマーと個人情報等を提供する消費者との取引における優越的地位の濫用に関する独占禁止法上の考え方（案）」と題するガイドラインを公正取引委員会が公表しており，年内にも実施する方針です。

3　例えば，2019年3月11日付け日本経済新聞記事は，G7が，SNSなどデジタルビジネスを対象にした消費者保護のルールづくりを提言する旨を報じています。また，国内においても，2019年4月25日に，個人情報保護委員会によって個人情報保護法改正に向けて進める検討作業の中間整理が公表されており，事業者が収集した個人情報について，個人からの利用停止要求に応じることを事業者に義務付けるなど，規制が強化される方向が示されています。

4　2019年7月25日付け日本経済新聞記事では，米国がGAFA等の米IT大手を念頭に，反トラスト法（独占禁止法）違反の調査に乗り出す旨正式表明したことが報道されています。

等からの意見に基づいて公聴会が行われ，その結果を受けて，OECDから同年5月に今後の議論の方針を定めた作業計画が出され，当該作業計画が，6月に日本の福岡で開催されたG20財務相・中央銀行総裁会議及びG20首脳会合において承認されました。このように，デジタル課税に関する近年の議論の動向は，税金に関する問題を超える，電子経済という従来の経済活動を大きく変える新しい潮流の下，そのような新しいビジネスモデル・経済活動をどのように規制すべきかという政治的な議論の下進展しています。そして，具体的な課税制度として最終的にどのようなものができあがるかについては，今現在まさに議論が進展している最中であるため，今後の議論の進展に引き続き注視していく必要があります。

② 本書の構成

　本書第1章においては，行動1「電子経済の課税上の課題への対処」最終報告書及び同最終報告書に基づき2018年4月に公表されたOECDの「電子経済の課税上の課題：2018中間報告書」と題する報告書の内容や2019年2月に公表されたOECDの上記「パブリック・コンサルテーション・ドキュメント：経済の電子化における課税上の課題への対処」，並びに，当該問題を積極的に採り上げて立法化に向けて加速しているEUの最近の動向及び2019年・2020年に導入（予定）のフランス・英国のデジタル課税制度[5]や既に導入済みのインド等のデジタル課税制度を概説します。最近の議論や立法の背景にあるのは，電子商取引を行っている事業者，特に大規模事業者は，多数の消費者がいる市場において当該消費者の情報を活用して巨額の売上・利益を上げているにもかかわらず，当該市場国において相応の税金を支払っていないという市場国側の不満です。また，上記の電子商取引を含め国際取引において消費税（付加価値税）の重要性が増してきていることから，行動1「電子経済の課税上の課題への対処」最終報告書の勧告に沿ったわが国消費税法における電気通信利用役務の提供に係る平成27年度（2015年度）

5　平成29年度11月7日開催の政府税制調査会会合において，佐藤主光教授が「国際協調（OECD行動計画）を基調にしつつも，英国におけるデジタル課税の導入という新たな現状を踏まえ，デジタル経済に対する「暫定的」な課税について検討する時期に来ているのではないか」という意見書を提出しました。なお，2018年11月11日付け日本経済新聞は，「課税強化を急ぐ欧州に米国と中国が反発する。背景にあるのは，ネットビジネスの進化に対応できない世界の法人税の制度疲労だ。」2019年のG20議長国である「日本が調停役となる各国協議は難航必須だ。」と指摘していました。

改正，並びにOECDが2017年に公表した「国際的付加価値税ガイドライン6」及び「供給者が課税国に所在しない場合の効果的な付加価値税徴収メカニズム」と題するガイドライン7の概説も行います。

　第2章において，行動4「利子控除及び他の金融支払いに係る税源浸食の制限」と題するOECD最終報告書の勧告を踏まえてなされたわが国の過大支払利子税制に対する令和元年度税制改正の内容を，同報告書及び同改正前の制度内容と対比して解説します。次に，米国等主要国の利子控除制限税制（最近の改正を含む。）の概要についても解説します。なお，第2章においては，国外関連者への利子の支払いを用いた国際的租税回避に対抗するために適用される，過大支払利子税制の隣接制度である過少資本税制及び移転価格税制についても説明します。その際，OECDが2018年7月に公表した金融取引の移転価格に関する討議用草案に関する報告書の内容の解説を，これらの金融取引に係る課税処分が争われたわが国におけるいくつかの裁判等の紛争事例と対比させながら行います。

　なお，過大支払利子税制，過少資本税制及び移転価格税制は，日本公認会計士協会による下記否認構成の分類表（以下「否認分類表」といいます。）(iii)a. の「個別否認規定」に分類されるものです（日本公認会計士協会「法人税法上の包括的な租税回避否認規定の適用をめぐる実務上の問題点」（租税調査会研究報告第32号）7頁）。

否認分類表

(i)	事実認定による否認—仮装行為
(ii)a.	税法の個別規定（課税要件規定）の解釈
(ii)b.	課税減免規定の縮小・限定解釈（制度濫用論）
(iii)a.	個別否認規定（実質所得者課税，移転価格税制，タックス・ヘイブン対策税制，過少資本税制，過大支払利子税制等）
(iii)b.	特定の場面における包括否認規定：法人税法132条（同族会社の行為計算否認規定），132条の2（組織再編成の行為計算否認規定），132条の3（連結法人の行為計算否認規定），147条の2（恒久的施設帰属所得の行為計算否認規定）
(iv)	明文なき租税回避行為の否認の可否

6　"International VAT/GST Guidelines"

7　"Mechanisms for the Effective Collection of VAT/GST: WHERE THE SUPPLIER IS NOT LOCATED IN THE JURISDICTION OF TAXATION"

第3章においては，EU主要加盟国を含む諸外国の一般的租税回避否認規定（GAAR）及びBEPSへの特別対抗制度の内容を検討し，さらに，行動12「義務的開示制度」を概説します。そして，現時点ではGAARを有していないわが国において，過去，一般的租税回避否認規定の創設をめぐってどのような議論がなされてきたかを確認した上で，国際的租税回避事例に対抗するためにこれらを否認した当該課税処分の適法性が争われた判決内容も解説します。なお，租税条約適用の場面における国際的租税回避事例に対抗するために，GAARとの類似性もあると評されている主要目的テスト（Principal Purpose Test（以下"PPT"といいます。））条項や特典制限（Limitation on Benefits）条項等が租税条約に盛り込まれていますが，主としてPPTの適用についても解説します。また，租税条約適用の場面における国際的租税回避事例に対する課税処分の適法性が争われたわが国におけるいくつかの判決内容の説明も行います。

これらの判決に関わる事案は，否認分類表の(i)，(ii)a.，(ii)b.又は(iii)b.といった(iii)c.以外の否認類型に分類されるものです。本書で採り上げる判決等は次の表に記載のとおりです。

判決リスト

事案	主要な争点	収載誌等
東京地判平成22.10.13（「判決 1 」）	役務提供の内外判定（カーレーススポンサー契約事件）	月報57巻 2 号549頁
東京地判平成27.3.26（「判決 2 」）	輸出免税	月報62巻 3 号441頁
東京高判平成28.2.9（「判決 3 」）	同上	税資266号順号12797
東京地判平成28.2.24（「判決 4 」）	同上	判時2308号43頁
大阪高判平成23.3.24（「判決 5 」）	仕入税額控除と仮装取引	月報58巻 7 号2802号
東京地判令和元.6.27（「判決 6 」）	法人税法132条（ユニバーサルミュージック事件）	裁判所ウェブサイト
大阪高判平成21.4.24（「判決 7 」）	利子該当性	税資259号順号11188
東京高判平成20.3.12（「判決 8 」）	レポ取引の利子該当性	金融商事判例1290号32頁
東京地判平成18.10.26（「判決 9 」）	海外子会社に対する貸付利子の独立企業間対価	月報54巻 4 号922頁
最判平成17.12.19（「判決10」）	外国税額控除制度の濫用（りそな銀行事件）	民集59巻10号2964頁

最判平成18.2.23（「判決11」）	同上（UFJ銀行事件）	判時1926号57頁
東京高判平成11.6.21（「判決12」）	相互売買か交換か（岩瀬事件）	月報47巻1号184頁
最判昭和53.4.21（「判決13」）	法人税法132条	月報24号8号1694頁
札幌高判昭和51.1.31（「判決14」）	同上	月報22巻3号756頁
東京高判平成27.3.25（「判決15」）	同上（IBM事件）	判時2267号24頁
東京地判平成9.4.25（「判決16」）	所得税法157条1項の判断基準（パチンコ平和事件）	判時1625号23頁
最判平成28.2.29（「判決17」）	法人税法132条の2の判断基準（ヤフー事件）	民集70巻2号242頁
同上（「判決18」）	同上（IDCF事件）	民集70巻2号470頁
東京地判令和元.6.27（「判決19」）	法人税法132条（TPR事件）	ウェストロー・ジャパン
最判平成23.2.18（「判決20」）	贈与税における住所の判断（武富士事件）	判タ1345号115頁
東京高判平成19.6.28（控訴審（「判決21」））	匿名組合か任意組合か（ガイダント事件）	判タ1275号127頁
東京地判平成17.9.30（第1審（「判決22」））	同上	判タ1266号185頁
名古屋高判平成17.10.27（「判決23」）	航空機リース取引事件	税資255号順号10180
東京地判平成28.7.19（「判決24」）	固定資産の取得の意義	月報63巻10号2237頁
東京高判平成22.5.27（控訴審（「判決25」））	海外子会社に支払った再保険料の損金算入の可否（ファイナイト再保険事件）	判時2133号162頁
東京地判平成20.11.27（第1審（「判決42」））	同上	判時2037号22頁
最判平成27.7.17（「判決26」）	デラウェア州LPS事件	民集69巻5号1253頁
東京地判平成28.12.12（「判決27」）	ワシントン州LPS事件	税資266号順号12949
東京高判平成26.2.5（控訴審（「判決28」））	英国領バミューダ諸島LPS事件	判時2235号3頁
東京地判平成24.8.30（第1審（「判決29」））	同上	税資262号順号12027
名古屋高判平成19.3.8（控訴審（「判決30」））	英国領ケイマン諸島LPS事件（船舶リース事件）	税資257号順号10647
名古屋地判平成17.12.21（第1審（「判決37」））	同上	税資257号順号10248

東京高判平成19.10.10（控訴審（「判決31」））	ニューヨーク州LLC事件	税資257号順号10798
さいたま地判平成19.5.16（第1審〔「判決32」））	同上	税資257号順号10712
東京地判平成23.1.21（判決33）	実質所得者課税の原則	税資261号順号11596
大阪高判平成12.1.18（控訴審（「判決34」））	私法上の法律構成による否認（映画フイルムリース事件）	月報47巻12号3767頁
最判平成18.1.24（上告審（「判決47」））	減価償却資産の解釈	民集60巻1号252頁
最判平成27.6.12（「判決35」）	匿名組合契約に基づく利益の分配	民集69巻4号1121頁
名古屋地判平成16.10.28（「判決36」）	同上	判タ1204号224頁
東京地判平成19.6.22（「判決38」）	匿名組合か任意組合か	月報54巻9号2130頁
東京高判平成14.3.20（「判決39」）	相互売買か交換か	月報49巻6号1808頁
東京高判平成21.7.30（「判決40」）	事実認定による否認（バージン・エンターテイメント事件）	月報56巻7号2036頁
大阪高判昭和59.6.29（「判決41」）	第三者への転売が予定されている場合の不動産の価額	判タ538号119頁
東京地判平成14.4.24（第1審（「判決43」））	事実認定による否認（アルゼ事件）	税資252号
東京高判平成15.1.29（控訴審（「判決44」））	同上	税資253号順号9271
東京高判平成18.3.15（控訴審「判決45」）	ノウハウの使用料の寄附金該当性（一条工務店事件）	税資256号順号10344
東京地判平成17.7.21（第1審「判決46」）	同上	税資255号順号10086
東京地判平成19.9.14（「判決48」）	所得税における住所の判断	判タ1277号163頁
東京高判平成20.2.28（「判決49」）	同上	判タ1278号163頁
最判平成18.1.24（「判決50」）	法人税法22条2項の「取引」の意義（オウブンシャホールディング事件）	集民219号285号
東京地判平成22.3.5（第1審（「判決51」））	額面価額での株式の引き受けと法人税法22条2項	税資260号順号11392
東京高判平成22.12.15（控訴審（「判決52」））	同上	税資260号順号11571

国税不服審判所 平成30.10.19裁決（「裁決 1」）	仕入税額控除	未搭載
平成30.8.27裁決（「裁決 2」）	国外支配株主等の該当性	未搭載
平成27.2.2裁決（「裁決 3」）	法人税法132条（ユニバーサルミュージック事件）	未搭載
平成22.12.8裁決（「裁決 4」）	過少資本税制と租税負担軽減目的	未搭載
平成30.2.7裁決（「裁決 5」）	国外支配株主等の該当性	未搭載
平成29.9.26裁決（「裁決 6」）	独立企業間利率	裁決事例集108集169頁
平成14.5.24裁決（「裁決 7」）	保証の種類と独立企業間価格	裁決事例集63集454頁
平成28.7.6（「裁決 8」）	組合契約該当性	裁決事例集104集120頁
平成26.11.11裁決（「裁決 9」）	寄附金該当性（商船三井事件）	未搭載
平成28.2.23裁決（「裁決10」）	適格現物出資の該当性（塩野義製薬事件）	未搭載

（注）　判決番号は，ほぼ本書掲載順に付けました。一部番号順でないものは，同一事案の判決を並べたためです。

　最後に，第4章において，上記で採り上げなかった行動5「有害税制への対抗」及び行動11「BEPS関連のデータ収集・分析方法の確立」についても，簡潔に言及します。

③　本書の特徴

　本書の特徴は，次の4点にあります。
① 　OECD／G20におけるデジタル課税の検討経緯・内容を詳細に解説した後，フランス及び英国のデジタル・サービス税をはじめ採用国の数も増加しているデジタル課税制度の概要を説明します。これらについてのまとまった解説を行った類書は従来なかったのではないかと思っています。また，従前の3冊の「実務詳解」では採り上げなかった国際取引における消費税（付加価値税）も対象として採り上げました。これは，上記のとおり，国際課税の分野における消費税（付加価値税）の重要性が高まっているためです。

② 行動4「利子控除及び他の金融支払いに係る税源浸食の制限」最終報告書の勧告を踏まえてなされたわが国の過大支払利子税制に関する令和元年度税制改正の具体的内容，及び主要国の利子控除制限税制（最近の改正を含む。）の内容について解説を行います。

③ 既に多くの国で採用されているGAARの概要を説明し，次に，現時点でGAARを有していないわが国における国際的租税回避と否認の解釈に関する多くの判決に言及して，分かりやすくかつ理論的レベルも落とさずに解説しています。この分野で，これだけ多くの判決を題材に解説を行っている類書は従来なかったのではないかと思います。裁判例の分析を含め実務経験が豊富な弁護士による法的分析を加えている点も本書の特徴です。また，読みやすいように図表等も掲載し，さらに，関連の参考情報等を【コーヒー・ブレイク】欄に記載するなどしています。

④ 本書は，国際課税実務の最前線で活躍している弁護士と税理士の計3人の共著です。藤枝は，弁護士業務を行う傍ら，平成17年4月より，東京大学法科大学院を含む複数の大学院において，実務家教員として，国際課税の講義を担当してきました。また，平成29年12月より，税務大学校において，非常勤講師として国際課税の講義を行っています。次に，遠藤は，弁護士として国際課税に関するアドバイス案件や訴訟案件に多数関与していることに加え，2015年から2017年までの間，ヨーロッパ各国の租税法やEU租税法を学ぶため英国及びオーストリアに留学していました。最後に，税理士角田は，国税庁では国際業務課長及び相互協議室長等，東京国税局及び大阪国税局では課税第一部長等を歴任し，国際的租税回避への対抗措置に係る実務をリードし，OECDでは，電子商取引に関する課税問題を検討していた事業利得に関するテクニカル・アドバイザリー・グループ（business profit TAG）に参加した経験を有し，最近ではBEPS行動計画の策定，OECDモデル租税条約及び移転価格ガイドライン等の改訂に係る議論に参画し，現在は税理士として最先端の国際租税実務に携わっています。このように，3人とも国際的租税回避事例を含む国際租税の実務最前線での経験が豊富なので，法理論に加えて実務経験に基づいた解説を行っています。

第1章

電子経済への対応策

① OECD行動1 「電子経済の課税上の課題への対応」最終報告書

1 OECD最終報告書以前の，OECDにおける電子経済に関する検討の歴史

(1) 電子商取引に関するオタワ閣僚会議（1998年）

OECDは，1990年代から電子商取引に関する課税問題を積極的に検討していましたが，一つの重要なマイルストーンとなったのが，1998年にカナダのオタワで開催された，電子商取引に関するオタワ閣僚会議です。当該会議には29のOECD加盟国及び11の非加盟国の閣僚が参加するとともに，国際機関の長や産業界の指導者，消費者，労働界及び社会的利害関係者の代表等も多数参加しました。当該会議においては，同会議のためにOECD租税委員会が準備した「電子商取引：課税の基本的枠組み」と題する報告書が提出され，会議に参加した閣僚は，当該報告書を歓迎し，当該報告書によって提案された一連の課税原則（中立性，効率性，確実性及び簡素性，有効性及び公平性，柔軟性）を支持しました。当該課税原則は，その後のOECDにおける電子商取引に関する課税問題を検討する際の基本原則となっており，後に解説するOECD最終報告書においても，当該課税原則に基づいて課税上の課題に対応するための選択肢が評価されています。

<u>中立性</u>：課税は，電子商取引の形式間及び伝統的な形式の商取引と電子商取引との間で中立かつ公平であるよう努めるべきである。事業上の決定は，租税上の考慮でなく，経済的考慮によって動機付けられるべきである。類似の状況において類似の取引を行う納税者は，類似のレベルの課税を受けるべきである。

<u>効率性</u>：納税者のコンプライアンス・コストと税務当局の行政コストはできる限り最小化されるべきである。

<u>確実性及び簡素性</u>：租税ルールは，納税者が取引の前に課税関係を予想すること（租税がいつ，どこで，どのように計算されるべきかを知ることを含む。）ができるよう，明瞭かつ簡素に理解できるものであるべきである。

<u>有効性及び公平性</u>：課税は，正しい時期に正しい税額を生ずるべきである。対抗手段をそのリスクに対して相当なものとしつつも，脱税及び租税回避の可能性は最小化されるべきである。

<u>柔軟性</u>：課税制度は，技術上及び商業上の発展に遅れをとらないことを確保するた

め柔軟かつ動的であるべきである。

(2) オタワ閣僚会議以降のOECDにおける検討

　オタワ閣僚会議の後，OECDでは電子商取引に関する課税問題を引き続き検討しており，事業利得に関するテクニカル・アドバイザリー・グループ（business profit TAG）は，2001年には「電子商取引における恒久的施設への利益の帰属」討議用草案を作成し，2003年には「実質管理の場所の概念：OECDモデル租税条約の改訂の提案」を公表しました。また，2005年には，「事業所得の課税に関する現行の条約ルールは電子商取引に適切なものか」と題する報告書を公表し，現行ルールの軽微な修正にとどまる代替案から，新しいネクサスの採用やデジタル（仮想）PEの採用，独立企業間原則を放棄して定式配分法を採用するなど，現行ルールの抜本的な修正を含む代替案まで様々な検討をしました。しかし，後者については，電子商取引や新しい通信技術の結果生じた他のビジネスモデルは，現行ルールから劇的に乖離することを正当化するものとは認められず，また，ある代替案が他の代替案よりも優れているということについて広範な合意が得られない限り抜本的な修正は行うべきではないとして，当該時点においてこのような改正に乗り出すのは時期尚早であると結論付けました。

　また，上記の作業に加えて，OECDの租税委員会はモデル租税条約及びそのコメンタリーの改正につながる検討作業を行っており，サーバーがPEを構成するか否か，電子商取引における所得分類の問題など，電子商取引に関する様々な解説がコメンタリーに追記されることとなりました。

　ここでは，恒久的施設の概念を拡大すべきかとの議論も行われていましたが，「PEなければ課税なし」とする国際租税の基本原則を変更することには各国の抵抗も強く，サーバーがPEを構成するとの議論も，自動販売機が固定的施設としてPEを構成するとした旧来の議論を応用するにとどまりました。

　電子商取引において流通する情報量に対して課税を行うBit Taxを導入してはどうかとの議論も行われていましたが，情報量を課税対象にすると，租税負担がペナルティとなり情報量の拡大が抑制されるのではないかとの懸念もあり，成長が期待されていた電子商取引の発展を損ねるとして反対され，従来の国際租税ルールの中で議論することで，追加的な課税措置を行うことには消極的となっていきました。そのため，電子商取引において，情報通信技術により流通する情報の

14◆　第1章　電子経済への対応策

価値が重要であるとする議論についても，本格的に行われるような環境にはなかったものと考えられます。

(3)　BEPS行動計画 1

2013年 7 月に公表された税源浸食及び利益移転に関する行動計画（Action Plan on Base Erosion and Profit Shifting）では，15の行動計画が特定されたところ，行動計画 1 として，「電子経済の課税上の課題への対応」が含まれました。当該問題については，電子経済に関するタスク・フォース（TFDE[1]）を中心に検討作業を行うこととなり，2014年 9 月に公表された中間報告では，直接税に関するより広範な課税上の問題に対する解決策として，①PEからの除外に関する規定の修正，②「十分に非物質化された電子的活動（fully dematerialised digital activities）」を対象とした「重要な電子的存在（significant digital presence）」を根拠とする新しい課税，③現行のPE規定の「重要な存在（significant presence）」への置き換え，④電子取引に対する源泉所得税の導入，⑤デジタル通信に対する課税（bandwidth or "Bit" tax）の導入を提案していました。その後もTFDEによって検討作業が続けられた結果，2015年10月に最終報告書が公表されました。

2　OECD最終報告書の概要

行動 1 「電子経済の課税上の課題への対処」（Addressing the Tax Challenges of the Digital Economy, Action 1）に関する最終報告書（以下「最終報告書」といいます。）は，電子経済の下での新しいビジネスモデルに関連して生じるBEPS問題への対応策を議論しています。最終報告書の目次は次のとおりです（本庄資（「経済協力開発機構　租税政策・税務行政センター」仮訳）「電子経済の課税上の課題への対応 行動 1 -2015年 最終報告書」（Addressing the Tax Challenges of the Digital Economy, Action 1-2015 Final Report））。

目次
概要
第 1 章　電子経済の課税上の課題の序論
第 2 章　課税の基本原則

1　The Task Force on the Digital Economyの略。BEPS行動 1 の検討のためにOECDの租税委員会の下に設立されました。

第3章　情報通信技術とその経済への影響

第4章　電子経済，新しいビジネスモデル及び重要な特徴

第5章　電子経済におけるBEPS機会の特定

第6章　電子経済におけるBEPSへの対処

第7章　電子経済により生じる直接税の課題とこれらに対処する選択肢

第8章　電子経済によって生じる広範な間接税の課題とこれらに対処する選択肢

第9章　電子経済によって生じる広範な直接税及び間接税の課題の評価ならびにこれらに対処する選択肢の評価

第10章　結論及び次の段階の概要

別添A．電子経済に関するこれまでの作業

別添B．統合されたビジネスモデルにおける典型的タックス・プランニング・ストラクチャー

別添C．低価値物品の輸入に対するVAT/GSTの徴収

別添D．OECD国際VAT/GSTガイドライン第3章サービス及び無形資産のクロスボーダー供給に関する課税の場所の決定

別添E．電子経済の広範な直接税の課題に対処するための選択肢の経済的影響

　BEPSプロジェクトは，実質的な経済活動が行われ価値創造がなされた場所で相応の税金を支払うべきであるという基本的な考え方に基づいて議論が行われてきています。電子経済の下では，特に多国籍企業は，遠隔地との取引が容易になり，業務の機能・リスク負担の分散化と，世界的な事業統合が進行しているために，実質的な経済活動が行われ価値創造がなされた場所を特定することが困難となっています。すなわち，電子経済の発展は，上記の基本的な考え方に対する大きなチャレンジとなっています。

　しかし，最終報告書は，電子経済に特有のBEPSは存在しないものの，電子経済の重要な特徴の中にはBEPSリスクを悪化させるものがあるという立場を採った上で，行動2以下の勧告内容を実施することにより，BEPSに実質的に対応できるという結論を示しました[2]。

　上記電子経済の状況を念頭に置いて電子経済の課税上の課題を検討した最終報告書「概要」は，同報告書の要点（検討結果）を要領良く，次のとおりまとめています。

16◆　第1章　電子経済への対応策

電子経済におけるBEPS問題

　「電子経済及びそのビジネスモデルはユニークなBEPS問題を生じないが，その重要な特徴のなかにはBEPSリスクを悪化させるものがある。これらのBEPSリスクは特定され，BEPSプロジェクトの関連行動に関する作業はこれらの事実認定を知り，解決策が電子経済におけるBEPSに十分に対処することを確保するためこれらの問題を考慮した。」（「概要」第6パラグラフ）

　例えば，OECDの行動7最終報告書は，電子経済の進展に伴い，100年以上前に設けられたPE（Permanent Establishment，恒久的施設）なければ課税なしという課税原則の合理性に重大な疑義が生じていることを前提に，検討の結果次のような勧告を行いました。

　「PEの定義の除外リストに含まれる除外の各々が別段の定めがなければ「準備的又は補助的」な性格を有する活動に限定されることを確保するためにPEの定義の除外リストを修正すること，ならびに密接な関連企業間における事業活動の細分化を通じこれらの除外の特典を受けることができないことを確保するために新しい細分化防止ルールを導入することが合意された。例えば，物品のオンライン販売者がオンラインで顧客に販売する商品を保有し引き渡すために相当数の従業員が作業する非常に大きい国内倉庫（そのビジネスモデルは顧客に近いこと及び顧客に迅速に引き渡す必要性を当てにしている。）は，新しい基準では当該販売者の恒久的施設を構成するであろう。」（「概要」第6パラグラフ）

電子経済によって生じる広範な課税上の課題

　最終報告書においては，電子経済によって生じる広範な課税上の課題を念頭に，下記(i)～(iii)の検討が行われたものの，電子経済のみを対象とする特別な対抗策の

　2　最終報告書は，次のような指摘を行っています。
　「インターネット上ビジネス取引を行う企業数は，過去10年にわたり劇的に増加した。2014年，B2C Eコマース販売は，1.4兆米ドルを超え，2013年から約20％増加したと推計された。推計によれば，Eコマースの世界全体の規模は，B2B及び消費者取引を合わせると，2013年16兆米ドルに相当する。」（パラグラフ378）このように，「電子経済はますます経済自体になっているので，課税上電子経済を残りの経済からリングフェンスすることは，不可能でないとしても，困難であろう。」（パラグラフ364）

勧告は見送られ，他のBEPS対抗策の成果を期待する方向性が示されました。

(i)　PE規定の見直し

(ii)　企業が収集したデータの価値に着目した課税

(iii)　電子商取引の決済に着目した課税

　上記(i)については，具体的には，重要な経済的存在（significant economic presence）の概念に基づく新たなPEへの課税が検討されました。また，上記(ii)及び(iii)については，具体的には，特定の電子商取引に対する源泉徴収税及びその他特別な賦課金として国内・国外事業者の課税上の不公平を是正するための平衡税（equalization levy）の導入が検討されました。

　上記各検討策について勧告には至らなかった理由は，BEPS対抗策全体が実施に移されるならば，価値創造が行われる場所で課税を行うという目標の実現に向けての改善が期待されること，また，BEPS対抗策の効果を検証するためには関連の情報が必要であり，その入手のためにはある程度時間を要することにありました。

　もっとも，上記のとおり，OECDは，各国が上記3つの対抗策を採ることを排除したわけではなく，租税条約等の既存の国際的な基本ルールと整合する限りにおいて，国内法によって対抗策を導入することに反対はしていません。

　最終報告書は，将来の作業予定について，次のように述べています。

　「電子経済は引き続き発展するので，これらの結論が深化することを与件として，これらの問題に関する作業を続け，時の経過の進展を監視することが重要である。これらの目的のため，本作業は，BEPSプロジェクトに関する他のフォローアップ作業の完了後も続くであろう。この将来の作業は，広範なステークホルダーとの協議において，包括的なBEPS後の監視手続の設計に関連して2016年中に策定される詳細なマンデートに基づいて行われるであろう。電子経済に関連して継続される作業の結果を反映する報告書は，2020年までに作成されるべきである。」（「概要」第9パラグラフ）

3　OECD2018年中間報告書の概要

　OECDは最終報告書公表後も議論・検討を続け，2018年3月16日に，「電子化から生じる税務上のチャレンジ—中間報告」（Tax Challenges Arising from

Digitalisation—Interim Report 2018。「2018年中間報告書」ということがあります。）を公表しました。同報告書の目次は次のとおりです。

第1章　Introduction to the Interim Report on the tax challenges arising from digitalization（電子化に伴う課税上の課題に関する中間報告書の導入）

第2章　Digitalisation, business models and value creation（電子化，ビジネスモデル，価値の創造）

第3章　Implementation and impact of the BEPS package（BEPSパッケージの実施及び影響）

第4章　Relevant tax policy developments（関連する租税政策の発展）

第5章　Adapting the international tax system to the digitalisation of the economy（国際課税制度の経済の電子化への適応）

第6章　Interim measures to address the tax challenges arising from digitalisation（電子化に伴う課税上の課題に対処するための暫定的措置）

第7章　Special feature – Beyond the international tax rules: The impact of digitalisation on other aspects of the tax system（特集－国際課税制度を超えて：租税制度の他の側面に対する電子化の影響）

第8章　Conclusion to the Interim Report on the tax challenges arising from digitalisation（電子化に伴う課税上の課題に関する中間報告書の結論）

　2018年中間報告書においても，最終報告書と同様に，新しいデジタル課税について具体的な提案はされなかったものの，①「重要な経済的存在」概念に基づく既存のPEの閾値に対する代替案，②デジタル取引に対する源泉徴収，③新たな「売上高税」，④多国籍企業に対する特別の制度について，各国における導入例を紹介しています（第4章）。

　2018年中間報告書は，電子化から生じる課税上の課題に対抗するための暫定策の必要性・長所について諸国間の合意ができておらず，多くの国が反対の立場であると指摘しています。なお，OECDは引き続きデジタル課税について検討を続け，2019年にはアップデートを，2020年にはコンセンサスに基づく提案をする予定であるとしています（パラグラフ399）。

4　最終報告書及び2018年中間報告書のまとめ

　平成30年10月17日に開催された税制調査会における財務省作成の説明資料〔総18-4〕〔国際課税について〕は，最終報告書及び2018年中間報告書の概要及びわ

が国の対応を，次のとおり要領よくまとめています。

電子経済の課税上の課題への対応

これまでの取組み

○BEPSプロジェクトでは，主に以下について対応。

➢国境を越えて提供される電子サービスに対する消費課税（27年度税制改正で対応）

➢倉庫等でも一定の要件の下でPE認定できるようにPEの定義拡大（30年度税制改正で対応）

　（参考）恒久的施設（PE: Permanent Establishment）とは，事業を行う一定の場所（支店等）・代理人をいう。例えば，外国企業が日本国内で事業を行う場合，日本国内にその企業のPEがなければ，その企業の事業利得に課税できない（「PEなければ課税なし」の原則）。

国際的な議論の状況

○2018年3月16日，OECDが「電子化に伴う課税上の課題に関する中間報告書」を公表。

➢長期的解決策の取りまとめに向けて，「PE無ければ課税無し」等の国際課税原則の見直しの実施に合意

➢長期的解決策が合意に至るまでの暫定的措置の導入に伴う課題，導入する場合のガイダンスを提示

　（参考）EUでは，同月21日，欧州委員会（EC）が，以下の2本柱から成る提案（EU指令案）を公表。

➢長期的解決策として，「重要な電子的プレゼンス」という新たな概念（売上・ユーザー数・オンライン契約数に着目）を導出し，課税根拠とする

➢暫定的措置として，3つのサービス（オンライン広告・プラットフォーム提供・データ販売）に係る収入に対して3％の税率で課税

今後の対応

○2020年までに長期的解決策の取りまとめに向けて作業を進める（2019年にG20に進捗報告）。

OECD「電子化に伴う課税上の課題に関する中間報告書」
〔2018年3月16日〕

対応の方向性に係る3つの立場

第1グループ	第2グループ	第3グループ
高度に電子化された企業（HDB［筆者注：Highly Digitalized Businessの略］）に見られるuser participationの価値創造に対する貢献が現行の国際課税枠組みできちんと捉えられていないため，価値が創造された場所と課税利益を認識する場所の不一致がもたらされている。	経済の電子化は，広範な国際課税制度に対する課題をもたらしており，高度に電子化された企業（HDB）に特有の問題ではない。	二重非課税等，経済の電子化による課税上の課題にはBEPSパッケージで概ね対応できており，見直しは時期尚早。
HDBのビジネスモデルに焦点を絞った見直しを追求	HDBに対象を絞らず，国際課税制度全般について見直しが必要	大幅な見直しは現時点で不要

キー・コンセプトに係る国際課税原則の見直し

Nexus	Profit allocation
非居住者に対する課税の有無を決めるルール	課税対象利得の算定及び配分を決定
（PE無ければ課税なし）	（独立企業原則）

合意事項

- Nexus及びProfit allocationに係る国際課税原則の見直し：経済活動と価値創造に利益を一致させるという原則に関し，経済の電子化が与える影響を検討
- 2020年までに長期的解決策の取りまとめに向けて作業を進める
  （2019年にアップデートを行う）

① OECD行動1 「電子経済の課税上の課題への対応」最終報告書 ◆21

暫定的措置①

暫定的措置の必要性，メリットについて関係国の合意はない

暫定的措置に反対の立場からの懸念	暫定的措置に賛成の立場からの反論
• 投資に対してグロスベースで課税することが，イノベーション及び福祉に対し負の影響を与えることを懸念 • 消費者及びビジネスに対する租税の経済的帰着 • 過重課税（法人税との経済的二重課税）の可能性 • 暫定的な課税措置として実施することの困難性 • 法令遵守及び税務執行コスト	• 価値が創造された場所できちんと課税されていない • こうした現状を放置すれば，税制の公正性，持続可能性や信頼を損なうおそれ • 左記の問題は，不作為がもたらす問題の大きさと比較衡量すべき • 暫定的措置の設計の仕方によっては，少なくともいくつかの負の影響を軽減可能

暫定的措置②

　グローバルな長期的解決策が合意に至るまで，暫定的措置で対応することを志向する国があることを踏まえ，暫定的措置の導入にあたっての「考慮すべき事項」を提示。

「考慮すべき事項」

① 国際的義務（租税条約，WTO等）の遵守
② 一時的な措置であること
③ 対象を限定すること（例えば，インターネット広告及びオンライン仲介サービスに対象を限定）
④ 低税率による過重課税の最小化
⑤ 起業やビジネスの創造，小規模ビジネスに対する影響の最小化
⑥ コスト及び複雑さの最小化

5　2019年OECDパブリック・コンサルテーションドキュメント[3]

⑴　公表の経緯及び今後の流れ

　包摂的枠組み（Inclusive Framework）は，2019年1月23日にポリシーノート（Addressing the Tax Challenges of the Digitalisation of the Economy – Policy Note）を公表しました。当該ポリシーノートでは，以後，電子経済におけるより広範な課税上の課題，及び，残されたBEPS問題の2つの柱に基づいて集中的な検討を行う旨記載されています。そして，OECDは，上記ポリシーノートによって打ち出された方針に基づいて集中的な検討を行い，2019年2月13日に「パブリック・コンサルテーション・ドキュメント：経済の電子化における課税上の課題への対処」（Public Consultation Document Addressing the Tax Challenges of the Digitalisation of the Economy。「2019年討議文書」といいます。）を公表しました。2019年討議文書に基づいて意見公募が行われ，当該意見公募の結果に基づいて，同年3月13日及び14日にOECDの電子経済タスクフォース（TFDE）において公聴会が行われました。

　以下では，第一の柱である，デジタル課税に関するより広範な課税上の課題に関する提案を検討します。上記のとおり，最終報告書及び2018年中間報告書においては，重要な経済的存在（significant economic presence）に基づく新しいネクサス・ルールを中心に議論されてきたところですが，2019年討議文書においては，それに加えて，2018年中間報告書では議論されていなかった，ユーザー参加（user participation）に関する提案及びマーケティング上の無形資産（marketing intangibles）に関する提案を検討しています。これらの提案はいずれも，恒久的施設なければ課税なしとする事業所得に対する課税ルールや，独立企業原則に基づく移転価格税制への修正を迫るものとなっています。

　3　下記解説は，藤枝＝遠藤「デジタル課税に関する近年の国際的動向—2019年2月13日付けパブリック・コンサルテーション・ドキュメントにおける議論を中心に—」「国際税務」（2019年5月号73頁）に基づいています。

1　OECD行動1 「電子経済の課税上の課題への対応」最終報告書　◆23

長期的解決策に関する具体的提案の概要①

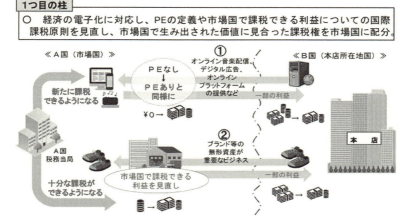

（出典：第23回税制調査会（令和元年6月12日）財務省説明資料［総23-1］〔国際課税について〕）

(2)　ユーザー参加に関する提案

　本提案は，ソーシャル・メディア・プラットフォーム，サーチ・エンジン及びオンライン・マーケットプレイスを対象として，これらの高度にデジタル化されたビジネスモデルがユーザーのデータやユーザーが作り出すコンテンツを通じて価値を創造していることに着目して新たな課税ルールを構築すべきであるとする提案です。当該提案は，GAFA（Google，Amazon，Facebook及びApple）を主な対象とした新たな課税の提案であると言えます。当該提案は，英国を中心として発案されているものであり，基本的な考え方は，英国財務省が2018年3月に公表したレポート（Corporate tax and the digital economy: position paper update）における検討に基づいています。

　当該提案が市場国に課税権を認める根拠は，対象となるソーシャル・メディア・プラットフォーム等は，ユーザー参加によってブランド価値やデータ，市場支配力を得ることができることにあるとされています（パラグラフ18）。一方で，ユーザーは企業の従業員というよりサプライヤーに近い存在であるから，ユーザー参加によって創造された価値は企業が創造したものではなく，第三者によって創造されたものではないかとの疑問もあるとしています（パラグラフ61）。

　本提案に基づく具体的な課税方法は，残余利益分割法の考え方を取り入れたも

のとなっているところ，具体的な課税方法は以下のとおりです（パラグラフ24）。

（ⅰ）	現行の独立企業原則に基づきルーティン利益を関係国における基本的活動に配分した後のノン・ルーティン利益を算定する。
（ⅱ）	ノン・ルーティン利益のうち，ユーザー参加の寄与によって得られた割合を，①定性的・定量的情報又は②事前に合意された割合によって算定する。
（ⅲ）	（ⅱ）の利益を，企業がユーザーを有する複数の国に対して，事前に合意された配分方法（各国における売上高等）によって配分する。
（ⅳ）	（ⅲ）によって利益を配分された市場国は当該利益に対する課税権を取得する。

　課税方法は上記のとおりですが，上記（ⅱ）のノン・ルーティン利益のうち，ユーザー参加の寄与によって得られた割合がどの程度のものなのかを定性的・定量的情報を用いて算定することは容易ではないように思われます。2019年討議文書もその点に配慮して，事前に合意された割合を用いる方法も挙げていますが，ノン・ルーティン利益のうちユーザー参加によって得られる割合について事前に合意できるかは明らかではありません。いずれにしろ，従来の独立企業間価格算定方法としての残余利益分割法とは相当異なったものとなっています。例えば，ユーザー参加に関する提案は，二国間の取引に関して残余利益分割法を適用するものではなく，全世界の事業利益（の残余利益）を対象として分割するものであり，いわば全世界残余利益分割法とでも呼ぶことのできる内容になっています。また，上記（ⅱ）のユーザー参加の寄与によって得られた割合を事前に合意された割合によって算定することも想定されており，この点も従来の残余利益分割法における残余利益の分割とは大きく異なっています。

　また，2019年討議文書は，適用対象となる企業について，課税当局及び納税者の事務負担を考慮して，一定規模以上の企業にのみ適用するなどの制限を設けることも考えられるとしています（パラグラフ28）。

(3)　マーケティング上の無形資産に関する提案

　本提案は，上記(2)のユーザー参加に関する提案とは異なり，高度にデジタル化されたビジネスモデルのみを対象とするものではなく，より広範にマーケティング上の無形資産（OECD移転価格ガイドラインのそれと同じ意味を有するとされています。）を使用して事業を行う企業を広く対象に含めるものです。当該提案は，

米国を中心として発案されています。

　マーケティング上の無形資産に着目した市場国での課税権を正当化する根拠としては，ブランドや商標などの価値は，市場国の消費者の当該ブランドに対する（好意的な）意識によって創造されるものであるから，市場国によって創造されたものとみなすことができること，及び，その他の顧客データや顧客リストなどのマーケティング上の無形資産についても，市場国の消費者やユーザーを対象とした活動によって得られるものであることが挙げられています（パラグラフ31）。その結果，現行の移転価格及び租税条約のルールを変更し，マーケティング上の無形資産及びそれに係るリスクを市場国に配分し，市場国に対してそのようにして配分されたノン・ルーティン利益の全部又は一部について課税権を認めるべきであるとしています（パラグラフ32）。一方で，本提案に対しては，マーケティング上の無形資産と市場国の間の本来的な結び付きが認められるかについて疑問があり得るとも指摘されています（パラグラフ61）。

　2019年討議文書は，当該提案が主に想定している 3 つの場面として，①高度にデジタル化されたビジネスモデルが納税実体（taxable presence）を有しない市場国において，当該市場国をターゲットとした販売及びマーケティングを行い売上を得ている場合，②高度にデジタル化されたビジネスモデルが市場国にリスク限定販売会社（Limited risk distributors，LRD）[4]を有している場合，③高度にデジタル化されたビジネスモデルではない，消費者向け製品の企業が，市場国から遠隔的に（すなわち，市場国に恒久的施設も子会社も有することなく）事業を行っているか，リスク限定販売会社のみを有して市場国で事業を行っている場合を挙げています。当該提案は，上記①及び②に限られず，③についてもデジタル・ビジネスモデルとの課税上の公平の観点から，市場国に一定の課税権を認めるべきであるとしています（パラグラフ40〜42）。③により，伝統的な消費者向け製品（自動車，

4　無形資産に対する持分を有しておらず，DEMPE（開発，改良，維持，保護，使用）活動を行っておらず，かつ無形資産に関するリスクを負担していないことから，限られたリターンのみが配分される会社をいうとされています（パラグラフ13）。典型的には，BEPS防止措置実施条約12条が前提とするコミッショネア契約（問屋契約）及びこれに類似する契約に基づく活動をしている子会社等を念頭に置いているように思われます（BEPS防止措置実施条約12条については，藤枝純＝角田伸広『租税条約の実務詳解』第 2 章④を参照ください。）。

電気製品，医薬品等）を製造・販売している製造業者も，市場国におけるストラクチャー次第（市場国に恒久的施設や子会社を有していないか，子会社を有していてもリスク限定販売会社にすぎない場合）では課税対象に含まれる可能性があることとなる点に留意が必要です。

本提案に基づく課税方法も，上記(2)のユーザー参加に関する提案と同様，残余利益分割法の考え方を取り入れたものですが，具体的な課税方法としては，以下の2つの方法が挙げられています。

① 基本的には通常の移転価格税制を適用するものであるが，事業上使用されているマーケティング上の無形資産を特定した上で，(i)現行の移転価格税制に基づいて無形資産及びそれに伴うリスクが配分されると仮定した場合と，(ii)マーケティング上の無形資産が市場国に配分されると仮定した場合に生じる差額について調整する方法（パラグラフ45）

② 修正された残余利益分割法を用いる方法であり，具体的には，以下のステップを経て市場国に配分する利益を算定する方法

(i)	対象事業に関する全世界の分割対象利益を算出する。
(ii)	ルーティン利益を関係国に配分する。具体的な配分方法としては，移転価格分析を行う方法から，原価や有形固定資産に一定のマークアップを加える機械的な方法まで様々な方法があり得るとされている。
(iii)	(i)の分割対象利益から(ii)のルーティン利益を控除して残余利益（ノン・ルーティン利益）を算出する。
(iv)	(iii)の残余利益のうち，マーケティング上の無形資産に帰すべき部分を算出する。
(v)	(iv)のマーケティング上の無形資産に帰すべき残余利益を各市場国に配分する。

上記(iv)のマーケティング上の無形資産に帰すべき部分は，マーケティング上の無形資産及びその他の無形資産を開発するために要したコストを用いて算出する方法や，あらかじめ定められた配分割合によって算出する方式などが提案されています（パラグラフ47）。また，上記(v)のマーケティング上の無形資産に帰すべき残余利益の市場国への配分は，売上高や収入などのあらかじめ合意された配分割合によって行うことが提案されています（パラグラフ48）。いずれにしろ，上記の方法も，従来の独立企業間価格算定方法としての残余利益分割法とは相当異なっ

たものとなっています。例えば，マーケティング上の無形資産に関する提案（特に上記②の方法）は，二国間の取引に関して残余利益分割法を適用するものではなく，全世界の事業利益（の残余利益）を対象として分割するものであり，いわば全世界残余利益分割法とでも呼ぶことのできる内容になっています。また，上記(ⅳ)のマーケティング上の無形資産に帰すべき残余利益の割合を事前に合意された割合によって算定することも想定されており，この点も従来の残余利益分割法における残余利益の分割とは大きく異なっています。特に，事前に合意された割合により算定することは，税務当局が固有の事実や状況を入念に分析した後に，特定の納税者や多国籍企業グループと協力して作り上げた算定式と異なり，全世界的定式配分が利益配分のために事前に定められた一つの算定式をすべての納税者に使用するのに類似したものと考えられます[5]。

　本提案を実施することによって税務当局との紛争や二重課税が多発することを防ぐため，同時に課税の明確性を確保するとともに，強力な紛争解決メカニズムを導入すべきであるとされています（パラグラフ49）。

☕【コーヒー・ブレイク】

米国の事前確認相互協議プログラム（Advance Pricing and Mutual Agreement Program）による機能コスト評価モデル（Functional Cost Diagnostic Model）

　2019年2月15日，米国の事前確認相互協議プログラム（Advance Pricing and Mutual Agreement Program: APMA）は，機能コスト評価モデル（Functional Cost Diagnostic Model: FCDM）の導入を発表しました。

　本モデルでは，エクセルを使用し，納税者が事前確認の申請をする際に検討を求めており，確認対象取引に関係する財務データ，特に各関連者の負担したコスト情報を収集することにより，確認対象取引に係る経済的に重要なリスク管理への貢献を理解するとしています。

　APMAは，これまでの納税者の事前確認での経験と納税者の事業活動への一般的

5　OECD移転価格ガイドライン第1章Cでは，全世界的定式配分を独立企業原則によらないアプローチと位置付けており，二重課税を防止しつつ単一の課税方式を運用するためには，十分な国際的調整，事前に決められた算定式，当該グループの構成に関する合意が必要となるが，そのためには膨大な時間がかかり，大きな困難を伴うと評価しています（パラグラフ1.22）。

な理解から，単独の納税者の機能，資産及びリスクへの報酬のベンチマークよりも，確認対象取引への各関連者の貢献を相対的に評価した独立企業間価値を検討する必要があるとし，確認対象取引に係る事業活動において各関連者が負担した「機能」コストの分析を求めています。

　納税者は，APMAでの審査のため，本モデルでの機能コストを特定し，機能コストにつながる活動への貢献の経済的価値を分析することを求められるようになりました。そのため，「日常的な」機能に係るコストの経済的価値については，比較可能な非関連者間取引により得られたベンチマークにより測定されますが，事前に期待された比較可能な非関連者間取引で信頼できる測定ができない「非日常的な」機能に係る機能コストについては，OECD移転価格ガイドラインでの「利益分割ファクター」に係る議論を参照し，「ユニークで価値のある」貢献の適用期間において仮定を置き，機能コストを資産化して評価することを求めるようになっています。

　本モデルは，納税者が特定した資産化された機能コストによる残余利益（損失）の分析を行うことにより，事業活動におけるバリュードライバーに係る納税者の見解へのAPMAによる包括的な理解につながるとしていますが，APMAが残余利益（損失）分割法を「最適な方法」と結論付けているわけではなく，納税者との議論等を通じたデューデリジェンスにより得られた事実を検討して，「最適な方法」を決定することになるとしています。

　また，本モデルでは，関係する支出を控除した後の営業利益ベースでの分割を行うのではなく，共有されたリスクが特定のコスト（例えば，一方の研究開発コストと他方のマーケティングコスト）につながらないのであれば，売上総利益ベースで分割を行うべきであるとしています。

　APMAによるFCDMの提案は，自動車産業等の特定産業における米国インバウンド取引において，米国子会社検証のTNMMの適用が，残余利益をすべて日本親会社へ帰属させる結果となるため，それを避けるためのものとなっています。

　これまで日米間の相互協議では，無形資産に係る超過利益は，親会社の研究開発活動が中心であると評価されてきましたが，米国市場におけるデジタルデータ・マーケティングによるマーケティング上の無形資産に係る超過利益を，近年，米国IRSは重視する傾向にあり，米国子会社検証のTNMMではなく，日米の関連者双方の検証による残余利益分割法により，米国子会社にも超過利益の配分を求める傾向が強くなってきています。

　こうした傾向を反映して提案されたFCDMによる残余利益分割法での検討は，従来のマーケティング上の無形資産のレベルを超え，顧客情報等に係るビッグデータを利用し，利用者参加を前提としたウェブサイト等によるデジタルデータ・マーケ

ティングによる価値創造を評価したものであり，APMAの提案は，デジタル経済におけるマーケティング上の無形資産を超過利益の源泉として重視していることの表れと考えられます。

FCDMでは，残余利益分割法の適用を最適方法とはみなしていませんが，最適方法を選定するために必須な基礎的分析として位置付けており，複数の関連者間における価値創造の連鎖を分析し，DEMPE機能等の貢献による配分を求めるものとなっています。

(4)　重要な経済的存在に関する提案

本提案は，デジタル技術等によって市場国との間に強い結び付きがあることを示す特定のファクターに基づいて，非居住者たる企業が市場国に重要な経済的存在を有すると認定される場合に，当該市場国に課税権を認めるものです。重要な経済的存在を認定するためのファクターとしては，継続的に生じる収入を基本としつつ，それに加えて，①ユーザー・ベース等の存在，②市場国から得られるデジタル・コンテンツの量，③現地通貨での支払い又は現地での支払方法，④現地語によるウェブサイト，⑤顧客への商品の最終的な配達やサポートサービスの提供に関する責任，⑥マーケティング活動などを組み合わせることを提案しています（パラグラフ51）。重要な経済的存在が認定された場合の市場国への利益の配分方法としては，定式配分方式や修正みなし利益法（売上に一定のみなし費用率を適用して課税対象となる所得金額を算出する方法です。）が提案されています（パラグラフ52・54）。また，本提案に基づく徴税方法として，源泉課税のメカニズムを導入することにも言及されています（パラグラフ55）。

(5)　上記3案の比較

上記3つの提案は，現在の国際課税原則の下では市場国に課税権が認められない一定のケースにおいて，市場国に課税権を認める（市場国の課税権を拡大する）という方向性で一致しています。一方，上記3つの提案のいずれが採用されるかによって，新しい課税方法の適用対象は大きく異なります。ユーザー参加に関する提案は高度にデジタル化されたビジネスモデルのみを対象にしているため，その適用範囲は狭く，日本企業に与える影響は限定的なものになると思われます。一方で，マーケティング上の無形資産に関する提案及び重要な経済的存在に関する提案は，デジタル企業のみならず，従来型のビジネスを行う一定の企業も適用

対象に含むことから、その適用対象は広く、消費者向け製品の販売を行う多くの日本企業が課税対象に含まれる可能性があります。なお、重要な経済的存在に関する提案は、それを市場国で認める要素の定め方によっては、マーケティング上の無形資産に関する提案よりもさらに広範な課税権を市場国に認める結果となりうるものです。

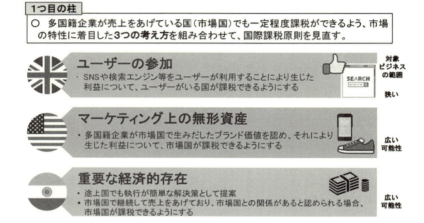

(出典：第23回税制調査会（令和元年6月12日）財務省説明資料［総23-1］〔国際課税について〕)

(ヘ) ユーザー参加に関する提案及びマーケティング上の無形資産に関するその他の論点

上記に加えて、2019年討議文書は、ユーザー参加に関する提案及びマーケティング上の無形資産に関する提案について、いくつかの論点を検討しています（既に論じたものについては省略します。）。まず、適用対象について、納税者のコンプライアンス及び税務当局の事務負担の観点から、これらの提案が適用される企業を、ユーザー参加やマーケティング上の無形資産の貢献が重大な企業に限るべきであるとしています（パラグラフ71）。また、適用においては、多国籍企業全体の利益に対して適用するのではなく、セグメントごとに適用すべきであると指摘しています（パラグラフ72）。また、企業に二重課税が生じることを防ぐためには、強力な紛争防止・解決メカニズムを導入するかもしれないとの指摘をしているものの、紛争解決メカニズムについては具体的な方法に特段言及していません（パ

ラグラフ82)。新しいネクサス・ルールの実施方法として，2019年討議文書は，既存の租税条約を変更する必要があることも指摘しています。具体的な方法としては，既存の租税条約のうち，恒久的施設の定義を定めた5条や，本支店間及び関連当事者間の利益配分を定めた7条及び9条を修正する方法と，新たな課税権配分ルールを作る方法を挙げています（パラグラフ82）。この点，既存の二国間租税条約を一つずつ改正していくと膨大な時間と手間がかかるため，BEPS防止措置実施条約と同様，多国間租税条約を締結することによって既存の二国間租税条約を改正する方法も考えられ，実施段階での課題の一つであると思われます。さらに紛争及び二重課税の防止の方法としても様々な方法を挙げており，具体的には，OECDの国際的コンプライアンス保証プログラム（International Compliance Assurance Programme，ICAP）の試行に代表される多国間のリスク評価手続や，マルチラテラルAPA及び複数国の税務当局による共同での税務調査などを列挙しています（パラグラフ84）。BEPSへの対抗措置として強化された多国籍企業情報の報告制度は，情報交換の対象となる国別報告書やマスターファイルの様式化により税務情報の統一が図られましたが，各国税務当局が当該情報により税務リスクの分析をどのように行うかは，各国税務当局で一致しているわけではありません。ICAPは，国別報告書等の情報を活用した各国税務当局の合同調査プログラムであり，各国税務当局の異なる税務リスク分析のアプローチを比較検討していくことも表明していますが，現状では，税務リスク分析はグローバルでは一致したものとなっていません。この点，後述のとおり，強制的仲裁制度の導入を主張する声も経済界では強いため，二重課税が生じないような仕組みをどのように構築することができるかについては制度設計における課題の一つになると思われます。

　2017年3月にIMFとOECDが公表した租税の確実性に関する報告書では，紛争解決メカニズムの不確実性を指摘しており，2018年7月に公表された最新版では，モニタリングメカニズムによる改善が見られたものの，依然として課題が残っている状況にあると考えられています。

(7)　2019年討議文書に関する意見

　3週間という短いコメント期間にもかかわらず，2019年討議文書に対しては200件超という非常に多数のコメントが寄せられました。コメントを寄せた団体も様々であり，多国籍企業や経済団体から，Big 4と言われる四大会計事務所や

弁護士・税理士等の職能団体，大学やNGOなどがその名を連ねています。日本からは経団連等[6]がコメントを提出しているところ，経団連は，上記3案のうち，マーケティング上の無形資産に関する提案は比較的議論の余地のある提案であるものの，ユーザー参加に関する提案及び重要な経済的存在に関する提案は，検討すべき課題や問題が多いとしています。マーケティング上の無形資産についても，消費者向け製品を販売している事業が市場国においてリスク限定販売会社を通じて事業を行っているような場合を適用対象に入れることが適当か（過度に市場国に課税権を配分する結果になるのではないか），本提案における全世界残余利益分割法とも言える利益算定方法は複雑な計算過程を経る必要があること，二重課税や事務負担増加の懸念があることから，適宜見直す必要があるとコメントしています[7]。また，OECDの経済産業諮問委員会（Business and Industry Advisory Committee（BIAC）to the OECD）は，検討時間が限られている現段階では，どの提案についても承認することはできないとしつつ，①ユーザー参加に関する提案については，電子経済を囲い込むものであり，オタワ課税原則から最終報告書までのOECDの結論に反する，②マーケティング上の無形資産に関する提案については，残余利益（無形資産による利益）に貢献した活動を特定し，それに対して利益を配分すべきであるというアプローチを検討することには意義があるものの，現在の提案は，特定のタイプの無形資産に関してこのようなアプローチを適用しているに過ぎず，市場国においてどのような価値が創造されているかを明確に定めるものではない，③重要な経済的存在については，定式配分方式を用いている点において現行の国際租税ルールからの根本的な乖離であり，課税権の配分が価値創造と一致する保障はないこと，執行可能性や平等性に疑義がある旨コメントしています[8]。これらの見解に加え，他のコメントも踏まえると，経済界からのコメントとしては，ユーザー参加に関する提案及び重要な経済的存在に関する提案はあまり支持を得られておらず，今後マーケティング上の無形資産に関する提案をベースにOECDを中心に検討し，国際的な合意ベースによる課税ルールが形成されることを望むコメントが多いように思われます。

---

6 経団連のほか，新経済連盟，日本貿易会及び岡直樹氏がコメントを提出しています。

7 経団連「Comment regarding the Public Consultation Document on Addressing Tax Challenges of the Digitalization of the Economy」。

8 BIAC「Business at OECD Feedback on Addressing the Tax Challenges of the Digitalization of the Economy Public Consultation Document」。

また，3月13日及び14日に開催された2019年討議文書に関する公聴会では，1日目に第一の柱について議論が行われました。公聴会では，電子経済の発展に伴い既存のネクサス・ルール及び移転価格税制を修正する必要があること，新しい課税ルールを導入する際には国際的な合意に基づき行うべきであること，国際的な合意に至った場合には各国が独自に導入した課税ルールは廃止すべきであることなどについて合意がありました。他方で，具体的にどの提案を採用すべきか，どのようなルールとすべきかについては，マーケティング上の無形資産に関する提案に賛成する意見が見られ（また賛成意見は表明せずに同提案に対してコメントが寄せられることも多くみられました。），また，経済界からは二重課税が生じることを防止するため，強制仲裁をはじめとする強力な紛争解決措置の導入を求める意見があったものの，現行の国際課税ルールをどの程度修正すべきかに関して様々な意見が出され，合意点を見出すことはできませんでした。

6　2019年OECD作業計画の公表及びG20の開催[9]

2019年6月8日及び9日に福岡でG20財務大臣・中央銀行総裁会議が開催されました。この会議では，デジタル課税が主要な議題の一つとして取り上げられ，5月31日に公表された「経済の電子化に伴う課税上の課題に対するコンセンサスに基づく解決策の策定に向けた作業計画」（以下「2019年作業計画」という。）[10]が承認され，2020年末までの最終報告書の公表に向けて，議論を加速させていくことが確認されました。また，6月28日及び29日に大阪で開催されたG20サミットにおいて採択された「大阪宣言」においても，同様に2019年作業計画が承認されています。以下では，2019年作業計画の内容について説明するとともに，G20財務大臣・中央銀行総裁会議等でどのような議論がされたかについて言及します。

2019年作業計画では，上記3つの提案の絞り込みが行われることも期待されたところですが，そのような絞り込みは行われず，代わりに新たな課税方法に関して今後検討していくべき諸論点が指摘されています。第一の柱に関しては，利益配分ルールに関して3つの方法を提示した上で，それらに関する技術的な問題を

9　下記説明は，藤枝＝遠藤「新しい課税方法案とそのインパクト」税務弘報67巻9号27〜35頁に基づいています。

10　OECD「Programme of Work to Develop a Consensus Solution to the Tax Challenges Arising from the Digitalisation of the Economy」(2019)

指摘しています。

(1) 修正残余利益分割法（Modified Residual Profit Split Method）

　修正残余利益分割法は，市場国で創造された価値に対応するノン・ルーティン利益（残余利益）を，移転価格税制における残余利益分割法の考えを用いて各市場国に配分する方法です。ただし，二国間ではなく全世界における分割対象利益を複数の市場国間で分割することが想定されているなど，従来の残余利益分割法とは相当異なったものになっています。

　具体的には，以下の4つのステップによって，市場国に配分される（課税権が認められる）ノン・ルーティン利益を算定することになるとされています[11]。

1	分割対象利益を算定する。
2	ノン・ルーティン利益を算定するため，現行の移転価格税制又はより簡便な方法を用いてルーティン利益を算定し，分割対象利益から除外する。
3	現行の移転価格税制又はより簡便な方法を用いて，ノン・ルーティン利益のうち，新しい課税方法による課税の対象となる金額を算定する（例えば，マーケティング上の無形資産に基づく課税が採用された場合，ノン・ルーティン利益のうち，マーケティング上の無形資産に帰すべき金額を算定する。）。
4	一定の配分キーを用いて，各市場国に上記3の金額を配分する。

(2) 定式配分法（Fractional apportionment method）

　定式配分法は，上記の修正残余利益分割法のように，分割対象利益をルーティン利益とノン・ルーティン利益に分けることはせず，分割対象利益のうち一定の配分キーを用いて算定された金額を各市場国に配分する方法です。

　具体的には，以下の3つのステップによって，市場国に配分される（課税権が認められる）利益を決定することになるとされています[12]。

1	分割対象利益を算定する。

11　2019年作業計画パラグラフ28。
12　2019年作業計画パラグラフ30。

2	定式配分に使用する配分キーを選定する。
3	選定された配分キーを使用し，各市場国に定式によって算定された利益を配分する。

⑶ 分配ベースのアプローチ（Distribution-based approaches）

上記２つの利益分配方法よりも簡便な方法として，多国籍企業の全体利益を分割対象利益として算定した上で各国に配分するのではなく，各市場国におけるベースラインの利益率（みなし利益率）を設定し，売上高に当該みなし利益率を乗じることによって市場国に配分される利益を決定する方法が提案されています。みなし利益率については，対象となる多国籍企業全体の利益率に連動させたり，産業や市場の違いによって変動させたりする可能性も指摘されています[13]。

⑷ 利益配分ルールに関する論点

上記の３つの利益配分ルールのうち，修正残余利益分割法及び定式配分法は，多国籍企業の分割対象利益をまず算定し，それを各市場国に配分するといういわばトップダウンの方法であるのに対して，分配ベースのアプローチは，みなし利益率を用いて各市場国に分配される利益を算定していき，それを合計した金額が市場国に配分される総額になるというボトムアップの方法であるということができます。前者については，利益配分の前提となる分割対象利益をどのように算定するのかが重要な問題となり，作業計画では（必要に応じて一定の修正をした上で）会計上の利益を用いる可能性が指摘されています[14]。仮に会計上の利益を用いず，独自の分割対象利益を定義する場合，各国が定義に関して合意に至るのは容易ではないように思われます。また，分割対象利益について，多国籍企業全体の利益を用いる選択肢に加えて，事業ライン又は地域ごとの利益を用いる選択肢も提示されています[15]。利益配分ルールの設計にあたっては，損失についても利益と同様に扱うべき旨が明示されており[16]，この点は企業にとっても重要な点であると思われます。各市場国への利益配分については，その計算過程が複雑であればあ

13　2019年作業計画パラグラフ33。
14　2019年作業計画ボックス1.2・1.3。
15　2019年作業計画パラグラフ36。
16　2019年作業計画パラグラフ38。

長期的解決策に関する具体的提案の概要③

○利益配分方法のイメージ

①残余利益分割法：ノンルーティン利益のうち対象となる利益を特定し、各国へ配分

②定式配分法（Fractional apportionment method）：グループ全体利益を配分基準により各国へ配分

③Distribution-based approach：現地国（市場国）において稼得する売上（収入）にみなし営業利益率を適用

（出典：第23回税制調査会（令和元年6月12日）財務省説明資料［総23-1］〔国際課税について〕）

るほど、各国間で解釈及び適用が異なる可能性が高くなり、二重課税又は二重非課税が生じる可能性が高くなるため、制度の簡素化及び強力な紛争予防・解決メカニズムの導入は重要な課題といえます。

　また、新しい課税方法を導入する際の問題として、新しい課税方法は既存の租税条約の条項（特に事業所得に関する5条・7条、独立企業原則に関する9条）に抵触するため、導入にあたっては租税条約の改正が必要となります。作業計画は、BEPS防止措置実施条約の改正、又は新しい多国間租税条約の締結を指摘しているところです[17]。前者については米国が参加していないこと、また、新しい課税方法は多国間の利害を調整する必要があることから、二国間の租税条約の修正を前提とするBEPS防止措置実施条約によって実施することは難しいように思われます。多国間で課税権を調整することを前提とした、従来の租税条約とは異なる新しいタイプの多国間租税条約を締結する必要があると思われます。

(5)　新しい課税方法の日本企業に対するインパクト

　以下では、新しい課税方法が採用された場合、日本企業に対してどのようなインパクトがあると考えられるかを、簡単な設例に基づいて解説します。なお、以

17　2019年作業計画パラグラフ49。

① OECD行動1 「電子経済の課税上の課題への対応」最終報告書　◆37

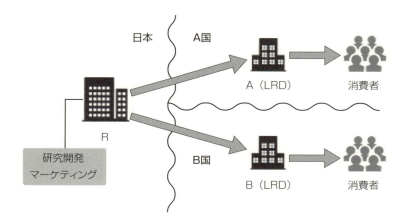

　下の解説では，マーケティング上の無形資産に関する提案が採用され，利益配分ルールとして修正残余利益分割法が採用されたと仮定します。

　この設例では，日本法人Rが，A国及びB国において消費者向けに自社で製造した製品を販売しています。日本法人Rは，A国においてはその100％子会社であるA国法人のAを通じて，B国においてはB国法人のBを通じてそれぞれ製品を販売しています。製品に関する研究開発活動及びマーケティング活動は専らRが行っており，A及びBは製品の販売にのみ関与しており，研究開発活動及びマーケティング活動については一切関与していません（2019年討議文書におけるLimited Risk Distributor（LRD）に該当します。）。A国及びB国において，Rの製品は高いブランド力を保持しており，当該ブランド力によって多くの利益を上げています。

　現行の移転価格税制の下では，RとAの間の取引，RとBの取引それぞれに移転価格税制が適用されるところ[18]，A及びBは基本的機能（販売機能）しか果たしておらず，独自の機能を有していないと考えられることから，取引単位営業利益法（TNMM）によって独立企業間価格が算定され，基本的機能に応じた利益のみがA及びBに配分され，その他の利益はRにすべて帰属すると考えられます。

　それに対して，新しい課税方法の下では，R，A及びBの利益が分割対象利益とされた上で，当該利益からルーティン利益が控除されてノン・ルーティン利益

18　日本，A国及びB国のいずれもOECD移転価格ガイドラインと同内容の移転価格税制を国内法に有していることを前提とします。

が算定されます（ルーティン利益自体は移転価格税制に基づいてA及びBに帰属するものとして課税されます[19]。）。その上で，当該ノン・ルーティン利益を研究開発活動から生じた分とマーケティング活動から生じた分に分けた上で，後者について，A国及びB国に，各国における売上高等の一定の配分キーに基づき分配することになるため，2019年討議文書の記載に基づけば，A国及びB国においても一定の利益に対して課税がされることになります[20]。

　この新しい課税方法において，市場国間（A国，B国），市場国と居住地国（A国と日本，B国と日本）の間で，分割対象利益の特定，マーケティング上の無形資産の有無や，マーケティング上の無形資産に帰属するノン・ルーティン利益の算定に関して異なる解釈及び適用が行われる可能性があります。例えば，A国の課税当局は，Rの製品のブランド力の高さから，自国においてRのマーケティング上の無形資産を認識するのに対して，日本の課税当局は，Rの製品の訴求力が高いのはブランド力によるものではなく高い技術力によるものであるから，A国においてマーケティング上の無形資産を認識すべきではないと主張するかもしれません。この場合，A国において新しい課税方法に基づく課税が行われ，日本においてもA国で課税対象となった利益に対して居住地国として課税が行われることになり，日本で特段の調整措置は執られないと考えられるから，結果として相互協議による対応的調整が行われないおそれがあり，二重課税が生じてしまうこととなります。そのような事態を防ぐために，新しい課税方法の導入に際しては，関係国間の課税当局が統一した見解に基づき課税権を行使するようなメカニズム，及び，解釈が相違した場合に多国間で紛争を解決するメカニズムが必須となるように思われます。

(6)　G20における意見

　新しい課税方法については，現時点では，ユーザー参加に関する提案，マーケ

19　ただし，修正残余利益分割法において，ルーティン利益の算定が移転価格税制によってではなく，より簡便な方法によって行われる場合，現行の移転価格税制によってA及びBに帰属する利益と，修正残余利益分割法におけるルーティン利益は一致しない可能性があります。

20　実際にマーケティング活動のすべてを行っているのがRであるにもかかわらず，日本にはマーケティング上の無形資産から生じるノン・ルーティン利益が全く帰属しないという結論でよいのか（一定の利益を日本にも配分すべきではないか）という点は今後議論される可能性があるように思います。

ティング上の無形資産に関する提案及び重要な経済的存在に関する提案の３つの異なる提案がされており，提案ごとにその課税対象の範囲が異なっているところです。この点に関する日本政府の立場について，2019年６月８日にG20財務大臣・中央銀行総裁会議に合わせて開催された国際租税に関する大臣級シンポジウムにおいて，麻生太郎財務大臣は，大要，「解決策の１つ目の柱は，オンライン広告等の新たなビジネスモデルに対応する必要。電子化の影響以上に国際課税原則を見直せば経済に負の影響がありうるため，新たな課税権の対象は適切に制限すべき。」「合意に向けて，電子化の影響は切り分けが難しいと認識の下，既存の国際課税制度と両立し，紛争防止・解決メカニズムを強化した，ルール変更で大きな負の影響を受ける国がない仕組みが必要。政治的な関与による後押しも必要。」と発言しています。現在の議論の流れとしては，今後は，これらの提案のうちのどれを採用するかが議論されていくというよりも，国際的な合意ベースでの解決策を見出すため，これらの提案の共通点を検討して，３案を１つの解決策に集約することができないかを探っていく方向となっているところ，日本政府としては，新しい課税方法を国際的な合意ベースで採用しつつも，日本企業にできる限り影響が及ばない（日本の税収が大きく減ることのない）形の合意を模索しているように思われます。日本政府は，現行の移転価格税制の下でも，自国の税収減につながる，日本親会社の市場国における子会社のマーケティング上の無形資産を認めない傾向にあり，上記の発言もその延長線上にあるように思われます。

7　2019年OECD事務局提案[21]

(1)　はじめに

2019年10月９日に，OECD事務局は，「パブリック・コンサルテーション・ドキュメント第一の柱の統合アプローチに関する事務局提案」（以下「2019年OECD事務局提案」という。）を公表しました。そこでは，第一の柱に関して提案されていたユーザー参加に関する提案，マーケティング上の無形資産に関する提案及び重要な経済的存在に関する提案の３案を集約する「統合アプローチ（Unified Approach）」が示されています。2019年OECD事務局提案において，統合アプローチは，1920年代に作り出された現在の国際課税原則を約100年ぶりに大改正す

21　以下の記述は，藤枝＝遠藤「10月９日に公表　デジタル課税に関するOECD事務局提案のポイント」旬刊経理情報1561号60頁に基づいています。

るものであり（パラグラフ16），その歴史的意義は大きいと評価されています。

　統合アプローチは，米国が提案しているマーケティング上の無形資産に関する提案がベースになっているものと思われるところ，デジタル企業に限られず消費者向け事業を行う企業を広く対象とすることや，市場国での売上高基準を満たす限り当該市場国での課税を認めることなどが提案されています。2019年10月17日及び18日に開催されたG20財務大臣・中央銀行総裁会議は同提案を支持しており，当該提案どおりに実施されれば日本の企業に対しても大きな影響があるものと思われます。

(2)　適用対象

　ユーザー参加に関する提案は高度にデジタル化された事業モデルだけを適用対象としていた一方，マーケティング上の無形資産に関する提案及び重要な経済的存在に関する提案は，それに限られず，従来型の事業を行っている（消費者向け）大企業を広く対象にするものでした。2019年OECD事務局提案が示す統合アプローチは，適用対象として後者を採用し，高度にデジタル化された事業モデルだけではなく，大規模な消費者向け事業を広く対象とすることを提案しています。ただし，消費者向け事業を具体的にどのように定義すべきかや，仲介者を通じて販売している場合やフランチャイズ方式を採用している場合をどのように扱うべきかは今後の検討課題であるとされています。なお，消費者向けという性格を有しない一定の事業セクター（採掘産業やコモディティなど）は適用除外にすべきとされており，金融業など他のセクターについても除外するか検討すべきであるとされています。また，事業規模による適用除外として，具体的には，移転価格税制における国別報告書の提出義務がある7億5,000万ユーロの売上高を基準とすることが考えられるとしています（以上につき，パラグラフ20）。

(3)　市場国に新しい課税権を認めるルール（ネクサス・ルール）

　2019年OECD事務局提案は，市場国に新しい課税権を認めるルールとして，当該市場国に物理的拠点が存在しなくても，「市場国の経済において継続的かつ重要な関与（a sustained and significant involvement in the economy of a market jurisdiction）」があれば市場国に課税権を認めるべきであるとし，最もシンプルなルールとして，当該市場における売上高（市場国の市場規模によって金額を調整することも考えられる。）を基準とする方法を提案しています。この点，マーケティン

グ上の無形資産に関する提案で指摘されていた，リスク限定販売会社（LRD）を通じて事業を行っている場合に限定するような記載はないため，売上高基準を満たす限り，市場国で課税されることが想定されているものと思われます。また，新しいネクサス・ルールは，恒久的施設に関する租税条約5条を改定するのではなく，同条とは別の独立したルールとして導入することを提案しています（以上につきパラグラフ22）。

(4) 利益配分ルール

　利益配分ルールとしてはこれまで，修正残余利益分割法，定式配分法及び分配ベースのアプローチの3案が提示されていたところ，2019年OECD事務局提案の提案する利益配分方法は，従来の議論よりやや複雑になっており，具体的には3つの異なる種類の利益算定ルール（Amount A，Amount B及びAmount C）から構成されています。Amount Aは，市場国における物理的拠点（子会社又は恒久的施設）の有無にかかわらず適用されるルールであり，多国籍企業グループのみなし残余利益の一部について，市場国の課税権を認めるものです。Amount B及びAmount Cは，現在の国際課税原則に従い市場国に子会社又は恒久的施設がある場合にのみ適用されるルールであり，市場国での販売機能に関するベースラインの利益率について市場国の課税権を認めたうえで（Amount B），納税者及び市場国が現行の移転価格税制に基づいてそれ以上の課税権を主張する場合には，紛争予防・解決メカニズムを講じる必要がある（Amount C）とするものです（パラグラフ50）。なお，利益配分ルールは，利益だけではなく，損失に対しても同様に適用されなければならないとされており，そのための仕組みとして，クローバックやアーンアウトなどのルール[22]を検討する必要があるとしています。

ア　Amount A

　これは，多国籍企業グループのみなし残余利益の一部について，市場国に課税権を認めるものです。具体的には，①会計上の連結財務諸表上の数値等を用いて多国籍企業グループの分割対象利益を算定する，②一定の固定割合を用いてみなしルーティン利益を算定し，分割対象利益からみなしルーティン利益を控除する

22　クローバックとは，損失が生じた場合に過去に支払った租税を取り戻すための仕組みであり，アーンアウトとは，事業から損失が生じている場合，当該損失について将来の利益と相殺するための仕組みです。

ことによってみなし残余利益を算定する，③みなし残余利益のうち，新しい課税権の対象となる利益部分を，一定の固定割合を用いて算定する（営業上の無形資産（trade intangible），資本，リスク等他の要素に帰属すべきみなし残余利益を除外する。），④新しい課税権の対象となるみなし残余利益を，各市場国に売上高に応じて配分するとされています（パラグラフ30，53〜61）。なお，①の分割対象利益の算定は，多国籍企業グループ全体の利益ではなく，ビジネスラインや地域単位での決定が必要かもしれないとしています（パラグラフ53）。また，②のルーティン利益の算定や，③の課税権の対象になるみなし残余利益の算定について，具体的な数値は今後決定されるべきものであるとされており[23]，固定割合については産業ごとに異なる数値を用いる可能性も言及されています（パラグラフ54及び58）。

Amount Aは，マーケティング上の無形資産に関する提案をベースにしており，利益配分方法は修正残余利益分割法の考え方に基づいています。ただし，現行の移転価格税制における残余利益分割法の考え方を用いた場合，それを執行することは実際には不可能であると考えられることから，②のルーティン利益の算定や，③の課税権の対象になるみなし残余利益の算定について，独立企業原則ではなく定式配分法の考え方を用いていることに大きな特徴があります（パラグラフ52）。

イ　Amount B

Amount Bは，利益配分方法に関する分配ベースのアプローチの考え方に基づいたものであると考えられ，現行の国際課税原則に基づけば市場国に課税実体（子会社又は恒久的施設）が存在する場合，当該子会社又は恒久的施設が有する販売機能に対して，ベースラインとなる一定のリターン（産業又は地域ごとで異なる割合を用いることも考えられる。）を帰属させて，市場国に課税権を認めるものです。従来の移転価格税制を適用する場合，その執行において紛争が生じやすかったことから，より簡易な算定方法を規定することによって，二重課税のリスクを減らすとともに，現在の移転価格税制のアグレッシブな執行から生じるコンプライアンスコストを減少させるために，このようなルールが提案されています（パラグラフ62）。

23　2019年10月10日付け日本経済新聞朝刊記事によれば，利益率10%が候補とされているとのことです。

ウ　Amount C

　納税者及び課税当局は，上記Amount Bのベースラインの利益を超える利益を市場国の子会社又は恒久的施設が有する販売機能に帰属させるべきであると主張することができるとされています。また，多国籍企業グループは，市場国において販売機能以外の事業活動を行っていると主張することもできるとされています。この場合，実効的な紛争予防・解決手段を講ずる必要があるとしています（パラグラフ64）。

エ　具体例

　2019年OECD事務局提案は，上記の利益配分方法に関して，一つのモデル事例を使って，具体的な適用方法を説明しています。事例は，ストリーミングサービスを提供している多国籍企業グループXに関するものです。グループXは，Country 1に所在し，事業に関するすべての無形資産を有する親会社Pと，Country 2に所在し，Country 2及びCountry 3で販売活動を行っている子会社Q（Country 3については物理的拠点なく販売を行っている。）からなるとされています（パラグラフ41）。

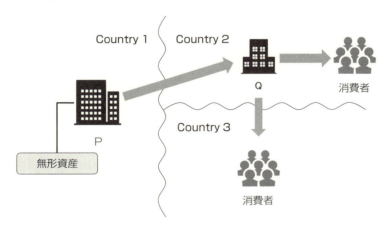

　Country 2は，新しい課税権のルール（Amount A）に基づき，同国での売上高が売上高基準を満たすものであれば，Xグループのみなし残余利益の一部を課税することができます。その際の納税義務者は親会社Pになりますが，子会社Qも連帯して納税義務を負う可能性があるとされています。Country 2における課税とCountry 1における課税の間の二重課税の排除は，Country 1における外国

税額控除又は国外所得免除によって行われることになります（パラグラフ43）。

また，子会社QはCountry 2の納税義務者であるため，Country 2は，Amount Bのルールに基づいて，販売機能に対するベースラインの利益を課税することができます。また，Country 2が，移転価格税制によれば子会社QにはAmount Bで算定されるベースラインの利益を超える利益が帰属すべきであると考える場合，移転価格税制に基づき課税を行うことができるものの（Amount C），その場合，実効的な紛争解決・予防手段が講じられている必要があるとされています（パラグラフ44及びパラグラフ45）。

Country 3は，新しい課税権ルール（Amount A）に基づく売上高基準を満たしている場合，Xグループのみなし残余利益の一部を課税することができます（パラグラフ47）。納税義務者はノン・ルーティン利益を有している親会社Pになるものと考えられます（パラグラフ48）。また，XグループはCountry 3に子会社や恒久的施設を有していないため，Amount B及びAmount Cは適用されません（パラグラフ49及びパラグラフ50）。

オ　日本企業への影響

利益配分ルールのうち，Amount Aについては，分割対象利益からみなしルーティン利益を控除した金額について適用されるため，みなしルーティン利益を超える利益を有しない企業については適用対象には含まれないことになります。現在報道されているようにみなしルーティン利益が利益率10％とされた場合，自動車メーカーや電機メーカーなどは適用対象外となる可能性がある一方，IT企業や製薬企業等が適用対象に含まれる可能性があります。ただし，グローバル全体の取引を対象とするのではなく，特定の拠点間，例えば，日本，米国及び中国等に限定してルーティン利益を算定する場合には，中国等のロケーションセービングやマーケットプレミアムによる超過利益の影響により，利益率が10％を超える可能性もあり，その場合には注意が必要です。他方で，Amount Bは，市場国に子会社や恒久的施設がない限り適用されないため，現在市場国で課税されていない企業を新たに課税対象に含めるものではないものの，市場国に子会社や恒久的施設を有して事業を行っている限り，それらの子会社や恒久的施設の市場国における利益率にかかわらず適用され，一定の利益率を有しているものとみなして課税される点に注意が必要です。すなわち，企業の利益率がAmount Aのみなしルーティン利益率未満であるためAmount Aにおける課税が適用されない場合であ

っても，Amount Bについては課税される可能性がある点に留意する必要があります。また，Amount Cについては，従来の独立企業原則を適用するとしていますが，例えば，米国等では，機能コスト評価モデル（Functional Cost Diagnostic Model）によるマーケティング無形資産の評価が，Amount Aと二重にカウントされる可能性があり，二重課税の排除メカニズムが重要になるものと考えられます[24]。

(5) 今後検討すべき主要な課題

今後検討すべき課題として，以下の点が指摘されています。まず，利益配分方法（Amount A，Amount B及びAmount C）について，ビジネスモデルごとのデジタルの要素（程度）の違いを反映する仕組みや市場国に帰属すべき配分される利益の重み付けなどを行うべきかという点です。また，新しい課税権ルールに関する各種の定義をどうすべきかや，市場国に課税権を認めるみなし残余利益の一部を算定するための定式配分の数値を決定する必要があるとされており，特に後者は究極的には政治的な合意の結果決まるものであるとされています。さらに，二重課税の排除についても，納税義務者の特定や，それが既存の二重課税排除のルールに与える影響も検討する必要があるとしています。新しい課税権の執行に関しては，非居住者に対する執行及び徴収が問題になるため，源泉徴収の仕組みを導入することも検討に値すると指摘されています。

8　今後の予定

今後の予定としては，2020年1月には長期的解決策に関する大枠について包摂的枠組みにおいて合意に達することを目指すとされています。したがって，まずはこの時点で包摂的枠組みにおいて合意に達することができるかが一つの大きなポイントとなると思われます。そして，2020年中に長期的解決策に関する検討を継続し，2020年末までに最終報告書を公表するとされています。その過程で必要に応じて公聴会を開催し，利害関係人等の意見を聴取する手続を行うことも提案されています。このように，議論の大まかな方向性は2020年1月までに合意に達

24　経団連は，2019年11月12日付けで2019年OECD事務局提案に対するコメントを提出しましたが「Comments on the Public Consultation Document Secretariat Proposal for a "Unified Approach" under Pillar One」，Amount AとAmount Cの二重カウントの問題も指摘しています（10頁）。

46◆ 第1章　電子経済への対応策

し，最終報告書の公表が同年末までに行われることが予定されており，かなりの
スピードで議論が進められることが想定されていることがわかります。

② EUによるデジタル課税強化

1　はじめに

　上記の行動1最終報告書公表後，EUもデジタル課税強化に向かっています。
例えば，2017年12月のEU財務相理事会において，IT情報技術企業への課税強化
策として，支店等のPEがなくとも課税できる「仮想PE」の概念を検討し，また，
OECDによる上記2018年中間報告書の公表直後である2018年3月21日に，欧州委
員会は，デジタル事業活動に対する課税について，次の2つの提案（デジタル恒
久的施設（PE）とデジタルサービス税）を公表しました。これらの提案は，現行の
法人課税ルールが，デジタル経済の現実に適合しておらず，市場のある国内に物
理的拠点を持たなくともデジタル事業活動から多額の利益を獲得できるというビ
ジネスモデルに対応できていない結果，デジタル事業活動がEU域内における課
税から逃れているという問題意識から持ち出されたものです。

> **☕【コーヒー・ブレイク】**
> 　EUの公表資料によれば，伝統的な国内企業及び国際企業の実効平均税率がそれ
> ぞれ20.9％及び23.2％なのに対して，デジタル国内企業，B2Cのデジタル国際企業
> 及びB2Bのデジタル国際企業のそれはそれぞれ8.5％，10.1％及び8.9％であるとされ
> ています（European Commission, A Fair and Efficient Tax System in the European
> Union for the Digital Single Market（2017））。

　欧州委員会の上記提案においては，デジタル恒久的施設（PE）が最終目標で
あり，デジタルサービス税はデジタル恒久的施設（PE）が実施されるまでの経
過期間中に適用される暫定的なものと位置付けられています。前者の提案は，理
事会指令案COM（2018）147に基づくものであり，後者の提案は，理事会指令案
COM（2018）148に基づくものです。

　まず，デジタル恒久的施設（PE）の提案は，デジタルインターフェイスを通

じたデジタル・サービスの提供を営んでおり，以下の3つの基準（1課税年度ベース）のうち少なくとも1つを満たせば，重要なデジタル・プレゼンスがありPEを有するとみなされます（なお，その際には，当該法人の関連企業によるデジタル・サービスの提供も考慮するとされています。）（指令案4③）。

(ⅰ)　1加盟国における「デジタル・サービス」からの売上高が当該課税期間に700万ユーロ超

(ⅱ)　1加盟国における「デジタル・サービス」にアクセスするユーザー数が当該課税期間に10万超

(ⅲ)　1加盟国におけるユーザーとの間で当該課税期間に締結する「デジタル・サービス」に係る契約数が3,000件超

　次に，デジタルサービス税は，総売上税の形式を採り，税率についてはEU加盟国すべてにおいて一律3％とすることが提案されています（指令案8）。デジタルサービス税は，上記の恒久的施設（PE）が実施されるまでの暫定期間に限定して適用されることが企図されています。

　デジタルサービス税の課税対象企業は，全世界での年間売上高が7億5,000万ユーロ超，及びEU域内での年間売上高が5,000万ユーロ超の企業とされています（指令案4①）。そして，課税対象のデジタル活動の収入は次のとおりです（指令案3①）。

①　オンライン広告スペースの販売収入

②　ユーザー間の交流を通じ，商品や役務の取引を円滑にするようなデジタル仲介活動からの収入

③　ユーザーが提供した情報に基づくデータの販売収入

現在の税制では課税されていない上記のデジタル活動収入の3％を徴税するとしています。

　そして，上記提案について，加盟国が遅くとも2019年末までに実施に必要な法律，規則等を採択し，公布した場合には，2020年1月1日から施行するとしています（指令案25①）。

48◆　第1章　電子経済への対応策

2　欧州委員会提案の概要

　財務省作成の平成30年10月17日付け説明資料〔総18- 4〕〔国際課税について〕
は，欧州委員会の上記提案の概要を，次のとおり要領よくまとめています。

電子経済への課税上の対応に関する欧州委員会（EC）提案の概要
〔2018年 3 月21日〕

　（注）　今後欧州議会や欧州理事会において議論中であり，現時点でEUにおける決定
　　　　事項ではないことに留意。

提案 1 ：電子経済への課税に関するEU共通の解決策

(1)　significant digital presence及びその帰属所得ルールに関するEU指令案
　　EU法人税ルールの改革案は，EU域内でEU加盟国間の租税条約に優先して適用。また，
　EU加盟国と租税条約を締結していない第三国との間でも適用。
　【significant digital presence】
　　　ある会社が，以下のいずれか一つの条件に該当する場合，EU加盟国内における
　s gnificant digital presenceを認定し，その電子的な活動に対して課税。
　　　①　EU加盟国内での電子サービスによる年間収入が 7 百万ユーロ超
　　　②　一課税年度におけるEU加盟国内での電子サービスに対するアクセス・ユーザー
　　　　数が10万人超
　　　③　一課税年度における電子サービスに関する契約締結数が3,000件超
(2)　EU加盟国と非加盟国との間の租税条約に上記(1)のEU指令案を反映させることに関す
　るEU加盟国への勧告案

電子経済への課税上の対応に関する欧州委員会（EC）提案の概要　（続き）

提案2：暫定的措置

○課税所得とビジネスにおける価値創造の間の乖離が特に大きい電子的活動に限定して，
　暫定的措置として課税する共通のシステム（デジタル・サービス・タックス：DST）を
　EU指令案として提示。
【課税対象】
● ユーザーが価値創造に強く関与しているビジネス（①オンライン広告事業，②ユーザー間

のモノ・サービスの取引を可能とするデジタル・プラットフォームの提供サービス，③SNS等を介してユーザーから提供された情報から創出されるデータの販売）に対し，（利益ではなく）収入に課税。

- EU加盟国と第三国間又はEU加盟国間の取引で生じた電子サービス収入が対象。

【納税義務者】

- 年間連結グループ総収入750百万ユーロ超の多国籍企業で，かつ，EU域内での電子サービスの提供による年間収入が50百万ユーロ超の企業

【税率】

- 3％（EU域内共通）（これにより，年間50億ユーロの税収を見込む。）

3 欧州委員会提案後の動向

欧州委員会提案に対しては，企業団体のみならず，アイルランド等低税率によって企業を誘致してきた国々の反発は根強く，合意への道のりは平たんではありません[25]。

2018年12月には，当初案ではEUの全加盟国で合意することは困難であると考えたドイツとフランスは，共同で当初案を修正し，(i)デジタル・サービス税の課税対象を上記①のオンライン広告事業に限定するとともに，EUのデジタル・サービス税をOECDにおける課税案が合意されるまでの暫定的措置と位置付ける，(ii)2019年3月までに合意した上で2021年1月1日から施行する（それまでに

---

25 2018年10月30日付け日本経済新聞記事（「国際デジタル課税 欧州が強化主張」）は，次のとおり報じていました。
　「現行の国際課税ルールはウェブサービスなどを通じて利益を上げる大手IT（情報技術）企業に対し，十分に対応できていないとの批判がある。そのため20カ国・地域（G20）と経済協力開発機構（OECD）で「デジタル課税」の新ルールを巡る議論が進む。2020年までに結論を出す予定だが，各国の主張の対立は深く難航しそうだ。……欧州連合（EU）の欧州委員会は3月，「デジタルビジネス企業の税負担率は9.5％。伝統的ビジネス企業（23.2％）の半分以下だ」と批判した。
　デジタル課税の強化に最も積極的なのは欧州だ。EU域内では現在，①IT企業への課税ルールの抜本的見直し②見直し実現までIT企業の「売上高」に課税する暫定措置の導入──などが検討されている。G20の議論でも英国やフランスなどが同様の主張を展開するとみられる。
　グーグルなど巨大IT企業の存在感が高まる米国や，アリババ集団や騰訊控股（テンセント）といった新興IT企業を抱える中国などは，こうした欧州の「IT狙い撃ち」の姿勢に反発する。一方，イスラエルやインドなどの新興国は，議論の進展を待たずに独自の課税強化に踏み切る。」

50◆　第1章　電子経済への対応策

CECDにおいて合意がされ，当該合意内容がEUにおいて導入された場合には，当該施行は中止する。）などとする修正案を提案しました。しかし，当該修正案についても，いずれも一部の加盟国で反対が強く，2019年3月に導入を断念し，以後はOECDにおいてデジタル課税について議論していくこととされました。

③　諸外国独自のデジタル課税

　上記のとおり，OECD及びEUにおいてデジタル課税について議論がされていますが，現状では，これらの国際機関で一定の結論を出すことができるのか，また，できたとしてもどのような内容になるのか不透明な状況です。このような中で，これら国際機関での議論の結果を待たずに，国内法で独自にデジタル課税を導入する国が増えつつあります。

1　英　　国

　英国のハモンド財務相は，2018年10月29日に2019年度予算案を発表し，その中で，新たなデジタル課税として，デジタル・サービス税（digital service tax）を2020年4月から導入する旨を公表しました。英国の歳入関税庁が公表したデジタル・サービス税のコンサルテーション・ペーパーによれば，デジタル・サービス税は，あくまでヨーロッパ全体での一貫した解決策を導入するまでの暫定的な措置であるとされています。デジタル・サービス税の対象となる事業活動は，ソーシャル・メディア・プラットフォームの提供，検索エンジンの提供及びオンライン・マーケットプレイスの提供とされています。一方で，金融・決済サービス，物品のオンラインでの販売，オンライン・コンテンツの販売などは対象には含まれないとされています。デジタル・サービス税の課税対象企業は，全世界での年間売上高が5億ポンド超，及び英国内での年間売上高が2,500万ポンド超の企業とされています。税率は2％とされています。

☕【コーヒー・ブレイク】
　英国内国歳入関税庁のコンサルテーション・ペーパーでは，上記のほか，様々な論点を議論していますので，そのうちの興味深い論点をいくつか紹介します。
　①　売上税を導入することによって，損失が生じている企業や利益率の低い企業に不当な負担が生じないよう，そのような企業に限定して，利益率に基づいて

納税義務を計算するセーフハーバー・ルールを導入することを予定していると説明しています。

② デジタル・サービス税を導入する場合，租税条約との関係も問題になりますが，コンサルテーション・ペーパーは，デジタル・サービス税は既存の租税条約による制約を受けないとの立場を取っています。

③ 英国政府は，デジタル・サービス税に，売上の認識時点を2020年4月1日より前に早めることによって同税の課税を回避すること，及び売上の流れを人為的に再構成することによって同税の課税を回避することを防止するため，個別的租税回避否認規定を導入することを検討しているようです。

その後の2019年7月11日に英国政府が公表したFinancial Bill 2019-2020には，デジタル・サービス税に関する法律案も含まれています。当該法律案の基本的な内容は上記のコンサルテーション・ペーパーのとおりであり，デジタル・サービス税は2020年4月から効力が生じるとされています。なお，セーフハーバー・ルールとして，上記コーヒー・ブレイクで記載したとおり，損失が生じている企業や利益率の低い企業に不当な負担が生じないよう，営業利益率によって課税標準額を調整する代替的な税額の計算方法を定めています。また，デジタル・サービス税は，グループ単位で税額の計算が行われるものの，納税義務は各法人が負うこととされています。また，デジタル・サービス税に関する租税回避否認規定も導入されています。

2　フランス

EUにおいてドイツとともにデジタル・サービス税を導入するための議論を主導してきたフランスも，2018年12月17日に，2019年1月1日からデジタル・サービス税を導入することを発表しました。法案は2019年3月6日に公表され，国会で議論の上，7月4日に国民議会（下院）で，同月11日に元老院（上院）で可決され，同月25日にマクロン大統領によって署名されたため上記のとおり，2019年1月1日から遡及適用されています。

デジタル・サービス税の課税対象企業は，全世界での年間売上高が7億5,000万ユーロ超かつフランスでの年間売上高が2,500万ユーロの企業とされています。そして，課税対象は，EUのデジタル・サービス税に関する当初提案と類似しており，オンライン広告スペースの販売，及び，ユーザー間の交流を通じ，商品や役務の取引を円滑にするようなデジタル仲介活動とされています。ただし，①オ

ンラインでの商品（動画や音楽などのオンラインコンテンツを含みます。）の販売，②メッセージ・決済サービスの提供，③ターゲティング広告ではない広告，④オンラインで収集された情報以外の情報や広告目的ではない情報の販売及び⑤規制に服している金融業者などは課税対象から除外されています。また，税率は3％とされています。

> ☕【コーヒー・ブレイク】
> 　上記のフランスのデジタル・サービス税の導入に対して，米国のトランプ政権は，2019年7月10日に，同税が米国企業を不当に標的にしているとして，1974年通商法301条に基づく調査を開始すると発表しました。これにより，米国通商代表部（USTR）が調査を行い，米企業の事業に対して不公平な制限が課されていると判断し，米国とフランスの二国間協議によっても解決できない場合，米国がフランスに対して追加関税を含む制裁措置を発動する可能性があります。

3　イタリア

　イタリアでは，2018年財政法によって，デジタル取引税（web tax）が導入される予定でしたが，2019年財政法によって，デジタル取引税の代わりに，デジタル・サービス税が導入されました。法案成立後，4か月以内にデジタル・サービス税を実施するための省令が公布され，そこから60日後から適用が開始されるとされています。

　イタリアのデジタル・サービス税は，基本的な仕組みとしてはEUの提案しているデジタル・サービス税と同じであり，課税対象企業は，全世界での年間売上高が7億5,000万ユーロ超，及びイタリアでの年間売上高が550万ユーロ超の企業とされています。そして，課税対象のデジタル活動の収入は，①オンライン広告スペースの販売収入，②ユーザー間の交流を通じ，商品や役務の取引を円滑にするようなデジタル仲介活動からの収入，③ユーザーが提供した情報に基づくデータの販売収入とされています。また，税率は3％とされています。

4　スペイン

　スペインは，2018年10月23日に，デジタル・サービス税を導入する法案を公表しました。スペインのデジタル・サービス税も，基本的にはEUの提案しているデジタル・サービス税と同様であり，課税対象企業は，全世界での年間売上高が

７億5,000万ユーロ超，及びスペインでの年間売上高が300万ユーロ超の企業とされています。そして，課税対象のデジタル活動の収入は，①オンライン広告スペースの販売収入，②ユーザー間の交流を通じ，商品や役務の取引を円滑にするようなデジタル仲介活動からの収入，③ユーザーが提供した情報に基づくデータの販売収入とされています。また，税率は３％とされています。

☕【コーヒー・ブレイク】

　インターネットビジネスと恒久的施設（PE）の認定について，スペインにおいて下された興味深い判決があります。すなわち，デルコンピュータグループ企業であるアイルランド法人（Dell Products）がインターネットを通じて，スペイン向け販売事業を問屋（Commissionaire）としての同社関連会社（Dell Spain）を使用して行っていた事例について，中央経済行政裁判所（Tribunal Económico Administrativo Central）は，2012年３月15日に，①スペイン国内に支店も事業所も設けていないにもかかわらず，Dell Spainの従業員の活動内容を重視して，Dell Productsは，スペイン国内に支店PEを有している，②Dell Spainはコミッショネアであり，自己の名において活動するものの，Dell Productsを法的に拘束するとして，Dell SpainはDell Productsの代理人PEに該当すると認定するとともに，③スペイン国内にサーバーを設置していないにもかかわらず，スペイン市場向けのホームページを通じて製品の販売を行っていること，Dell Spainがホームページの翻訳，管理等を行う従業員を雇用していたこと等の事実を捉えて，Dell Productsは，スペイン国内に仮想PEをも有している旨の判断を下しました（TEAC, Rec. No.00/2107/2007（2012））。同判決に対しては控訴がなされ，全国管区裁判所（Audiencia Nacional）は，ホームページを仮想PEと認めた部分を除き，上記判決を追認しました。ホームページを仮想PEと認めた中央経済行政裁判所の判断については，ホームページはソフトウェアと電子データの組み合わせであり，「事業を行う一定の場所」となることはないと判示しています（Audiencia Nacional, Rec. No. 182/2012（2015））。同判決は，最高裁判所によっても支持されました（Spain's Supreme Court（Section 2）, No. 1475/2016（2016））。

　上級審判決によって取り消されたものの，中央経済行政裁判所が「仮想PE」を認定した点については，OECDやEUにおいて，電子経済への課税上の対応の一つとして，前述のとおり，新たなネクサスに関する提案として「重要な経済的存在」（significant economic presence）概念を認めるかが議論されていますが，このような国際的な立法の流れを先取りした裁判例と評価することも可能です。

5　ニュージーランド

　ニュージーランド政府は，2019年2月18日に，OECDにおいてデジタル課税に関する合意が得られるまでの暫定的措置としてデジタルサービス税を導入するためのディスカッションドキュメントを公表する予定である旨を公表しました。同政府は，2020年には同税を実際に導入する方針であるとしています。その後，2019年6月に「Option for taxing the digital economy」と題するディスカッションドキュメントが公表されました。ディスカッションドキュメントにおいては，①暫定的措置としてのデジタル・サービス税の導入，及び，②OECDにおいて議論されている2つの柱からなる国際課税原則の変更に関する措置という2つの選択肢を示しています。①のデジタル・サービス税については，ニュージーランドに帰することのできる（ユーザーの所在地で決定するとされています。），商品の販売や役務の提供を仲介するプラットフォーム（UberやeBayなど），ソーシャルメディアプラットフォーム（Facebookなど），コンテンツシェアリングサイト（YoutubeやInstagramなど）及びサーチエンジンを対象として，グロスベースの売上高に3％の税率で課税するものであり，多国籍企業に対して連結ベースで適用するものであり，各法人の法人格は考慮しないとされています。また，適用される多国籍企業は，グループの年間の連結売上高が7億5,000万ユーロを超えていること及びニュージーランドの売上高が年間350万ドルを超えていることという2つの要件を満たすものに限られるべきであるとされています。その上で，政府としては②のOECDにおける合意ベースの措置が望ましいものの，2019年中にOECDにおける議論に進展が見られない場合，2019年下半期にはデジタル・サービス税の導入を決定し，早ければ2020年中にも導入するとしています。

6　インド

　インドは，2018年2月28日に公表した2018年度の予算案において，インド国内における売上金額又はユーザー数が一定の基準を超える場合には，「重要な経済的存在」の存在を認め，従来型の恒久的施設（PE）がインド国内に存在しない場合であっても，インドが課税をすることができるとする税制改正を提案しました。

　インド政府は2018年2月1日に2018～2019年の国家予算案を公表しました。

その中の税制改正案において，(i)代理人PEの範囲をBEPS防止措置実施条約のそれに従って拡大し，かかる代理人の事業活動をbusiness connectionに含めること，及び(ii)重要な経済的存在（significant economic presence）を有することをbusiness connectionに含めるようにすることが含まれています。(ii)については，Significant Digital Presenseへの課税の立場に近く，インドと租税条約を締結していない国の居住者は，インドの税法の下で，①インドにおける取引から生じる金額が所定の金額を超える場合，②インドにおいてビジネス活動の体系的かつ継続的な勧誘や所定数以上のユーザーとのやりとりがある場合，インド国内において事業を行う場所を有しておらず，かつ役務を提供していないとしても，重要な経済的存在を有するとしてPE認定できるものとされています。本税制改正は，2019年4月から適用になり，2019〜20年以降の調査年度に関して適用になります。ただし，現時点では，上記の「所定の金額」，「所定数」について具体的な規定が設けられていないために，未だ現実の具体的適用はされていないようです（2019年4月18日公表の "Public Consultation on the proposal for amendment of Rules for Profit attribution to Permanent Establishment-reg." と題する報告書73頁）。

　以上の動きに加えて，インドでは，2019年4月18日に上記報告書に基づきPE帰属所得に関する新しい提案がされているところ，当該ルールはOECD承認アプローチを否定し，供給サイドではなく，需要サイドを重視すべきとした上で，売上，従業員数及び給与，資産による定式配分を提案しており，デジタルビジネスの場合には，これにユーザー数を加えるべきであるとしています。

7　イスラエル

　イスラエルは，2016年4月11日に，「重要な経済的存在（Significant Economic Presence）」テストを導入する通達を発遣しています。当該通達は，遠隔地から国内の顧客に対してオンラインサービスを提供するイスラエルの非居住者である企業の活動が以下に掲げるような「重要な経済的存在」を構成する場合，イスラエルにおいてPEを有するものとして課税されると規定されています。当該規定は，オンラインサービスの提供者がイスラエルとの間に租税条約が締結されていない国の居住者である場合にのみ適用されます。重要な経済的存在テストは，イスラエルにおける物理的活動が存在しなくても満たされ得るものであり，また，以下の活動は限定列挙ではなく例示列挙とされています。

　①　オンラインでの契約締結：イスラエルの顧客との間で，多数の契約をオン

ライン上で締結していること

② デジタル製品及びサービスの使用：イスラエルの多数の顧客が使用するオンライン上のサービス又は製品を提供していること

③ 現地仕様のウェブサイト：ヘブライ語，現地向けの値引き及びマーケティング，現地通貨による支払の選択肢など，イスラエルの市場をターゲットにした現地仕様のウェブサイトを採用していること

④ マルチサイド・ビジネスモデル：イスラエルに所在する顧客によるオンライン上の活動に密接に関連する多額の収入を得ていること

重要な経済的存在テストについては，現地の売上に基づく最低売上高要件は特段設けられていません。また，重要な経済的存在が認められる場合の当該重要な経済的存在への利益配分方法については，独立企業原則に基づく国内法の規定によって計算するとしか定められていません。

8 スロバキア

スロバキアでは，2017年に恒久的施設（PE）の範囲を，輸送や宿泊の仲介サービスに関するオンライン・プラットフォームにまで拡大する新しいルールが導入されました。具体的には，所得税法セクション16，パラグラフ2によって，非居住者が，輸送及び宿泊サービス提供に関連してオンライン・プラットフォームを通じて契約締結を促進する活動を繰り返し行っている場合，当該活動はスロバキアにおける「事業における一定の場所」で活動を行っているものとみなされることとされています。同ルールは，2018年1月1日から適用されています。

9 マレーシア

2019年7月9日，2019年度予算案に盛り込んでいたデジタルサービス税に関する改正サービス税法が制定されました。

同法によって，2020年1月1日以降にデジタルサービス（インターネット又はその他の電気通信回線を介して行われるサービスで，情報技術の使用なくして得られないものであり，かつ，サービスの提供の本質的部分が自動化されている取引をいいます。）を消費者へ提供する国外事業者は，デジタルサービスについて6％のサービス税を徴収されることになります。2019年8月20日には，マレーシア税務当局によって，ガイドラインが公表され，法律の重要な部分に関する解釈が明確化さ

れています。

10 各国が独自の税制を設けることの問題点

国際的な合意に基づかず，各国が国内法で独自の税制を設けることによって，様々な問題が生じることが考えられます。

各国が独自の税制を設けることによって生ずる最大の問題は，国境をまたいで経済活動を行う企業に二重課税が生じる可能性があることです。上記のデジタルサービス税の場合，同税は租税条約の適用対象である税目には含まれないと考えられているため（少なくとも，デジタルサービス税を導入した国はそのような整理をしているものと思われます。），租税条約において源泉地国に課税権が認められるか否かにかかわらず，源泉地国はデジタルサービス税を課すことができることになります。一方，居住地国においては，同国が二重課税排除措置として外国税額控除を採用している場合であっても，所得税ではないため外国税額控除の対象にはならないと考えられます。その結果，源泉地国と居住地国の間で二重課税が生じる可能性があります。一方，重要な経済的存在に基づく課税の場合，将来において租税条約が適用されることを前提にしているものと思われますが（現行のOECDモデル租税条約の下では，重要な経済的存在は恒久的施設に含まれていません。），その場合であっても，源泉地国との間で租税条約が締結されていない国の居住者については，源泉地国課税に服することになり，あとは居住地国での二重課税排除措置を利用することで二重課税を解消するよう努めるしかないことになります。居住地国の外国税額控除制度の具体的な内容によっては，二重課税が解消されないことが考えられます。このような二重課税は，国際的なデジタル経済の発展を阻害する可能性があり，国際的な経済活動の発展にとって望ましくないものと思われます。

また，二重課税の問題に加えて，各国がばらばらにデジタル課税のルールを設けることによって，デジタル課税を設けた国と設けていない国の間の課税権における不公平が生じる可能性があります。その結果，より多くの国が独自にデジタル課税のルールを設けることにつながり，独自のデジタル課税がますます広がってしまい，デジタル課税のルールを設けた国と設けていない国の課税権における不公平がさらに拡大していくという問題があります。実際，上記のとおり，独自の税制を設ける国は着実に増加しています。

58◆　第1章　電子経済への対応策

4　わが国の対応

　わが国では，これまでもBEPSプロジェクトによる成果を積極的に国内法にお
いて導入してきました。一方，デジタル課税については，国際的にはOECDを中
心として議論が行われており，また，上記のとおり多くの国が国内法で独自の課
税強化を行っているのに対して，日本では国内法で独自にデジタル課税を導入す
る旨の議論は政府内では見られません。これは，日本政府の立場としては，
OECDによる最終的な勧告が公表された時点で，当該勧告に基づいて国内法を整
備することを予定しているものと考えられます。

　デジタル課税に関する国際的な議論が進む中，2020年の最終合意に向けて
OECDで承認される可能性のある課税方式・方向性から，デジタル経済における
税務調査として，現時点で想定されること・変化等について指摘していきたいと
思います[26]。

1　わが国における電子経済への調査体制（電子商取引専門調査チーム（PROTECT）の設置）

　国税庁では，インターネットの普及を背景とした電子商取引の急速な進展に対
して，環太平洋税務長官会議（The Pacific Association of Tax Administrators:
PATA）等を通じた国際的な情報交換から得た米国内国歳入庁等の調査方法を参
考に，2000年2月，東京，大阪及び名古屋の各国税局に電子商取引専門調査チー
ム（Professional Team for E-Commerce Taxation: PROTECT）を設置し，電子商取
引を行っている事業者及び電子商取引関連業者に対する税務調査・情報収集を行
っていきました（2001年1月には，全国の国税局に拡大）。

　設置当時の問題意識としては，電子商取引の特徴として以下の3点が指摘され
ていました。

○　取引が広域化・国際化

　電子商取引には国境等が存在しないことから，事業者の海外への進出が促進

26　以下の説明は，角田＝両國泰弘「税務調査の展望」税務弘報67巻9号46～55頁に基
づいています。

されるなど，ネットワークを通じて取引が広域化・国際化しています。

○　事業者の把握・特定が困難

　店舗・資金がなくとも，誰でも参入できるほか，取引の匿名性が高く，納税者の把握が困難となっています。

○　取引記録の把握・確認が困難

　データの消去が容易であるほか，電子的な取引情報等は把握・確認が困難と考えられます。

　PROTECTは，サイバー税務署と呼ばれ，国税局調査部だけでなく，課税部，査察部及び徴収部等の各部署から選抜された調査・国際課税の専門家が調査を担当し，国税局調査部調査開発課及び課税部電子商取引担当統括国税実査官に引き継がれていきました。

　これまで行ってきた調査事績としては，海外サイトへ日本の消費者がアクセスした場合の課税，アフィリエーター（ウェブサイト等を運用し主にアフィリエイト広告で収入を得ている者）への課税，RPG（Roll Playing Game）におけるリアルマネートレードへの課税及び仮想通貨への課税等が挙げられています。

2　最近の取組み

　国税庁レポート2019では，「Ⅲ　適正・公平な課税・徴収」1の「⑶　資料情報」において，「経済取引の国際化，ICT化等の進展や不正形態の変化に常に着目し，新たな資産運用手法や取引形態を把握するため，海外投資や海外企業との取引に関する情報，シェアリングエコノミー等新分野の経済活動に関する情報などの資料情報の収集に取り組んでいるところです。」と説明しています。

⑴　シェアリングエコノミー等新分野の経済活動への対応

　国税庁は，2019年6月，「シェアリングエコノミー等新分野の経済活動への的確な対応」（以下「シェアリングエコノミー等への対応」という。）において，以下の方針を公表しています。

　「近時，シェアリングエコノミー等の新分野の経済活動が広がりを見せている中，国内のみならず，国際的にも，適正課税の確保に向けた取組や制度的対応の必要性が課題として共通認識されています。

国税庁としては，こうした分野に対する適正申告のための環境作りに努めるとともに，情報収集を拡充しております。これにより，課税上の問題があると見込まれる納税者を的確に把握し，適正な課税の確保に向けて，行政指導も含めた対応を行ってまいります。」（次頁の図参照）

① 電子経済への問題意識

「シェアリングエコノミー等への対応」では，電子経済への問題意識として以下を示しています。

○1990年代以降，パソコンをはじめとする情報処理機器やインターネット等の情報通信ネットワークの発展・普及に伴い，電子的な情報通信を利用した商品の売買やサービスの提供など（いわゆる電子商取引）が行われるようになったが，近年，ICT化が更なる発展を続けており，それに伴い，ビジネスの実態は大きく変化しています。

○インターネットの通信規格が飛躍的に高速化し，これとあいまって，データやアプリケーション等のコンピューター資源をネットワーク経由で利用する「クラウドサービス」が普及を続けており，こうした変化により，例えば，デジタル・コンテンツの配信・利用など，ネットワークを通じて（従来は見られなかった）多様な取引が可能となっています。

○スマートフォンやタブレット端末の普及により，事業者のみならず，消費者もネットワークを容易に利用できるようになり，働き方の多様化もあいまって，個人等が保有する活用可能な資産等をインターネット上のマッチングプラットフォームを介して提供する活動（いわゆるシェアリングエコノミー）や暗号資産（仮想通貨）取引等が増加してきています。

○ネットワーク上では，例えば，広告料収入のみで運営され消費者が無償で利用できる，動画や音楽等のコンテンツ配信，スマートフォンの各種アプリケーション等も普及してきています。

そして，ネットワーク上で行われる取引に対して以下の特徴を指摘しています。
○広域的・国際的な取引が比較的容易である。
○足が速い。
○無店舗形態の取引やヒト・モノの移動を伴わない取引も存在するなど外観上，取引の実態がわかりにくい。

4 わが国の対応

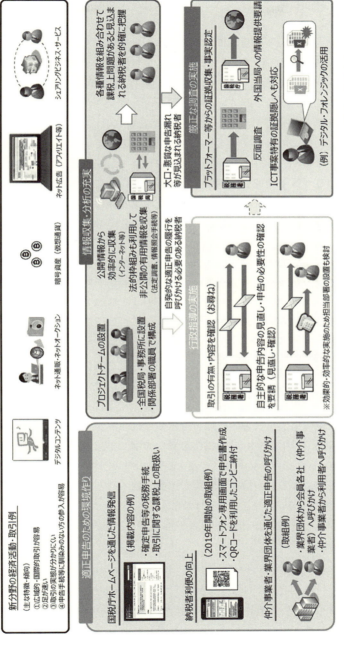

シェアリングエコノミー等新分野の経済活動の適正課税の確保に向けた取組の概要

(出典:国税庁ホームページ)

○申告手続等に馴染みのない者も参入が容易である。

　その上で，国税局・税務署においてこれまで実施した調査において，動画配信，暗号資産（仮想通貨）取引，インターネット上のプラットフォーマーを介した売買，インターネット広告（アフィリエイト等）により多額の利益を得ているにもかかわらず，申告がなされていない事例なども散見されており，国外からのデジタルコンテンツ配信等の役務提供に係る消費税（いわゆるクロスボーダー消費税）を申告していない国外事業者も把握されているとしています。

　そして，インターネットを介した取引について，全国税局・沖縄国税事務所に設置している「電子商取引専門調査チーム」を中心に，情報収集・分析等に取り組んできたところ，以上のような環境変化を踏まえ，今後はシェアリングエコノミー等の新たな分野の経済活動にも的確に対応する必要があると指摘しています。

②　情報収集の強化
　国税庁では，情報収集の強化のため，以下の対応を行うこととしています。

(i)　法的な枠組みの積極活用
　暗号資産（仮想通貨）取引やインターネットを通じた業務請負の普及など，経済取引の多様化・国際化が進展する中，適正課税を確保するため，令和元年度税制改正において，現行実務上行っている事業者等に対する任意の照会（協力要請）について法令の規定が整備され，高額・悪質な無申告者等を特定するための情報について国税当局が事業者等に報告を求める仕組みが整備されています。

　具体的には，以下のすべての要件を満たせば，事業者等への照会ができることになります。

○他の方法による照会情報の収集が困難であること（※法定調書や協力要請等により対象情報が入手できる場合は対象外）

○申告漏れの可能性が相当程度認められること（以下のi～iiiのいずれかに該当する場合）

　i　多額の所得（年間1,000万円超）を生じうる特定の取引の税務調査の結果，半数以上で当該所得等について申告漏れが認められた場合

　ii　特定の取引が違法な申告のために用いられるものと認められる場合

　iii　不合理な取引形態により違法行為を推認させる場合

○求める情報の範囲や回答期限の設定に当たっては，相手方の事務負担に十分に配慮すること

　そして，事業者等の所在地の所轄国税局長は，あらかじめ国税庁長官の承認を受けた上で，60日を超えない範囲内においてその準備に通常要する日数を勘案して指定する日までに，対象者の氏名（又は名称），住所（又は居所）及び番号（個人/法人）について，保有している限度で書面による報告を求めることができ，国税通則法上の処分として位置付け，不服申立てや取消訴訟の対象となりますが，担保措置として1年以下の懲役又は50万円以下の罰金を定めています。

　また，海外取引や海外資産を把握する観点からは，国外送金等調書や国外財産調書[27]等の各種の法定調書制度や，租税条約等に基づく外国の税務当局との情報交換の枠組み（CRSに基づく金融口座情報の自動的情報交換等）により情報収集を行うことになっています。

(ⅱ)　プロジェクトチームの設置等

　全国税局・沖縄国税事務所に設置した「電子商取引専門調査チーム」を中心に，電子商取引に関する情報収集・分析等に取り組んできましたが（平成29事務年度情報収集件数：60万件程度），シェアリングエコノミー等の新たな分野の経済活動にも的確に対応するため，令和元（2019）年7月から，「電子商取引専門調査チーム」をはじめ，関係部署の指名された職員で構成されるプロジェクトチームをすべての国税局・沖縄国税事務所に設置し，国税局・事務所間や関係部署間で緊密な連携・協調を図り，情報収集・分析等の取組みを強化していくこととしています（全国で200人規模を予定）。

(ⅲ)　ICTの積極活用

　インターネット上で公開されている情報を効率的に収集する技術など，新たなICTの活用を進めるとともに，デジタル・テクノロジーに精通した人材の育成・登用を行い，大量で様々な情報を有効に活用していくため，情報を一元的に管理し，マイナンバーや法人番号をキーとして資料情報の横断的な活用を目的とした

27　2019年10月2日付け日本経済新聞記事によれば，国税当局は，同年5月末に，納税者が国外財産調書の提出を怠ったとして初めて刑事告発を行いました。

システムの整備に取り組んでいます（令和2（2020）年1月開始予定）。

国税庁では，具体的な取組みとして，動画配信サービス，暗号資産（仮想通貨）取引，インターネット上のプラットフォーマーを介した売買，アフィリエーター及びクロスボーダー消費税（B to C取引）への調査事例を公表しています。

3　OECD税務長官会議での議論

OECDには，2002年から，各国税務長官によるフォーラムであるOECD税務長官会議（FTA: Forum on Tax Administration）が設置されており，OECD加盟36か国に非加盟17か国・地域を加えた53か国・地域がメンバーとなり，税務行政上の課題について各国のベストプラクティスの共有等を図っており，BEPSや電子経済への課税についても議論が行われています。

2019年3月，チリ・サンティアゴにおいて第12回会合が開催され，46か国・地域の長官クラスが参加し，コミュニケにおいて以下のとおり表明しました。

⑴　BEPS及び税の安定性に関する取組み

FTAは，OECD及びG20における国際的な税務の課題の実施に優先的に取り組んでおり，国別報告書（CbCR），相互協議手続（MAP），及びルーリングの情報交換の実施支援において良好な進展が見られ，BEPSへの対応は引き続き優先課題であると位置付けています。

また，税の安定性を実現する取組みとともに，課税漏れのリスクの特定方法についての協調的な取組みが引き続き行われ，紛争防止及び紛争解決に焦点を当てた包括的かつ相互に関連する課題への取組みを前進させなければ，より広範な税の安定性の実現に成功することはないとの認識を示しています。

⑵　国際的コンプライアンス確認プログラム（ICAP）の拡大したパイロットの開始—ICAP2.0

ICAPは，納税者と税務当局がほぼリアルタイムで協調的かつ多国間での取組みを行い，主要な国際的税務リスクに関するリスク評価及び保証を実施するという新しいアプローチであり，ICAP2.0は，2018年に開始されたより小規模な第一期パイロット（試行）の経験を基礎とし，第一期パイロットに参加した8か国の税務当局を上回る17か国の税務当局が参加に合意しています。

④ わが国の対応 ◆65

(3) 税務リスク評価に関する一貫性と協調を向上させるための先進的な取組み

BEPSプロジェクトの結果として，税務当局は，多国籍企業に関するこれまでにない情報にアクセス可能となり，異なる税務当局が同時に，かつ共通フォーマットで入手可能であることから，税務リスクの内容，リスクが存在し得ることを示す主要な指標，及び効果的なリスク評価の実施に必要な情報に関する税務当局の理解の一貫性を向上させる取組を進めてきています。

この取組は，リスク評価の効率性及び一貫性を向上させることで多国籍企業と税務当局に対して安定性をもたらすものであると説明しています。

(4) より緊密に統合された国際的な税務調査

FTAでは，「合同調査2019—税分野における協調的な取組の強化及び税の安定性の向上」（Joint Audit 2019—Enhancing Tax Co-operation and Improving Tax Certainty.）の報告書を公表し，合同調査に関する取組みを進展させているとし，納税者と税務当局双方の利益のために，同一の又は関連する論点に関する個別的で協調的でない調査を，徐々に合同調査へと切り替えていくことが重要であると指摘しています。

(5) 税の安定性の課題に関する別の側面の検討

FTAのMAPフォーラムでは，FTA大企業国際プログラムとともに，税の安定性の課題への取組みを前進させる他の手法（事前確認（APA）プロセスに関する改善点の特定，多国間APA及びMAPのより広範な活用可能性の検討を含む。）について研究を行うこととし，移転価格の分野で標準的な状況におけるベンチマークの使用及び共有の可能性についても検討を行うとしています。

さらに，経済のデジタル化に関する税務上の課題への対処に関して，OECD及びG20が現在進めている取組みに強い関心を有しており，また，税の安定性の実現に関連する税務当局間の協調を強化することの重要性を認識しています。

(6) 税分野における協調的な取組みの強化

FTAは，協調的な取組みの強化として，共通報告基準（CRS）とシェアリング&ギグエコノミーという2つの分野に焦点を当て，以下を表明しています。

① 共通送受信システム（CRS）

FTAは，CRS及び外国口座税務コンプライアンス法（FATCA）に基づき，FTAが構築した共通送受信システム（CRS）を通じて成功裏に，かつ，安全に情報交換を行ってきており，CRSは成果をあげていると指摘しています。

② シェアリング&ギグエコノミー

FTAは，デジタル・プラットフォームを用いたシェアリング&ギグエコノミーを通じた物品・サービスの販売に対して，効果的な課税を行うための次のステップについても議論を行い，「シェアリング&ギグエコノミー：プラットフォーム・ユーザーに対する効果的な課税」（The Sharing and Gig Economy: Effective Taxation of Platform Sellers.）報告書を公表し，さらなる取組としての勧告を行っています。

その中で，課税の実効性を確保するために採り得る取組みにおいて，国内のプラットフォーマーに対する義務付けとして，税務当局に対してユーザーの取引に関する情報を報告させるため，ユーザーの身元の正確な特定が必要であり，多国間での情報交換を見据えたテンプレートの共通化が有益であると指摘しています。

また，多国間での情報交換として，租税条約等に基づき，国外のプラットフォーマーを利用しているユーザーに関する情報交換を行っていくこととし，今後のFTAの作業方針として，税務リスクの特定に係るエビデンス・ベースの構築等を進め，シェアリング&ギグエコノミーに関する税務リスクの規模やコンプライアンスの確保策について知見を深め，プラットフォーマーから税務当局へユーザー情報の報告を行う場合の標準モデル策定について執行上の提言を行っていくこととしています。

③ JITSICの活用

FTAは，国境を越えたコンプライアンス及び執行上の課題に関する協調を徹底し，かつ，歳入当局に対する社会の信頼を維持する上で，「情報共有と協働のための合同国際タスクフォース（Joint International Taskforce on Shared Intelligence and Collaboration: JITSIC）」が，FTAにとって依然として不可欠なものであることを確認し，JITSIC ネットワークが，引き続き，税務当局間の活動の調整及び協調の支援を行う際に活用されることに合意したと表明しています。

4 デジタル課税における税務調査

これまでの議論を反映し，OECDで承認される課税方式・方向性等も踏まえ，デジタル課税における税務調査として想定されることは以下のとおりと考えられます。

(1) 情報収集

納税者の存在を確認するため，事業者等に対する報告を求める法的な枠組みを積極活用して情報収集を行うほか，海外取引や海外資産を把握する観点からは，国外送金等調書や国外財産調書等の各種の法定調書制度や，租税条約等に基づく外国の税務当局との情報交換の枠組み（CRSに基づく金融口座情報の自動的情報交換等）により情報収集を行うことが求められます。

OECDで承認される課税方式・方向性等を踏まえ，ユーザー参加の寄与に係る定性的・定量的情報としてのユーザー・ベースの存在及び関連するデータの入手，市場国から得られる売上高等を含む残余利益分割ファクターに係る情報等についても収集していくことが求められます。

そのため，親会社所在国が多くの情報を収集できると考えられますが，必要な情報を情報交換等により各国で共有していく方策について検討していく必要があるものと考えられます。

(2) 国際的な合同調査

同一の又は関連する論点に関する個別的で協調的でない調査は，納税者のコンプライアンスコストを増加させるとともに，二重課税のリスクを拡大するものであることから，FTAの行っているICAPを電子経済におけるOECDで承認される課税方式では必須のものとし，二重課税の未然防止を目指していくことが必要と考えられます。

仮に，国際的な合同調査が行われることが確保されないおそれがある場合には，多国間のAPAを求めることにより，事前に二重課税リスクを回避していくことが望まれるものと考えられます。

(3) 紛争解決

国際的な合同調査又は多国間のAPAが確保されない場合には，多国間での二

重課税排除を行っていくため，BEPS防止措置実施条約における義務的かつ拘束力を有する実効性を高めていくことが求められています。

⑤ 国際取引と消費税等の付加価値税

1　はじめに

　財務省の公表資料によると，平成30年度（2018年度）の総税収（国税（予算額））に占める「消費課税」（消費税のみならず酒税のような個別消費税も含んだもの）の割合は40.2％であり，個人所得課税30.9％，法人所得課税23.6％を大きく上回り，「消費課税」は現時点でも最大の税収源となっています。消費税率が8％から原則10％に引き上げられた2019年（令和元年）10月以降は，総税収（国税）に占める「消費課税」の割合はさらに高まることになります。このような動向を受けて，国税庁レポート2018年版でも，消費税の適正・公平な課税について，「消費税は，税収の面で主要な税目の一つであり，国民の関心も極めて高いことから，一層の適正な執行に努め」るとしています。このように，消費税の重要性が高まるにつれて，国際取引に対する消費税の課税，特に，国境を越えた役務提供に対する消費税の課税のあるべき方法についても関心が高まってきています。

　なお，OECD加盟国全体においても，付加価値税を含む一般消費税は，近年税収の約44％を占めています（国立国会図書館調査及び立法考査局「諸外国の付加価値税（2018年版）」8頁）。

2　OECDガイドライン

⑴　International VAT/GST Guidelines（「国際的付加価値税ガイドライン」）
ア　ガイドライン作成の背景及び目的

　経済のグローバル化に伴い，国際的な商品及びサービスの取引が急速に拡大するとともに，世界中で多くの国が付加価値税を採用するようになってきました。このことによって，付加価値税の国際的な二重課税又は意図せざる非課税が発生するリスクが生じています。特に国境を越えたサービス及び無形資産の提供においてこのような事態が生じないためには，国際的に付加価値税の制度設計や執行において協調していく必要があります。そのような目的でOECDによって2017年に作られたのが，"International VAT/GST Guidelines"（「国際的付加価値税ガイ

ドライン」）です。

　国境を越える電子商取引に係る付加価値税については，BEPS行動１の最終報告書において上記ガイドラインに示された原則を適用し，同ガイドラインが示した徴税の仕組みを導入することが勧告されました。当該勧告は，役務提供先である市場国における国内事業者と国外事業者との競争条件を均等化するために，課税地は顧客の居住国又は所在国とし，当該国で付加価値税を課するとしています（仕向地主義）。なお，課税方式については，国境を越える電子商取引が事業者間取引か，それとも，消費者向け取引かによって異なってきます。すなわち，事業者間取引の場合には，役務の提供を受ける国内事業者が消費税の納税を行う，いわゆるリバースチャージ方式が適用されるのに対して，消費者向け取引の場合には，国外事業者が事業者登録を行った上で同事業者が納税を行うという方式が適用されます。

イ　ガイドラインの概要

　国際的付加価値税ガイドラインの目次は次のとおりです。

前文
第１章　Core features of value added taxes（付加価値税の中心的な特徴）
　　A．Overarching purpose of a VAT: A broad-based tax on final consumption（付加価値税の包括的な目的：最終消費に対する広範囲に渡る課税）
　　B．The central design feature of a VAT: Staged collection process（付加価値税の中心的な制度上の特徴：段階的徴収プロセス）
　　C．VAT and international trade: The destination principle（付加価値税と国際取引：仕向地主義）
　　D．Application of generally accepted principles of tax policy to VAT: The Ottawa Taxation Framework Conditions（一般に受け入れられた課税原則の付加価値税への適用：オタワ会議における課税の基本的枠組み）
第２章　Neutrality of value added taxes in the context of cross-border trade（国境を越えた取引における付加価値税の中立性）
　　A．Introduction（はじめに）
　　B．Basic neutrality principles（基本的な中立性原則）
　　C．Neutrality in international trade（国際取引における中立性）
　　D．Applying the VAT neutrality principles in the context of cross-border

trade: Commentary on the Guidelines on neutrality（国境を越えた取引における付加価値税の中立性原則の適用：中立性に関するガイドラインの注釈）

第3章 Determining the place of taxation for cross-border supplies of services and intangibles（国境を越えた役務及び無形資産の提供に関する課税地の決定）

    A. The destination principle（仕向地主義）

    B. Business-to-business supplies — The general rule（B2B供給—原則）

    C. Business-to-consumer supplies — The general rules（B2C供給—原則）

    D. Business-to-business and business-to-consumer supplies — Specific rules（B2B供給及びB2C供給—特別のルール）

第4章 Supporting the Guidelines in practice mutual co-operation, dispute minimisation, and application in cases of evasion and avoidance（実務においてガイドラインをサポートする，相互協力，紛争の最小化並びに脱税及び租税回避の際の適用）

    A. Introduction（はじめに）

    B. Mutual co-operation, exchange of information, and other arrangements allowing tax administrations to communicate and work together（相互協力，情報交換及び租税当局間での意思疎通及び協働を可能にするその他のアレンジメント）

    C. Taxpayer services（納税者に対するサービス）

    D. Application of the Guidelines in cases of evasion and avoidance（脱税及び租税回避におけるガイドラインの適用）

ウ　国境を越えた役務及び無形資産の提供に係るガイドラインの主要内容

以下において，国際的付加価値税ガイドライン第3章の主要内容の解説を，わが国の消費税法のルールと対比させて行います。

> ガイドライン3.1
> 　消費課税上，国際取引の対象とされるサービス及び無形資産は，消費地管轄のルールに従って課税されるべきである。

上記ガイドラインは，仕向地主義（destination principle）の原則を示したものです。仕向地主義は，国際的取引の対象である物品や役務に対する消費税等の付

加価値税の課税主体について仕向地国に課税権があるとする考え方であり、源泉地国に課税権があるとする源泉地主義（origin principle）と対比されるものです（金子宏『租税法（第23版）』799頁参照）。

ガイドライン3.2
B2B供給に関するガイドライン3.1の適用上、顧客が所在する管轄は、国際的に取引されるサービス又は無形資産に対し課税権を有する。

後述のとおり、わが国の消費税法は、顧客が日本国内に所在することを理由にわが国に課税権を認めているわけではありません。例えば、役務提供の場所が日本国内であれば原則としてわが国が課税権を有しますが、役務提供が国境を越えて行われる場合や役務提供場所が不明の場合には、役務提供を行う事業者の提供に係る事務所等が国内になければ、わが国は課税権を有しません（同法4③二、同法施行令6②六参照）。これは、源泉地主義の採用を意味しています。ただし、後述のとおり、平成27年度税制改正の結果、所定の電気通信利用役務の提供については、顧客の住所や事務所等が国内にあれば、わが国は課税権を有します（同法4③三）。これは、仕向地主義を採用したことを意味します。

ガイドライン3.5
ガイドライン3.1の適用上、供給が物理的に提供される管轄は次のサービス及び無形資産のB2C供給に対する課税権を有する。
- すでに特定できる場所で物理的に提供され、かつ、
- それらが物理的に提供される同じ時及び同じ場所で通常消費され、かつ、
- サービス又は無形資産の供給が物理的に提供される同じ時と同じ場所で供給を行う者と当該サービス又は無形資産を消費する者の物理的な存在を必要とする。

わが国の消費税法には、上記のような詳細な規定はありませんが、そのような内容の役務提供の場所が国内にあればわが国は課税権を有すると考えられます。

ガイドライン3.6
ガイドライン3.1の適用上、顧客の通常の住所を有する管轄は、ガイドライン3.5の対象とされるもの以外のサービス及び無形資産のB2C供給に対する課税権を有する。

後述のとおり、所定の電気通信利用役務の提供については、顧客の住所や事務

所等が国内にあれば，わが国は課税権を有します（同法4③三）。

> ガイドライン3.7
> 　国際的に取引されるビジネス間で供給されるサービス又は無形資産に対する課税権は，次の条件を満たすとき，ガイドライン3.2に定めるとおり，顧客の場所以外の代理指標を参照して，配分することができる。
> a. 顧客の場所を参照する課税権の配分は，次の基準により考えるとき，適切な結果に導かない。
> 　● 中立性
> 　● コンプライアンス及び行政の効率
> 　● 確実性及び簡素性
> 　● 有効性
> 　● 公正
> b. 顧客の場所以外の代理指標は，同一基準により考えるとき，相当に良好な結果に導くであろう。
> 　同様に，サービス又は無形資産の国際的に取引されるB2C供給に対する課税権は，上記a. 及びb. に示す両方の条件が満たされるとき，ガイドライン3.5に定めるとおり提供の場所以外の代理指標，ガイドライン3.6に定めるとおり顧客の通常の住所を参照して配分することができる。

　わが国の消費税法には，役務提供場所を判断する際に，実際の役務提供場所の代わりに，顧客の通常の住所等を用いるといった上記のような代理指標に関する規定はありません。ただし，事実認定の際に顧客の通常の住所等も考慮に入れることは行われそうです。なお，所定の電気通信利用役務の提供については，顧客の通常の住所や事務所等が国内にあるかどうかを基準としています（後述の消費税法基本通達5‐7‐15の2）。

(2) Mechanisms for the Effective Collection of VAT/GST in 2017- WHERE THE SUPPLIER IS NOT LOCATED IN THE JURISDICTION OF TAXATION（「供給者が課税国に所在しない場合の効果的な付加価値税徴収メカニズム（2017）」）

ア　ガイドライン作成の背景及び目的

　上述の国際的付加価値税ガイドラインの効果的かつ統一的な実施のため，課税当局に対する実務的なガイダンスを提供する報告書が作成されることとなり，そ

の第一弾として，外国の供給者によってサービス又は無形資産が供給される場合の付加価値税の効率的かつ効果的な徴収のためのメカニズムに関する具体的なガイダンスとして，本ガイドラインによるガイダンス（以下「本ガイダンス」といいます。）が作成されました。

イ　本ガイダンスの概要

本ガイダンスの目次は次のとおりです。

前文

第1章　Collecting VAT on supplies of services and intangibles when the supplier is not located in the jurisdiction of taxation-basic policy question and design issues（供給者が課税国に所在しない場合のサービス及び無形資産の提供に対する付加価値税の徴収―基本的な政策課題及び制度設計上の問題）

A. Introduction（はじめに）

B. Situating tax collection as applied to international trade within the framework of the core features of VAT（付加価値税の中核的な特徴の枠組みにおける，国際取引に適用される徴税の位置付け）

C. Options for collecting VAT on supplies of services and intangibles when the supplier is not located in the jurisdiction of taxation（供給者が課税国に所在しない場合のサービス及び無形資産の提供に対する付加価値税の徴収に関する選択肢）

第2章　Registration-based collection regimes-key policy and design considerations（登録に基づく徴収制度―主要な政策上及び制度設計上の検討事項）

A. Introduction（はじめに）

B. Thresholds（免税点）

C. The role of third-party service providers in facilitating foreign suppliers' VAT compliance（外国供給者の付加価値税の法令遵守を促進するための第三者である役務提供者の役割）

D. Approaches for determining and evidencing the status of the customer（顧客の地位の決定及び証拠化の方法）

E. Approaches for determining and evidencing the usual residence of the

customer（where required）（顧客の通常の居住地の決定及び証拠化の方法（必要な場合））
第3章　Design and practical operation of simplified registration and collection regimes（簡素化された登録及び徴収制度の制度設計及び実際の運用）
　　A.　Introduction（はじめに）
　　B.　Scope of the simplified registration and collection regime（簡素化された登録及び徴収制度の範囲）
　　C.　Approaches to organizing and simplifying registration and compliance under a simplified regimes（簡素化された制度の下で登録及び法令遵守を体系化かつ簡素化する方法）
添付A Typical characteristics of a well-designed online portal（適切にデザインされたポータル・サイトの典型的な特徴）

ウ　ガイダンスの主要内容

　上記目次からもわかるとおり，本ガイダンスは，①供給者が課税国に所在しない場合のサービス及び無形資産の提供に対する付加価値税の徴収について，基本的な政策課題及び制度設計上の問題を論じた上で，②登録に基づく徴収制度に関して検討すべき事項を論じ，③簡素化された登録及び徴収制度について論じています。

　上記の国際的付加価値税ガイドラインにおいては，国際取引に関して仕向地主義が採用されているため，徴収制度に関しても，仕向地主義を適切に実現できるか否かが検討されています。その上で，課税の選択肢として，①海外の供給者を通じた登録ベースの徴収制度，②顧客を通じたいわゆるリバースチャージ方式による徴収制度，③仲介者及び④（技術の進展によっては）自動的システムが挙げられています。国際付加価値税ガイドラインにおいては，B2B取引については上記②のリバースチャージ方式を，B2C取引については上記①の登録ベースの徴収制度をそれぞれ推奨しています。後述のとおり，わが国も，電気通信利用役務の提供については，この推奨に従っています。

　その上で，B2Cに適用される供給者の登録ベースによる徴収制度について，当該供給者の販売金額が一定の水準以下である場合に，その国での登録及び付加価値税の納税免除について，免税点を導入する場合にどのような点を検討しなけれ

ばならないかを検討しています。また，外国の供給者の法令遵守を促進するための第三者の役割として，税務申告等を代理で行うサービスを提供する第三者や納税管理人の選任義務について論じています。また，B2C取引について，B2Bとは異なり登録ベースによる徴収制度を採用する場合，外国の供給者が，顧客が事業者か否かを確認する必要があります。ガイダンスは，外国の供給者に対して，顧客の付加価値税に関する課税事業者登録番号，商業上の登録情報，その他の信頼できる情報を求めることが考えられるとしています。また，B2C取引においては，顧客の通常の居住地を確認することにも困難が伴うところ，本ガイダンスは，そのような困難性を考えて，供給者が顧客の居住地を確認するために合理的な努力を行った場合には結果として誤っていたとしても責任を追及されないとするセーフハーバールールを設けるなど，様々なルールを提案しています。

　なお，後述のとおり，わが国においては，電気通信利用役務の提供を行う事業者が，「客観的かつ合理的な基準に基づいて判定している場合にはこれを認める。」とされています（消費税法基本通達5-7-15の2）。

　また，簡素化された登録及び徴収制度については，すべてのサービス及び無形資産の提供に関するB2C取引に適用する広範なアプローチと，デジタル財や通信，放送サービスといった特定の範囲に適用を限定する特定アプローチの両方を検討しています。後述のとおり，わが国においては，後者のアプローチが採用されました。ガイドラインは，両方についてメリット及びデメリットを比較衡量して検討していく必要があると述べる一方で，将来の技術の進歩やビジネスモデルの進化によって，特定アプローチの採用は困難になっていく可能性もあるとも述べています。

3　国際取引への消費税の適用

　最初に，国際取引に関するわが国の消費税の適用ルールを解説し，その後で，電子商取引に関する消費税の適用ルールを解説します。

(1)　資産の譲渡等の内外判定
ア　はじめに
　消費税の課税対象となる取引は，「国内において事業者が行った資産の譲渡等」です（消費税法4①）。したがって，資産の譲渡等が国内において行われているの

76◆　第1章　電子経済への対応策

か否かを検討する必要があります。これを，資産の譲渡等の内外判定ということがあります。

イ　関連条文

消費税法4条3項は，資産の譲渡等の内外判定のルールを次のとおり定めています。

> 「3　資産の譲渡等が国内において行われたかどうかの判定は，次の各号に掲げる場合の区分に応じ当該各号に定める場所が国内にあるかどうかにより行うものとする。……
> 　一　資産の譲渡又は貸付けである場合
> 　　　当該譲渡又は貸付けが行われる時において当該資産が所在していた場所［筆者注：括弧内省略］
> 　二　役務の提供である場合（次号に掲げる場合を除く。）
> 　　　当該役務の提供が行われた場所（当該役務の提供が国際運輸，国際通信その他の役務の提供で当該役務の提供が行われた場所が明らかでないものとして政令で定めるものである場合には，政令で定める場所）
> 　　　［筆者注：三号　電気通信利用役務の提供である場合省略］」

第1号で資産の譲渡又は貸付の内外判定のルールを定め，第2号で役務の提供の内外判定のルールを定めています。消費税法基本通達5-7-15は，第2号に規定する役務の提供に係る内外判定について，次のとおり規定しています。

> 「法第4条第3項第2号≪課税の対象≫に規定する役務の提供が行われた場所とは，現実に役務の提供があった場所として具体的な場所を特定できる場合にはその場所をいうのであり，具体的な場所を特定できない場合であっても役務の提供に係る契約において明らかにされている役務の提供場所があるときは，その場所をいうものとする。
> 　したがって，法第4条第3項第2号，令第6条第2項第1号から第5号まで≪資産の譲渡等が国内において行われたかどうかの判定≫の規定に該当する場合又は役務の提供に係る契約において明らかにされている役務の提供場所があ

5 国際取引と消費税等の付加価値税 ◆**77**

る場合には，これらに定められた場所により国内取引に該当するかどうかを判定することとなり，役務の提供の場所が明らかにされていないもののほか，役務の提供が国内と国外の間において連続して行われるもの及び同一の者に対して行われる役務の提供で役務の提供場所が国内と国外の双方で行われるもののうち，その対価の額が合理的に区分されていないものについて，令第6条第2項第6号≪役務の提供が国内，国外にわたるものの内外判定≫の規定により判定することに留意する。（平成27課消1-17により改正）」

　内外判定に困難な問題が生ずるのは，役務の提供の場合です。上記消費税法4条3項2号に規定する政令で定める役務提供の場所として，同法施行令6条2項が以下のとおり規定しています。

（資産の譲渡等が国内において行われたかどうかの判定）
第6条
［筆者注：1項省略］
2　法第4条第3項第2号に規定する政令で定める役務の提供は，次の各号に掲げる役務の提供とし，同項第2号に規定する政令で定める場所は，当該役務の提供の区分に応じ当該役務の提供が行われる際における当該各号に定める場所とする。
一　国内及び国内以外の地域にわたって行われる旅客又は貨物の輸送
　　当該旅客又は貨物の出発地若しくは発送地又は到着地
二　国内及び国内以外の地域にわたって行われる通信
　　発信地又は受信地
三　国内及び国内以外の地域にわたって行われる郵便又は信書便（民間事業者による信書の送達に関する法律（平成14年法律第99号）第2条第2項（定義）に規定する信書便をいう。第17条第2項第5号（輸出取引等の範囲）において同じ。）差出地又は配達地
四　保険
　　保険に係る事業を営む者（保険の契約の締結の代理をする者を除く。）の保険の契約の締結に係る事務所等の所在地
五　専門的な科学技術に関する知識を必要とする調査，企画，立案，助言，監督又は検査に係る役務の提供で次に掲げるもの（以下この号において「生産設備等」という。）の建設又は製造に関するもの
　　当該生産設備等の建設又は製造に必要な資材の大部分が調達される場所
　イ　建物（その附属設備を含む。）又は構築物（ロに掲げるものを除く。）

> ロ　鉱工業生産施設，発電及び送電施設，鉄道，道路，港湾設備その他の運輸施設又は漁業生産施設
>
> ハ　イ又はロに掲げるものに準ずるものとして財務省令で定めるもの
>
> 六　前各号に掲げる役務の提供以外のもので国内及び国内以外の地域にわたって行われる役務の提供その他の役務の提供が行われた場所が明らかでないもの
>
> 　　役務の提供を行う者の役務の提供に係る事務所等の所在地

　特に問題となるのが上記6号であり，役務の提供のうち，「国内及び国内以外の地域にわたって行われる役務の提供その他の役務の提供が行われた場所が明らかでないもの」については，「役務の提供を行う者の役務の提供に係る事務所等の所在地」で役務の提供がされたものとみなされます。これらの意義が争われた裁判例として，下記のカーレーススポンサー契約事件があります。

ウ　裁判例等

（i）　カーレーススポンサー契約事件（東京地判平成22年10月13日（判決1））

　東京地判平成22年10月13日は，カーレースへの参戦及びその企画運営等を行う納税者（原告）が，スポンサー企業との間で契約したスポンサー契約に基づく役務提供が，国内取引に該当し，当該契約に基づき支払われた金額に対して日本の消費税が課されるかが争われた事案です。

　東京地裁は，消費税法6条2項7号の趣旨について，「消費税法上の原則的な扱いとしては役務の提供が行われた場所を管轄の基準とするが，個々の役務の提供が国内及び国内以外の地域にわたって行われる場合には，役務の提供場所の把握が事実上極めて困難であることにかんがみ，国内に事務所等の物理的な存在のある事業者についてのみ課税を行うことで課税上の便宜及び明確化を計ったものと解される……。そうすると，国内及び国内以外の地域にわたって行われる役務の提供であっても，当該役務の現実的な提供場所が国内と国内以外の地域とに区分することができ，かつ，これら役務の提供に係る対価の額が国内の役務に対応するものと国内以外の地域の役務に対応するものとに合理的に区分されるものは，国内の役務に対応する対価の額をもって消費税等の課税標準を定めることが可能である（消費税法28条1項参照）から，同号にいう『国内及び国内以外の地域にわたって行われる役務の提供その他の役務の提供』には当たらないものと解される。一方，国内及び国内以外の地域にわたって行われる役務の提供のうち，役務

の提供に係る対価の額が国内の役務に対応するものと国内以外の地域の役務に対応するものとに合理的に区分されていないものについては，当該役務の現実的な提供場所が国内と国内以外の地域とに区分することができたとしても，対価の額に対応する役務の提供場所の特定ができないから，同号の趣旨が当てはまるものと言える。

したがって，同号における『国内及び国内以外の地域にわたって行われる役務の提供』とは，<u>役務の提供が国内と国外との間で連続して行われるもの</u>のほか，<u>同一の者に対して行われる役務の提供で役務の提供場所が国内及び国内以外の地域にわたって行われるもののうち，その対価の額が国内の役務に対応するものと国内以外の地域の役務に対応するものとに合理的に区別されていないものをいう</u>と解すべきである（消費税法基本通達5-7-15後段参照）。」と判示しました。

本件において，原告のスポンサー契約における役務の提供は，国内外で開催される個々のレース参戦に加えて，ドライバーの管理及びマネジメント業務やドライバー等の肖像権の全世界での無償使用等にわたるものと解され，それに対して，一括して契約金が定められていたことから，原告が受領する対価が，国内を提供場所とする役務の対価と国内以外の場所を提供場所とする役務の対価とに合理的に区別できるとも解されないため，「国内及び国内以外の地域にわたって行われる役務の提供」に該当するとされました。

また，「役務の提供を行う者の役務の提供に係る事務所等の所在地」については，「同号にいう『事務所』とは，役務の提供に直接関連する事業活動を行う施設をいうものと解され，その所在地をもって，役務の提供場所に代わる課税対象となるか否かの管轄の基準としている趣旨からすれば，当該役務の提供の管理・支配を行うことを前提とした事務所等がこれに当たると解されるというべきである」とした上で，原告の日本国内の本店事務所が役務の提供に係る事務所等に該当すると判示しました。

(ⅱ) 海外旅行の添乗員等の派遣に係る内外判定

国税庁のホームページに掲載されている質疑応答事例のうち下記「海外旅行の添乗員の派遣に係る内外判定」は，旅行業者が人材派遣会社に対して海外旅行の添乗員やツアーコンダクターの派遣を依頼し，添乗サービス等を受ける取引について国内取引となるか否かの基準を説明しています。

80◆　第1章　電子経済への対応策

「【照会要旨】

　旅行業者が人材派遣会社から海外旅行の添乗員やツアーコンダクターの派遣を受けた場合，当該人材派遣会社から受ける人材派遣に係る役務の提供は国内取引に該当し，課税仕入れとなるのでしょうか。

【回答要旨】

　人材派遣に係る役務の提供の内外判定は，当該人材派遣に係る派遣社員の行う役務の提供の場所により判定を行うこととなり，照会の場合には，人材派遣会社から派遣される添乗員又はツアーコンダクターの行う役務の提供が国内において行われているかどうかにより判定することとなります。

　この場合，当該添乗サービス等が海外現地のみで行われるものか，出国から帰国まで一貫して行われるものかによってその取扱いが異なることとなります。

(1)　海外現地のみで行われる添乗サービス等である場合

　当該添乗サービス等は，国外において行われる役務の提供であり，国外取引に該当し，旅行業者において課税仕入れの対象となりません。

(2)　出国から帰国まで一貫して行われる添乗サービス等である場合

　当該添乗サービス等は，国内及び国内以外の地域にわたって行われる役務の提供であり，この場合には，役務の提供を行う者の役務の提供に係る事務所等の所在地でその内外判定を行うこととなります（令6②六）。

　したがって，人材派遣会社の当該人材派遣に係る事務所等の所在地が国内にある場合には，国内取引に該当し，旅行業者において課税仕入れの対象となりますが，当該事務所等の所在地が国外の場合には，国外取引に該当し，旅行業者において課税仕入れの対象となりません。

【関係法令通達】

消費税法施行令第6条第2項第6号」

(2)　輸出免税制度

ア　輸出免税制度の趣旨

　事業者が国内において行う課税資産の譲渡等に対しては，消費税が課されるのが原則であり，そのために上記の内外判定が行われます。しかし，国内取引に該当するとされたとしても，当該課税資産の譲渡等が輸出取引に該当する場合には，消費税を免除するとされています（輸出免税）。輸出免税制度は，前記の仕向地主義を補完するための重要な制度です。

輸出免税制度の趣旨については，次のような解説がなされています。

　　「仕向地主義のもとでは，輸出品は，源泉地国の消費税が免除され，仕向地
　国の消費税が課されるから，消費税の負担に関する限り，仕向地国および他の
　国々の製品と全く同じ条件で競争しうることとなり，税制の国際的競争中立性
　が確保される。」（金子宏『租税法（第23版）』799頁）

　OECD付加価値税ガイドラインも，税制の国際的中立性を確保するという観点
から，輸出免税制度と仕向地主義の重要性を唱えています（パラグラフ2.10～2.12
参照）。

イ　関連条文

　輸出免税に該当する取引については，消費税法7条1項において，①本邦から
の輸出として行われる資産の譲渡又は貸付，②外国貨物の譲渡又は貸付，③国内
及び国内以外の地域にわたって行われる旅客若しくは貨物の輸送又は通信，④も
っぱら③に規定する輸送の用に供される船舶又は航空機の譲渡若しくは貸付又は
修理で政令で定めるもの，⑤上記①～④の資産の譲渡等に類するものとして政令
で定めるものと定められています。そして，上記⑤を受けて，同法施行令17条2
項が輸出免税となる取引を定めているところ，役務提供一般に適用されるのは以
下の7号の規定です。

　　「七　法第7条第1項第3号，前項第3号及び第1号から第5号までに掲げ
　　　るもののほか，非居住者に対して行われる役務の提供で次に掲げるもの
　　　以外のもの
　　　イ　国内に所在する資産に係る運送又は保管
　　　ロ　国内における飲食又は宿泊
　　　ハ　イ及びロに掲げるものに準ずるもので，国内において直接便益を享
　　　　受するもの」

ウ　裁判例

　役務の提供が輸出取引に該当し，消費税が免除されるかが争われた裁判例とし
て，次頁の図の訪日旅行に関わる旅行業者（ランドオペレータ）と国外の集客旅

行会社間の役務提供取引が輸出免税取引に該当するか否かが争われた(i)東京地判平成27年3月26日(以下「平成27年判決」(判決2)といいます。控訴審判決は東京高判平成28年2月9日(以下「控訴審判決」(判決3)といいます。なお、最高裁の平成29年2月3日不受理決定により確定)と、(ii)東京地判平成28年2月24日(以下「平成28年判決」(判決4)といいます。控訴なされず確定)の2つの裁判例があります。ここでは、平成27年判決(及び控訴審判決)の内容を紹介します。なお、平成28年判決の内容は、平成27年判決(控訴審判決によって修正される前のもの)と実質的に同様です。

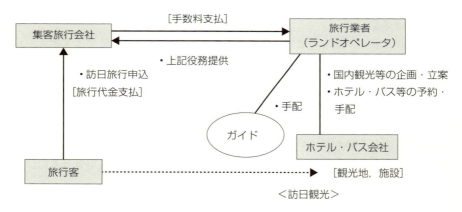

平成27年判決は、まず、輸出免税取引に関する主張立証責任について次のとおり判示しました。

「課税資産の譲渡等であれば、その対価については原則として消費税が課税され、それが免除されることが例外であること」等からすれば、「輸出免税取引に該当することについては、納税者である原告が主張立証責任を負担するものと解するのが相当である。」

東京地裁は、次に、原告(ランドオペレータ)が国外の集客旅行会社に対して行った役務提供取引の内容について、以下のとおり認定しました(判決2)。
本件取引は、「「本件訪日旅行客に対して各種サービス提供機関による役務の提

供という方法により国内における飲食，宿泊，運送等の役務を提供する」という役務を提供するものであると解するのが相当である。」

　そして，本件事案における上記役務提供は，次の理由からその範囲を広く捉えるべき上記消費税法施行令17条2項7号ハに該当すると判断しました。

　　「同号ハが上記のものを輸出免税取引から除外しているのは，これが国境をまたがない，正に国内において消費されるサービスであり，輸出と捉え得るものではないという点にあることに加え，消費税が事業者から消費者に提供される物品，サービスの消費全体に広く薄く税負担を求める租税であることに鑑みると，同号ハの範囲を殊更限定的に解釈するのは相当ではなく，国内に所在する資産に係る運送又は保管［筆者注：17②ニイ］及び国内における飲食又は宿泊［筆者注：同号ロ］に類するものであり，かつ，国内において消費されるサービスについて，広く同号ハに該当するというべきである。」

　控訴審判決は，納税者（ランドオペレータ）の控訴を棄却しました（判決3）。ただし，平成27年判決中の役務提供取引に係る上記認定部分，すなわち，「本件訪日旅行客に対して各種サービス提供機関による役務の提供という方法により国内における飲食，宿泊，運送等の役務を提供する」を，「国内における飲食，宿泊，運送等の旅行素材の組合せを企画し各種サービス提供機関を手配することによりこれをA社［筆者注：集客旅行会社］が確実に利用できるようにする」に改めました[28]。

(3)　電子商取引の課税
ア　平成27年度税制改正の概要

　平成27年度税制改正前まで，国外事業者が国境を越えて行う電子商取引は国外取引として不課税とされていました。

　例えば，インターネットのウェブサイト上に他の事業者等の商品販売の場所を提供する役務の提供は，後述の平成27年改正の「電気通信利用役務の提供」に該当することになりましたが（消費税法基本通達5-8-3），同改正前の紛争事案と

28　上記の裁判例が出された後，国税庁も質疑応答事例「訪日旅行ツアーを主催する海外の旅行会社に対して日本国内の旅程部分に係る役務を提供する取引」において，上記判示の結論に沿った内容を公表しました。

事案概要図

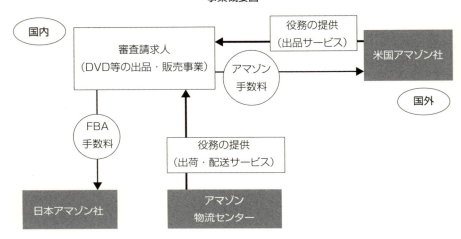

して、米国アマゾン社から受けた役務の提供が国外において行われたものかどうか、当該役務提供に対する支払手数料について仕入税額控除が認められるかどうかが争点となった国税不服審判所平成30年10月19日裁決（裁決1）があります。

事案の概要図は上記のとおりです。

同図のとおり、主要な争点は、米国アマゾン社から受けた役務の提供（アマゾンサービス）に対する支払手数料は、仕入税額控除の対象となるか否かでしたが、当該役務の提供場所が国内にあるかどうかが結論を左右する点でした。

前記の改正前消費税法4条3項2号によれば、資産の譲渡等が役務の提供である場合、当該役務の提供が国内において行われたかどうかの判定は、当該役務の提供場所が国内にあるかどうかにより行うものとされ、同法施行令6条2項7号は、当該役務の提供場所が明らかでないものについては、役務提供者の事務所等の所在地を役務の提供場所とする旨規定していました。

国税不服審判所は、次のとおり判断しました。

　上記役務の提供は、「そのサービスがインターネットを通じて行われるものであることからすれば、消費税法施行令第6条第2項第1号ないし第6号に掲げる役務の提供以外のもので国内及び国内以外の地域にわたって行われる役務

の提供その他の役務の提供が行われた場所が明らかでないものといえ，役務の提供を行う者の役務の提供に係る事務所等の所在地が国内にあるかどうかにより判定することとなる。そうすると，アマゾン契約のうち出品サービス及びクリックスサービスについては，これらの契約当事者である米国アマゾン社が役務の提供を行うものであり，同社の事務所等の所在地がアメリカ合衆国内にあるから，その役務の提供は，国外において行われたものと認められる。したがって，出品サービス及びクリックスサービスに係る手数料は，国内において行う課税仕入れに該当しない。」

　平成27年度税制改正の結果，所定の国外事業者が国境を越えて行う電子商取引は消費税の課税対象となりました。これは，前述のOECDのBEPS（税源浸食と利益移転）プロジェクトの行動計画１の議論を踏まえたものです。下記は，財務省作成の平成30年９月「国際課税関係資料」（8）及び国税庁作成の「国境を越えた役務の提供に係る消費税の課税の見直し等について（国内事業者の皆さまへ）」からの引用です。最初の図（86頁）は，上記電子商取引に関する平成27年度税制改正の概要，特に，役務提供の内外判定ルールの変更をわかりやすく説明しています。要は，改正前は，国外の役務提供業者の所在地が役務提供場所とみなされていた（源泉地主義）のに対して，改正により役務の提供を受ける者の所在地（仕向地主義）へと変更されました（消費税法４③三）。

国境を越えた役務の提供に対する消費税の課税の見直し（27改正）

○ 国内外の事業者間で競争条件を揃える観点から、国外事業者が国境を越えて行う電子書籍・音楽・広告の配信等の電子商取引に、消費税を課税することとし、平成27年10月1日から施行。
○ 電子商取引以外の国境を越えた役務の提供に対する課税の在り方についても、OECDにおける議論も踏まえつつ、今後検討を進める。
（注）電子商取引：電気通信回線を介して提供されるサービスで、他の取引に付随して行われるもの以外のもの。

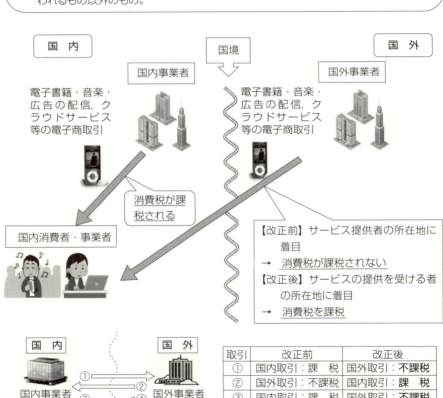

イ　電気通信利用役務の提供の意義

「電気通信利用役務の提供」とは，電気通信（インターネット）回線を介して行われる電子書籍や音楽，ソフトウェア等の配信のほか，ネット広告の配信やクラウドサービスの提供，さらには電話や電子メールなどを通じたコンサルタントなどが該当します（消費税法2①八の三）。

すなわち，「電気通信利用役務の提供」とは，「電気通信回線を介して行われる役務の提供であって，他の資産の譲渡等の結果の通知その他の資産の譲渡等に付随して行われる役務の提供以外のものをいうのであるから，例えば，次に掲げるようなものが該当」します（同法基本通達5-8-3）。

---

(1) インターネットを介した電子書籍の配信
(2) インターネットを介して音楽・映像を視聴させる役務の提供
(3) インターネットを介してソフトウェアを利用させる役務の提供
(4) インターネットのウェブサイト上に他の事業者等の商品販売の場所を提供する役務の提供
(5) インターネットのウェブサイト上に広告を掲載する役務の提供
(6) 電話，電子メールによる継続的なコンサルティング

平成27年度税制改正の結果，電気通信利用役務の提供が消費税の課税対象となる国内取引に該当するかどうかの判定基準が，役務の提供を行う者の役務の提供に係る事務所等の所在地から「役務の提供を受ける者の事務所等の所在地」に変更されました（消費税法4③三）。

改正前と改正後の課税関係は上図（86頁）のとおりです。

上記改正の結果，国内事業者・消費者に提供する「電気通信利用役務の提供」については，国内，国外いずれからの提供であっても国内取引となりました。

なお，消費税法基本通達5-7-15の2は，電気通信利用役務の提供に係る内外判定について，次のとおり規定しています。

「電気通信利用役務の提供が国内において行われたかどうかの判定は，電気通信利用役務の提供を受ける者の住所若しくは居所（現在まで引き続いて1年以上居住する場所をいう。）又は本店若しくは主たる事務所の所在地（以下5-7-15の2において「住所等」という。）が国内にあるかどうかにより判定するのであるから，事業者が行う次のような電気通信利用役務の提供であって

も，国内取引に該当する。

なお，電気通信利用役務の提供を受ける者の住所等が国内にあるかどうかについては，電気通信利用役務の提供を行う事業者が，客観的かつ合理的な基準に基づいて判定している場合にはこれを認める。（平27課消１-17により追加）

  (1) 国内に住所を有する者に対して，その者が国外に滞在している間に行うもの

  (2) 内国法人の国外に有する事務所に対して行うもの」

ただし，上記(2)に関連して，もっぱら法人の本店の所在地という形式基準により内外判定を行うことは，「リバースチャージ方式の採用の趣旨に適合しないため」（金子宏『租税法（第23版）』795頁），平成28年度税制改正の結果，内国法人の国外に有する事務所が受ける役務の提供がもっぱら国外に係るものであれば国外取引とされ，逆に，外国法人の国内に有する事務所が受ける役務の提供が国内に係るものであれば国内取引とされました（消費税法４④但書）。

ウ　電子商取引の課税方式
(i)　リバースチャージ方式
a. リバースチャージ方式の概要

次頁の図の左は，「リバースチャージ方式」を含む課税方式の説明を行っています。「リバースチャージ方式」は，納税に関する非居住者のコンプライアンス負担を免除するために，国外の役務提供業者等に代わり，取引相手である国内に所在する顧客（事業者）が消費税等の付加価値税の納税義務者となる制度です。日本の消費税法においては，電気通信利用役務の提供のうち，事業者向け電気通信利用役務の提供については，リバースチャージ方式により消費税が課されることになりました（消費税法２①八の二・八の四，４①，５①）。

消費税法基本通達５-８-４は，事業者向け電気通信利用役務の提供について，次のように規定しています。

「事業者向け電気通信利用役務の提供とは，国外事業者が行う電気通信利用役務の提供で，その役務の性質又は当該役務の提供に係る取引条件等から当該役務の提供を受ける者が通常事業者に限られるものをいうのであるから，例え

5 国際取引と消費税等の付加価値税 ◆89

○サービス提供者が国外事業者である場合の課税方式について,
① 事業者向け取引(1)については,「リバースチャージ方式」(2)を導入し,
② 消費者向け取引(1)については,国外事業者が申告納税を行う方式とする。
  (1) 「事業者向け取引」はサービスの性質や取引条件等から,事業者向けであることが明らかな取引(広告配信等)。「消費者向け取引は,それ以外の取引(電子書籍・音楽の配信等)。
  (2) 通常であればサービスの提供者が納税義務者となるところ,サービスの受け手に納税義務を課す方式。
  (3) 課税売上割合が95%以上の事業者においては,事業者の事務負担に配慮する観点から,リバースチャージ対象取引を申告対象から除外する。
  (4) 日本に事務所等を有しない国外の納税義務者は,国内に書類送達等の宛先となる居住者(納税管理人)を置くこととなる。
○ 「納税なき仕入税額控除」を防止する観点から,国外事業者の登録制度(国内に税務代理人を置くこと等が条件)を設け,国外事業者から提供を受けた消費者向けサービスについては,当該国外事業者が登録を行っている場合のみ,仕入税額控除を認める。

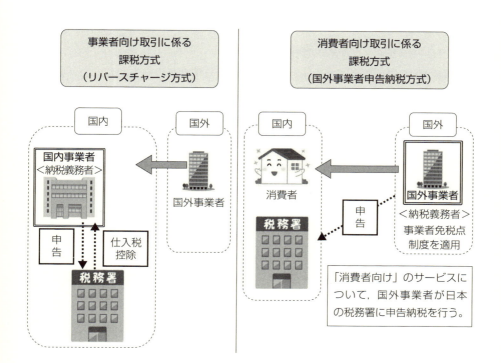

(財務省ホームページ「国境を越えた役務の提供に係る消費税の課税の見直し」から引用)

ば，次に掲げるようなものが該当する。(平27課消1-17により追加)
(1) インターネットのウェブサイト上への広告の掲載のようにその役務の性質から通常事業者向けであることが客観的に明らかなもの
(2) 役務の提供を受ける事業者に応じて，各事業者との間で個別に取引内容を取り決めて締結した契約に基づき行われる電気通信利用役務の提供で，契約において役務の提供を受ける事業者が事業として利用することが明らかなもの
(注) 消費者に対しても広く提供されるような，インターネットを介して行う電子書籍・音楽の配信又は各種ソフトウェアやゲームを利用させるなどの役務の提供は，インターネットのウェブサイト上に掲載した規約等で事業者のみを対象とするものであることを明示していたとしても，消費者からの申込みが行われ，その申込みを事実上制限できないものについては，その取引条件等からは事業者向け電気通信利用役務の提供に該当しないのであるから留意する。」

b. リバースチャージ方式の誤用例
　訪日観光の伸びに伴って，近年，それに関わる消費税の申告漏れや紛争事例も生じてきています。例えば，平成30年9月23日付け朝日新聞記事は，国内ホテルの宿泊予約サービスを国外において行う業者に対して支払う手数料について，十数社のホテル業者が誤って仕入税額控除を行い，税務当局から約11億円の申告漏れを指摘され，中には3億円超の追徴課税を受けた大手業者もあった旨を報道しています。

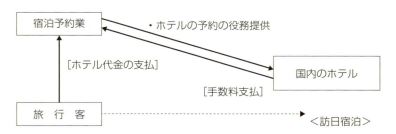

　平成27年度税制改正で課税対象となった上記「電気通信利用役務の提供」には，「電気通信回線を介して行われる役務の提供」を含みますが（消費税法2①八の三），インターネットを介して行う宿泊予約サービスもこれに該当します。したがって，

報道事例における海外のホテル予約サービスを運営する会社が，国内のホテル事業者に提供する「ホテル予約サービス」は，消費税法上の「電気通信利用役務の提供」に該当します（そして，当該役務提供は事業者向け取引なので，原則，リバースチャージ方式が適用されると考えられます。）。以下では，報道事例を理解するため，同事例を報じた上記新聞記事で用いられている当時の金額・税率の例を用いて消費税の課税関係を説明することとします。

　まず，当該サービスが国内業者間で行われたと仮定し，宿泊代10,000円（消費税800円），予約サービス手数料2,000円（消費税160円）を前提とすると，ホテル事業者は，ホテル予約サービス運営会社に対して，2,000円＋160円を支払い，ホテル予約サービス運営会社が160円の消費税を国庫に納付し，ホテル事業者は，（課税売上割合が100％であると仮定すると）800円－160円＝640円の消費税を国庫に納付することになります。その結果，国庫には合計800円の消費税が納付されます。一方，報道事例のように国境をまたぐ役務提供の場合，リバースチャージ方式が適用されると，ホテル事業者は，ホテル予約サービス運営会社に対して消費税分160円を支払う必要はなく，ホテル予約サービス提供会社は日本で消費税を納税する必要はありません。ホテル事業者は，リバースチャージ方式に基づいて，800円に加えて160円の消費税を納める必要があるものの，同時に仕入税額控除として当該160円を控除することができるので，結果として，ホテル事業者は800円の消費税を国庫に納めることになります。その結果，国庫には合計800円の消費税が納付されることになり，消費税の合計額は国内業者間で取引が行われた場合と同じ金額になります。

　ただし，経過措置として，課税売上割合が95％以上の会社については，リバースチャージ方式を適用する必要がないとされています（平成27年改正法附則42）。上記ホテル事業者の課税売上割合が95％以上の場合には，2000円の手数料については，消費税は発生せず，仕入れはなかったものとされるので仕入税額控除は認められません（平成27年改正法附則42・44②）。ところが，報道事例においては，リバースチャージ方式は適用されないことを前提にプラスの160円は計上していないにもかかわらず，仕入税額控除については，リバースチャージ方式が適用されることを前提として160円分の仕入税額控除を行っていたために（その結果，国庫には640円しか消費税が納付されていないことになります。），申告誤りを指摘されたのではないかと推測されます。

c．国税庁の公表見解

上記のような事案を念頭に，国税庁は，国外事業者に支払うインターネット宿泊予約サイトへの掲載手数料に関して，次の照会と回答を公表しています。

「【照会要旨】

当社は，国内で複数の宿泊施設（ホテル）を経営する法人です。

このたび，外国人旅行者による宿泊者数の増加を目的として，国外事業者が運営するインターネット宿泊予約サイトにも当社経営の宿泊施設を掲載することとしました。

当該宿泊予約サイトに当社経営の宿泊施設を掲載するに当たっては，国外事業者に対して掲載手数料を支払うこととなります。

当社は，当課税期間について簡易課税制度の適用はなく，課税売上割合は95％以上の事業者ですが，当該手数料に係る消費税の課税関係はどうなるのでしょうか。

【回答要旨】

国外事業者から受けた「事業者向け電気通信利用役務の提供」については，「特定課税仕入れ」として役務の提供を受けた国内事業者に納税義務が課されており，いわゆるリバースチャージ方式により消費税の申告をする必要があります。

また，特定課税仕入れは，他の課税仕入れと同様に，役務の提供を受けた事業者において仕入税額控除の対象となります。

ただし，国外事業者から「事業者向け電気通信利用役務の提供」を受けた場合であっても，役務の提供を受けた事業者の，

①　一般課税で，かつ，課税売上割合が95％以上の課税期間

②　簡易課税制度が適用される課税期間

については，当分の間，「事業者向け電気通信利用役務の提供」（特定課税仕入れ）はなかったものとされますので，「特定課税仕入れ」として申告する必要はなく，また仕入税額控除の対象にもなりません。

貴社が，国外事業者の運営する宿泊予約サイトへ自身が経営する国内の宿泊施設を掲載するために支払う手数料は，国外事業者から受ける「事業者向け電気通信利用役務の提供」の対価に該当します。

5 国際取引と消費税等の付加価値税 ◆93

<判定フロー>

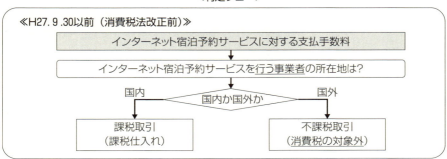

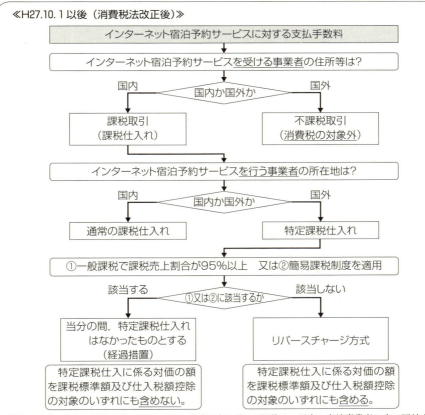

(注) 平成28年度の消費税法の改正により，平成29年1月1日以後は，国内の宿泊事業者の方の国外支店（国外にあるホテル等）が，国外事業者から受けるインターネット宿泊予約サービスのうち，国外における役務の提供にのみ要するものは，国外取引となりました。

94◆　第1章　電子経済への対応策

　したがって，貴社の特定課税仕入れに該当することとなりますが，貴社は，当課税期間について簡易課税制度を適用しておらず，課税売上割合が95％以上の事業者ですので，その特定課税仕入れはなかったものとされ，リバースチャージ方式により申告をする必要はありません。また，その手数料は仕入税額控除の対象にもなりません。

（参考）

　インターネット等を通じて受ける役務の提供について，リバースチャージ方式による申告が必要か否かの判定は，以下のフロー図［筆者注：前頁の図］を参考としてください。」

(ii)　消費者向け電気通信利用役務の提供

　平成27年度税制改正の結果，国外の事業者が電気通信利用役務をわが国の消費者向け（BtoC）に提供した場合，国外事業者は消費税の申告納税を行わなければならなくなりました。すなわち，わが国国内において同様のネットサービスを行っている国内業者と同様の課税上の取扱いを受けることになりました。しかしながら，国外企業の税務調査は困難であるため，国外企業が無申告のまま調査に非協力な場合に，どのように執行していくのかという実務上の困難な課題が存在します。

　そのような中で，平成30年12月5日付け朝日新聞記事は，スマホゲームアプリを配信する国外事業者に東京国税局が消費税の申告納税を求めたことを報道しています。東京国税局は，具体的には，次のような対応を行ったとされています。

　「海外に本社を置くゲームアプリ開発・配信業者で消費税を申告していない……日本での売上高が大きいと見込まれる会社を絞り込み，……15年改正で納税義務が生じたことを伝え，東京周辺で日本語で税務調査に対応できる担当者を決めることなどを求めたとみられる。」

　この結果，「数社が納税する姿勢を示し，期限後申告をした」ものの，他方「一切返答せず「無視」したりする業者もいた」とのことです。後者の業者がわが国と租税条約（税務行政執行共助条約を含む。）を締結している国に所在する企業であれば，条約に定められた文書の送達及び徴収における支援を利用して，執

行を行うことが考えられます[29]。

(iii) 登録国外事業者制度

a. 概　要

　国外事業者が提供する「消費者向け電気通信利用役務の提供」については，当該役務の提供を受けた国内事業者の仕入税額控除が制限されますが，登録国外事業者から提供を受けるものについては仕入税額控除の対象となります（平成27年改正法附則38①）。したがって，国外事業者が，国内事業者における仕入税額控除の対象とされる「消費者向け電気通信利用役務の提供」を行うためには，当該国外事業者は，登録国外事業者となっておく必要があります。

　登録国外事業者となるための要件・手続等は以下のとおりです。

b. 登録国外事業者となるための要件

　登録国外事業者の登録を受けるためには，次の要件を含む所定の要件を満たす必要があります（同法附則39⑤）。

① 　日本国内に「消費者向け電気通信利用役務の提供」を行う事務所等があること

② 　①の事務所等がない場合には，消費税に係る税務代理人を定めていること

③ 　国内に事務所等がない場合（個人事業者の場合には，住所又は居所がない場合）には納税管理人を定めておくこと

④ 　国税について滞納がないこと等（滞納状況等により登録できない場合があります。）

c. 登録方法等

　上記の要件を満たす事業者で登録国外事業者の登録を受けようとする者は，「登録国外事業者申請書」に所定の事項を記載の上，納税地を所轄する税務署長を通じて国税庁長官に当該申請書を提出する必要があります。

　なお，平成28年度（2016年度）税制改正によって，2023年（令和5年）10月1日以降，国内業者についても税務署長の登録を受ける（消費税法57の2①）こと

29　なお，令和元年11月21日付け読売新聞記事は，東京国税局が，わが国の消費者向けにゲームアプリを提供する国外事業者が日本で消費税を納税しなかったことに関して，当該国外事業者に追徴課税を行った上で，当該国外事業者がアップルの日本法人に対して有する債権の差し押さえを行った旨を報道しています。

により適格請求書発行事業者となる（同法2①七の二）という制度（適格請求書発行事業者登録制度）が適用されることとなったので，上記の「登録国外事業者制度」は，「適格請求書発行事業者登録制度」に吸収されることになりました（平成28年改正法附則45①）。

d. 登録国外事業者の公表

国税庁長官は，登録国外事業者の登録を行った場合，登録国外事業者の氏名又は名称，住所又は本店所在地，登録番号等について，登録を受けた国外事業者に通知するとともに，国税庁ホームページにおいて公表することとされています（平成27年改正法附則39④）。2019年10月31日現在，2019年8月9日時点の登録国外事業者に関する登録国外事業者名簿が公表されているところ（https://www.nta.go.jp/publication/pamph/shohi/cross/touroku.pdf），92社が名簿に搭載されています（うち，当該時点で有効な登録国外事業者は89社です。）。

⑷ 今後の税制改正

「平成30年度税制改正大綱」第三「検討事項」において，「国境を越えた役務の提供に対する消費税の課税のあり方については，平成27年度税制改正の実施状況，国際機関等の議論，欧州諸国等における仕向地主義に向けた対応，各種取引の実態等を踏まえつつ，課税の対象とすべき取引の範囲及び適正な課税を確保するための方策について引き続き検討を行う。」とされていました。

しかし，「平成31年度税制改正大綱」においては，今後の検討事項として明記はされていません。

☕【コーヒー・ブレイク】

欧州連合司法裁判所の前身である欧州司法裁判所（European Court of Justice）は，2006年に付加価値税の租税回避事案（下記Halifax事件）について，濫用的行為に当たる場合には，仕入税額控除はできない旨判示しました。これは，納税者自身が支払う請負代金については仕入税額控除ができない状況にあったので，納税者に代わって子会社に請負契約を締結させた事案において，仕入税額控除ができるかが争点となった事件です。

納税者は，銀行であり，下図のとおり，Y社に自社ビルの建築工事を請け負わせたものの，納税者の課税売上割合が小さいため，建設代金の大部分に係る付加価値税の仕入税額控除ができないので，同請負契約を解約しました。その後，納税者は，

仕入税額控除を利用できる子会社であるA社に貸付を行い，A社が注文主となってC社を介して同ビルの建築を行わせました。納税者は，同ビルの完成後，A社が賃貸したB社（納税者の子会社）から転貸を受けて，同ビルを使用することとなりました。

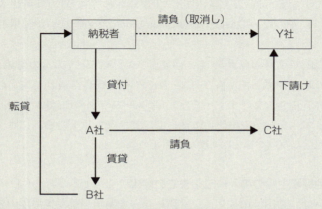

上記事案において，欧州司法裁判所は，共同体法によって提供された特典を不当に得る目的のみでなされている濫用的取引にまで仕入税額控除を認めることはできないと判示しました。

なお，わが国の興味深い裁判としては，仕入税額控除の金額を増加させて消費税を免れるために，法人が子会社を設立して従業員の多くを子会社に移し，当該従業員の業務を子会社に外注する形をとり，当該従業員の給与に対する源泉所得税を当該子会社の名で納付した事案について，これら一連の行為は，消費税を免れるための仮装であると認定して，子会社名による源泉所得税の納付は無効であると判示した判決（大阪高判平成23年3月24日（判決5））があります。

(5) EUの近年の付加価値税制度の抜本的改正と米国の売上税に関する最高裁判決

ア　EUの付加価値税制度改正

（i）電子商取引に係るワンストップショップ申告の拡大

以下に説明する電子商取引に係る付加価値税（VAT）制度改正は，理事会指令（EU）2017/2455（2017年12月5日採択）に基づくものです。役務提供を受ける顧客の所在地国に課税権があるという原則を維持したまま，供給業者の便宜を図る改正となっています。すなわち，改正前は供給業者の付加価値税請求書（インボ

イス）は顧客の所在地国ごとの要件を満たす必要がありましたが，改正後の2019年1月1日からは，登録国の要件を満たしさえすれば良いことになりました。具体的には，MOSS（Mini-One-Stop-Shop）VAT申告システムを制度運用の中核に位置付け，供給業者の登録国のMOSSを利用して全加盟国で申告することが可能となりました。なお，既にEU域内でVAT登録されているEU非居住者である供給業者も非居住者のためのMOSS制度（non-Union Moss制度）が利用可能になります。

　さらに，2021年1月1日からは，MOSS VAT申告システムの対象を拡大し，電子商取引のみならず，クロスボーダーのB2C役務提供全般及び商品の通信販売にも適用されるようになります。また，150ユーロ以下のEU外からの通信販売にも適用されます。なお，この改正に伴って，22ユーロ以下の物品に対する輸入付加価値税の免除制度（少額免除制度）は廃止されます。

(ii)　仕向地課税主義の導入～改正までの経緯

　欧州委員会は，2018年10月2日，財務相会合を開き，現在進めている付加価値税改革に関し，システムの機能改善と不正防止等で新たな合意に達しました。

　合意では，不正防止に向けた情報交換などの政府間協力と法規制強化，電子出版に係る税率の見直し等に関し進展がありました。EU経済・財務相理事会（ECOFIN）によると，EU域内では毎年1,500億ユーロの付加価値税相当額が税収の機会を喪失しているとみられており，今回の合意は，こうした問題への対処と付加価値税規則の改善に向けた新たなステップであるとしています。

　特に，B2B取引において，EU加盟国の販売者が他のEU加盟国から商品を仕入れ，その商品を事業者である購買者に販売し，購買者が第三者に販売するという一連の取引を行う場合，販売者による仕入れについては輸出免税として仕入先のEU加盟国において付加価値税が課されず，また，販売者の所在するEU加盟国においても付加価値税が課税されません（この点，輸入の際に税関において消費税を納税しなければならない日本の制度とは異なります。）。その後，販売者が購買者に商品を販売した際に，その販売に対して付加価値税が課されることとなります（したがって，販売者は購買者から付加価値税分の金額を受け取ることになります。）。一方，購買者においては，付加価値税を申告し納税する際に，販売者に支払った付加価値税について仕入税額控除を受けることができるため，第三者への販売に関する付加価値税から販売者に支払った付加価値税を控除することができます。

⑤ 国際取引と消費税等の付加価値税 ◆99

上記の取引の中で，販売者が購買者から受領した付加価値税を納付すれば問題はないのですが，販売者が購買者から受け取った消費税を納税することなく消えてしまうという不正（いわゆるカルーセル詐欺（carousel fraud又はmissing trader fraud））が横行しており，国庫に損害を与えていると指摘されていました。

(iii) 仕向地課税主義の導入〜改正の内容

　一連の欧州理事会指令による付加価値税の共通制度に関する理事会指令の改正前は，国境をまたぐB2B取引は，原産地国における輸出免税取引と仕向地国におけるEU域内取得の課税という2つの要素に分けて課税が行われていましたが，上記のとおり，このような課税方法は不正の温床となっていました。改正は，簡素かつ不正に強い付加価値税制度のための応急措置と仕向地主義を採用した最終的な付加価値税制度から成ります（欧州理事会指令COM（2017）569及び欧州理事会指令COM（2018）329。後者は仕向地主義を採用した最終原則についての詳細な技術的規定を定めるものですが現時点では採択されていません。）。

　付加価値税制度の抜本的な改正との関係で特に重要なのが後者の仕向地主義を採用した欧州理事会指令の提案です。具体的な改正の内容としては，加盟国間の輸送を含む，課税事業者によって，他の課税事業者又は他の非課税法人のために行われる商品の供給であり，商品がある加盟国から他の加盟国に発送又は輸送されることを「EU域内における商品の供給（intra-Union supply of goods）」と定義した上で，当該EU域内における商品の供給については，商品の輸送が終わった時点で商品が所在する場所（すなわち仕向地）が課税地であるとされることとなります。ただし，購買者が認定課税事業者（Certified Taxable Person, CTP）である場合には，上記制度は適用されず，リバースチャージ方式により課税されることになります。また，付加価値税のワンストップ申告制度が同時に拡充されるため，課税地が仕向地とされる国境をまたぐB2B取引についても，課税事業者が自らの登録加盟国において申告，納税することができるようになります。まとめますと，国境を越えるB2Bの商品取引においては，商品の販売者は，購買者の加盟国の付加価値税を上乗せして請求し，販売者の加盟国で申告，納税することになります。以上の規定は，2022年7月1日から効力が発生することとされています。なお，上記のように納税された付加価値税は，関連の加盟国間で分配されることになります。

　さらに，EUでは，上記改正について効力発生から5年後に改めて検証した上

で，付加価値税制度の抜本的改正の第二段階として，商品取引だけではなく，すべての役務提供取引についても，上記改正を拡大する予定であるとされています。

イ　米国の売上税に関する最高裁判決

　米国連邦最高裁判所は，2018年6月21日，サウス・ダコタ州政府が州内に物理的接点を持たないオンライン・ショッピング事業者に対して売上税（Sales Tax）を課すことができる旨の判決を下しました（South Dakota v. Wayfair, Inc., Dkt. No.17-494）。これは，州内に物理的な拠点を持たない事業者は，連邦憲法の通商条項上，当該州と十分な接点（ネクサス）を有しているとはいえないとの判断を示していた過去の連邦最高裁判所の判決（Quill Corp. v. North Dakota, 504 U.S. 298（1992））を覆すものです。

　法廷意見によれば，1992年のQuill最高裁判決が示した物理的拠点に基づく判断基準は，電子商取引等が拡大した「今日の経済の実態と著しく乖離したものとなってしまっている」旨指摘し，州政府に税源喪失による不利益をもたらしており，今日の経済実態に照らせば，「通商条項の誤った解釈と評価せざると得ない」と結論付けています。

　法廷意見は，小規模事業者等の事務負担の増加が市場や経済に悪影響を及ぼしてしまうという主張については，サウス・ダコタ州の売上税法が州内での売上が一定以上（具体的には，年間10万ドル超もしくは販売件数が200件以上）の事業者にのみ売上税の徴収義務を課していること，売上税徴収義務の遡及適用がないこと等を指摘して，かかる主張を退けています。

　今回の連邦最高際判決を受けて，サウス・ダコタ州をはじめ多くの州は，州内に物理的拠点を持たない所定の事業者に対しても売上税の徴収義務を課すことができるよう制度改正を行いました。

第2章

金銭の貸借等の国際的金融取引に係る租税回避対抗策

1 はじめに

　法人税法の下では，負債の利子は損金に算入できるのに対して，株式の配当は損金に算入できないために，企業が事業に必要な資金を調達するに際し，法人税が企業の資金調達方法に影響を及ぼしてしまうことになります。この問題に対処するための方法としては，理論的には，企業の自己資本についても損金算入を認めるという方法が考えられます。現に，例えば，ベルギーにおいては，資本（一定の調整を経た後の額）を借入れとみなして一定の市場金利（ベルギー国債の10年物の金利）相当分の控除が認められています。ただし，2018年の税制改正において，みなし利子控除は，過去5年間の資本の平均増加分に限るという制限が設けられました。また，イタリアにおいても，純資産の増加額にみなし利子率を乗じた金額の控除が認められています。みなし利子率は，制度が導入された2011年以降上昇を続けていましたが，2017年からは低下しています。

　しかし，上記のベルギーやイタリアのように企業の自己資本について損金算入を認めるという税制は非常に例外的なものであり，わが国を含め大多数の国の税制は，株式の配当は損金に算入できないのに対して，負債の利子は損金に算入できるという原則は維持した上で，国外関連者等への利子の支払を用いた租税回避を防止するために，負債の利子の損金算入を一定の場合に法令により制限するという内容のルールとなっています。

> **【コーヒー・ブレイク】**
> 　わが国においては，資産流動化法に基づき設立された特定目的会社のうち，一定の要件を満たす特定目的会社については，その事業年度において配当可能利益の90％超を配当する等の要件を満たすことによって，利益の配当の額は損金算入されます（いわゆるペイスルー課税）。さらに，海外においては，例えば，ブラジルにおいても，法人は，通常の配当以外に，支払法人において損金算入できる利子配当を支払うことができ，一定の条件を満たす場合に損金算入されます。また，オーストラリアにおいては，同国の法人が支払う償還優先株式（Mandatory Redeemable Preference Share）に係る配当は損金に算入されます。

　もっとも，国外関連者等への利子の支払を用いた租税回避にも様々な類型があるので，類型ごとに対抗する制度の内容も異なっています。その内，法人の利益

や所得の金額に比べて過大な利子を支払う場合に損金算入を否定するのが，過大支払利子税制です。次に，法人の資本の金額に比べて負債の金額が不相当に大きい場合に損金算入を否定するのが，過少資本税制です。最後に，比較可能な貸付を行う第三者の貸主に支払う金利（独立企業間金利）に比べてより高い金利の利子を支払う場合に損金算入を否定するのが，移転価格税制です。これら3つの制度は，国外関連者への利子の支払を用いた租税回避に対抗する制度という意味では共通ですが，適用される場面がそれぞれ異なります。

> ☕【コーヒー・ブレイク】
>
> 　租税条約の適用の場面において，独立企業間金利を超える利子について源泉税の減免を認めないという規定を設ける条約があります。
>
> 　例えば，OECDモデル租税条約11条4項は，次のとおり定めています。
>
> 　「利子の支払の基因となった債権について考慮した場合において，利子の支払者と受益者との間又はその双方と第三者との間の特別の関係により，当該利子の額が，その関係がないとしたならば支払者及び受益者が合意したとみられる額を超えるときは，この条の規定は，その合意したとみられる額についてのみ適用する。この場合には，支払われた額のうちその超過する部分に対しては，この条約の他の規定に妥当な考慮を払った上で，各締約国の法令に従って租税を課することができる。」

　以下において，最初に，利子の損金算入を制限する過大支払利子税制の解説を行い，その後で，同税制の隣接制度である過少資本税制及び移転価格税制の解説を行います。

② 　過大支払利子税制

1　はじめに

　過大支払利子税制，特に，平成24年度税制改正によって創設された当時の同税制による対処が想定されていた典型例は，次頁の図のような国際的租税回避スキームです。

　この図は，内国法人が軽課税国X所在のX社に対して出資を行い（①），X社が当該出資された資金を用いてY国所在のY社に貸付を行い（②），Y社が当初の内国法人に対してさらに貸付を行う（③）という資金の循環取引例です。この例に

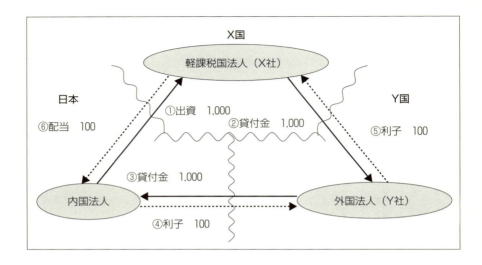

おいては、資金は、内国法人→X社→Y社→内国法人と循環しているにすぎません（なお、過少資本税制、移転価格税制及び外国子会社合算税制の適用は受けないという前提です。）。ところが、過大支払利子税制がなければ、内国法人はY社に対して支払った利子相当額を損金算入することができます。また、外国子会社であるX社から内国法人に対して配当が支払われますが、当該配当は外国子会社配当益金不算入制度の適用により、その額の5％を除きわが国で課税の対象となりません。さらに、Y社が内国法人から受け取った利子（④の100）と同額の利子（⑤の100）をX社に対して支払ったときには、Y社については税負担が発生しません。また、当該利子を受け取ったX社では、X国が軽課税国であるため、その受取利子に対する税負担は小さくなります。

過大支払利子税制は、上記の例のような関連者間で過大利子を支払う国際的租税回避の手法に対抗するために設けられた制度です。しかし、後述のとおり、第三者からの借入れを組み込んだ租税回避事例が増加してきたために、第三者に対する支払利子についても、規制対象とされることになりました。

【コーヒー・ブレイク】

上記X社のように、軽課税国において過剰な資本を有し、関連会社への資金供与を行うことを目的とし、他の実質的な経済活動を行わず、また関連のリスクも負担していないような企業のことを事実上のキャッシュボックスと言います。事実上の

キャッシュボックスを用いた国際的租税回避スキームに対して，OECD等における検討を経て対抗措置を取ることが勧告されました。外国子会社合算税制の分野におけるかかる勧告を受けて，わが国も，平成29年度税制改正において，特定外国関係会社に係る会社単位の合算課税制度の下で，「事実上のキャッシュボックス」に該当するかどうかの基準を設けた上で，対抗措置を講じました（措法66の6②二ロ）。なお，令和元年度税制改正において，関連者からの保険料収入が保険料の大部分を占め，かつ非関連者に対する十分な出再（再保険に出すこと）を行っていない場合には，「事実上のキャッシュボックス」に該当することになりました（改正後措法66の6②二ハ）。

2　令和元年度税制改正前の制度導入の背景・趣旨

わが国において，過大支払利子税制は平成24年度税制改正によって創設されました。

『改正税法のすべて（平成24年版）』は，過大支払利子税制導入の必要性について，次のように解説していました（同書558頁以降）。

「企業の所得の計算上，支払利子が損金に算入されることを利用して，過大な支払利子を損金に計上することで，税負担を圧縮する租税回避が可能です。

近年，主要先進国では，支払利子の損金算入制限措置を強化する傾向にありますが，こうした各国の制度などを参考にすると，過大な支払利子への対応手段としては，大きく分けて①過大な利率に対応する手法，②資本に比して過大な負債の利子に対応する手法，③所得金額に比して過大な支払利子に対応する手法という，3つの手法が考えられます。

わが国の現行制度は，①については移転価格税制，②については過少資本税制で対応しておりますが，①の過大な利率に着目する手法は，支払利子の「利率」の水準が独立企業原則に照らして高い場合には対応できるものの，過大な量の支払利子には対応するのが困難であるという欠点があります。また，②の「負債」の水準が資本に比して過大な利子に対応する手法は，借入れと同時に資本を増やすことで支払利子の量を増やすことが可能であるという欠点があります。

この点，利子を支払った側の法人の利子支払前の所得と対比して過大な利子を認定し，損金算入を制限する③の手法は，①及び②の手法の欠点を補完し，

過大な支払利子による課税ベースの浸食を防止するためのより直接的，かつ，効果的な措置になるものと考えられますが，わが国は，③に対応する制度を有しておらず，過大な量の支払利子を通じて税負担を圧縮する租税回避に脆弱であるといえます。

特に，企業グループ内のような関連者間においては，借入れを比較的容易に設定できるため，過大な支払利子を通じた税負担の圧縮は，関連者間の租税回避の手段として用いられるおそれが高いといえます。

さらに，近年，主要先進国は，利子に関して，租税条約において源泉地国免税を導入しており，わが国にとっても，国際的な投資交流の促進の観点から，今後の検討課題となり得ると考えられます。一方で，利子に関する源泉地国課税が免除される場合には，過大な支払利子による国際的な租税回避のリスクが一段と高まるという側面も生じさせます。

以上のような状況を踏まえ，企業の事業活動の実態にも配慮しながら，関連者間において所得金額に比して過大な利子を支払うことを通じた租税回避を防止し，わが国の課税ベースの浸食を防止するための措置を講ずることとされました。」

【コーヒー・ブレイク】

日本が締結している租税条約のうち，原則として利子について源泉地国免税とされているものとして，アイスランド，アメリカ，イギリス，オーストリア，スウェーデン，スペイン，デンマーク，ドイツ，ロシアとの租税条約があります。

3　令和元年度税制改正前の過大支払利子税制の内容

(1)　概　要

令和元年度税制改正前の過大支払利子制度は，ある法人の事業年度の関連者純支払利子等の額が調整所得金額の50％を超える場合には，当該事業年度の関連者支払利子等の額の合計額の内，超過部分の金額に相当する金額は，同事業年度の所得の金額の計算上，損金の額に算入しないとするものです。なお，過大支払利子税制は，連結法人についても適用されます（改正前措置法（以下「改正前措法」といいます。）68の89の2，同法施行令（以下「改正前措令」といいます。）39の113の2）。本税制は，関連者等への支払利子が過大かどうかを所得金額（EBITDA）と

の比較で行うという点に特徴があります。そして，この所得金額が益金の額から損金の額を控除した純額を基礎とするものであることから，これに対応して，かかる所得金額と対比すべき利子についても，支払利子の額から受取利子の額を控除した純支払利子額とされています。

(2) 損金不算入の対象となる関連者等に係る支払利子等

令和元年度税制改正前の過大支払利子税制における主要な用語の解説を以下において行います（なお，同改正対象の主要な箇所に〔　　〕で簡潔な説明を加えています。）。

ア 「関連者等」の定義

令和元年度税制改正前においては，原則，関連者に対する支払利子のみが対象とされ，純粋の第三者に対する支払利子は対象外でした。

まず，「関連者等」とは，次の関連者（直接・間接の持株割合50％以上の親法人・子法人又は実質支配・被支配関係にある者等（下記①～④））及び一定の第三者（これらの関連者による債務保証を受けて資金を供与する等の第三者（下記⑤～⑦））をいいます。これらは，後述の移転価格税制の「国外関連者」に類似しています。

① いずれか一方の法人が他方の法人の発行済株式等の総数又は総額の50％以上の数又は金額の株式等を直接又は間接に保有する関係にあるもの（改正前措法66の5の2②一，改正前措令39の13の2⑧一）
② 2つの法人が同一の者によってそれぞれの発行済株式等の総数又は総額の50％以上の数又は金額の株式等を直接又は間接に保有されている関係にあるもの（改正前措令39の13の2⑧二）
③ 次に掲げる事実その他これに類する事実が存在することによりいずれか一方の法人が他方の法人の事業の方針の全部又は一部につき実質的に決定できる関係にあるもの
　　イ 他方の法人の役員の2分の1以上又は代表権限を有する役員が，一方の法人の役員又は使用人を兼務している場合又は当該一方の法人の役員又は使用人であった者であること。
　　ロ 他方の法人がその事業活動の相当部分を当該一方の法人との取引に依存して行っていること。

ハ　他方の法人がその事業活動に必要とされる資金の相当部分を当該一方の法人からの借入れにより，又は当該一方の法人の保証を受けて調達していること。

　なお，上記①及び②の「発行済株式等の総数又は総額の50％以上の数又は金額の株式等を直接又は間接に保有するか」どうかの判定については，移転価格税制の規定（改正前措令39の12②③）を準用することとされています（改正前措令39の13の2⑨）。また，上記③の「その他これに類する事実」の例として，次に掲げるような事実が記載されていますが（改正前措法通達66の5の2-4），これも，移転価格税制の通達（同66の4(1)-3）の内容と同様です。

　「(1)　一方の法人が他方の法人から提供される事業活動の基本となる著作権（出版権及び著作隣接権その他これに準ずるものを含む。），工業所有権（特許権，実用新案権，意匠権及び商標権をいう。），ノウハウ等に依存してその事業活動を行っていること。
　(2)　一方の法人の役員の2分の1以上又は代表する権限を有する役員が他方の法人によって実質的に決定されていると認められる事実があること。」

④　法人の発行済株式等の総数又は総額の50％以上の数又は金額の株式等を直接又は間接に保有する関係にある個人（改正前措法66の5の2②一，改正前措令39の13の2⑩一）

⑤　法人に係る関連者が第三者を通じて当該法人に対して資金を供与したと認められる場合における当該第三者（改正前措令39の13の2⑬一）

⑥　法人に係る関連者が第三者に対して当該法人の債務の保証をすることにより，当該第三者が当該法人に対して資金を供与したと認められる場合における当該第三者（改正前措令39の13の2⑬二）

⑦　法人に係る関連者から当該法人に貸し付けられた債券（当該関連者が当該法人の債務の保証をすることにより，第三者から当該法人に貸し付けられた債券を含みます。）が，他の第三者に，担保として提供され，債券現先取引で譲渡され，又は現金担保付債券貸借取引で貸し付けられることにより，当該他の第三者が当該法人に対して資金を供与したと認められる場合における当該第三者及び他の第三者（改正前措令39の13の2⑬三）

［後述のとおり，令和元年度税制改正の結果，支払利子等は，関連者に対するもののみならず，国外の第三者に対するものも原則含むことになりました。］

イ　関連者純支払利子等の額

関連者等への支払利子等の額の合計額からこれに対応する受取利子等の額を控除した残額を意味します。すなわち，下記ウの関連者支払利子等の額の合計額から下記エの控除対象受取利子等合計額を控除した残額のことです（改正前措法66の5の2①）。

ウ　関連者支払利子等の額
（i）　概　要

関連者支払利子等の額は，下図のとおり，法人の関連者等への支払利子等（支払利子等に準ずるものとして政令で定めものを含みます。）の額から，当該関連者の所得税額又は法人税額の課税対象所得に含まれるものを除いたものの内，特定債券現先取引に関するものとして政令で定める一定の金額以外の金額をいいます（改正前措法66の5の2②）。

（図）関連者支払利子等の額

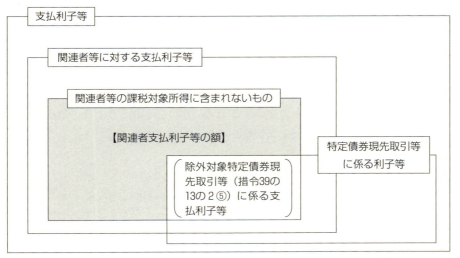

（出典：『改正税法のすべて（平成24年版）』565頁より）

(ii) 関連者等の課税対象所得とされる支払利子等

内国法人である関連者等の課税対象所得とされる支払利子等を関連者支払利子等の額の範囲から除外する趣旨は，本制度は，関連者間で過大な利子を支払うことを通じた税負担の圧縮による租税回避を防止し，わが国課税ベースの浸食に対応するための制度であるところ，わが国の課税が確保される場合には，租税回避は生じていないと考えられ，また，支払段階で損金算入を認めなければ二重課税になってしまうためです。

(iii) 支払利子等の範囲

改正前措法66条の５の２第２項に規定する負債の利子には，次のようなものも含むとされています（改正前措法通達66の５の２－７）。

> 「(1)　買掛金を手形によって支払った場合において，関連者等に対して当該手形の割引料を負担したときにおけるその負担した割引料相当額
> (2)　営業保証金，敷金その他これらに類する預り金の利子
> (3)　金融機関の預金利息及び給付補塡備金繰入額（給付補塡備金繰入額に準ずる繰入額を含む。）」

上記の「支払利子等に準ずるもの」は，支払う手形の割引料，法人税法64条の２第３項（リース取引に係る所得の金額の計算）に規定するリース取引による同条１項に規定するリース資産の引渡しを受けたことにより支払うべき対価の額（その対価の額が1,000万円に満たないものを除きます。）のうちに含まれる利息に相当する金額，法人税法施行令136条の２第１項（金銭債務に係る債務者の償還差益又は償還差損の益金又は損金算入）に規定する金銭債務に係る収入額がその債務額に満たない部分の金額その他経済的な性質が支払う利子に準ずるものを含むこととされています（措法66の５の２②，措令39の13の２②）。

上記の金銭債務に係る収入額がその債務額に満たない部分の金額には，「例えば，法人が社債をアンダーパー発行した場合における額面金額と発行価額との差額がこれに該当します。この差額は社債の発行に際して金利の調整として生ずるものですので，発行法人が計上する償還差額は，一般的には募集に応じて社債を取得した者に対する支払利子と考えられます。

この場合，本制度の適用を免れるために，その発行する社債を形式的に第三者

に取得させた上で関連者に転売しているなど，関連者が第三者を通じて発行法人に対して資金を供与したと認められるときは，その第三者は関連者等に該当しますので（措令39の13の2⑬一），発行法人が計上する償還差損の額は関連者支払利子等の額に該当することとなります。」（『改正税法のすべて（平成24年版）』565頁）

なお，措法通達66の5の2-10は，「経済的な性質が支払う利子に準ずるもの」について，次のとおり定めています。

「措置法令39条の13の2第2項に規定する「経済的な性質が支払う利子に準ずるもの」には，金銭債権をその債権金額を超える価額で取得した場合において，損金の額に算入される調整差額（基本通達2-1-34の調整差額で損金の額に算入される金額をいう。）が含まれることに留意する[1]。」

> ［令和元年度税制改正後も，「支払利子等に準ずるもの」及び「支払利子等に含まれるもの」の範囲については，基本的に改正前と同様とされています（財務省主税局第三課課長補佐藤田泰弘等『改正税法のすべて（令和元年版）』568頁）。］

ⅳ 特定債券現先取引等に係る利子等の除外

債券現先取引等に係る利子のうち，貸付けと借入との間に対応関係があると認められる所定のものについては，関連者支払利子等の額から除くこととされています（措法66の5の2②，措令39の13の2⑤）。「これは，債券現先取引等に係る利子については，対象となる債券を通じて，支払利子と受取利子の対応関係を特定することが可能であることや，現在の金融市場において債券現先取引等が果たしている金融仲介機能といった点を考慮して，本制度の対象外とすることとされたものです。」（『改正税法のすべて（平成24年版）』566頁）

エ 控除対象受取利子等合計額

「控除対象受取利子等合計額」は，受取利子等の合計額を，その事業年度の関連者支払利子等の額の合計額の同事業年度の支払利子等の合計額に対する割合で比例按分することとされます（改正前措法66の5の2③，改正前措令39の13の2⑯）。

---

1 また，措法通達66の5の2-10は，措置法令39条の13の2第15項に規定する「経済的な性質が支払を受ける利子に準ずるもの」には，金銭債権をその債権金額に満たない価額で取得した場合において，益金の額に算入される調整差額（同通達の調整差額で益金の額に算入される金額をいう。）が含まれることに留意する。」と定めています。

112◆　第2章　金銭の貸借等の国際的金融取引に係る租税回避対抗策

　過大支払利子税制による損金算入制限の対象になる金額は，純支払利子等の額に基づいて計算されるところ，損金不算入の対象となる支払利子等が関連者等への支払に限定されているため，控除の対象となる受取利子等についても，何らかの限定をする必要がありました。損金不算入の対象となる支払利子等に対応する受取利子等を具体的に紐付けることができればよいのですが，そのようなことは困難であるため，上記のとおり，控除対象受取利子等合計額は，受取利子等の合計額を，その事業年度の関連者支払利子等の額の合計額の同事業年度の支払利子等の合計額に対する割合で比例按分して計算することとされました。一方で，このような計算方法を採用すると，国内関連者に貸付を行い，受取利子等の合計額を増やすことによって過大支払利子税制の損金算入制限の対象になる金額を減らすことが行われる可能性があります。そのような租税回避を防止する観点から，控除対象受取利子等合計額への算入制限の特例が定められており，具体的には次のような説明がされています（『改正税法のすべて（平成24年版）』568頁）。

　「本制度の適用対象となる法人（以下「適用対象法人」といいます。）が国内関連者等に貸付けを行い，利子を受け取ることによって，関連者純支払利子等の額を少なくし，本制度の適用を免れると同時に，国内関連者等の課税所得を減少させることが可能となります。このようなループホールを防止する観点から，適用対象法人が，関連者等のうち国内関連者等から受ける受取利子等については，控除対象受取利子等合計額への算入を制限する措置が設けられています。

　具体的には，適用対象法人が国内関連者等から受ける受取利子等の額と，その国内関連者等が非国内関連者等から受けた受取利子等の額（適用対象法人の事業年度の期間と同一の期間において受けたものに限ります。）とのうちいずれか少ない金額を控除対象受取利子等合計額に算入することとされています（措令39の13の2⑯）。

　例えば，次の図にあるように，国内関連者等Aが非国内関連者等Bから受ける受取利子b80を有する場合には，適用対象法人が国内関連者等Aから受ける受取利子a100のうち控除対象受取利子等合計額に算入することができるのは80（受取利子a100と受取利子b80とのいずれか低い金額）に制限されます。」

図

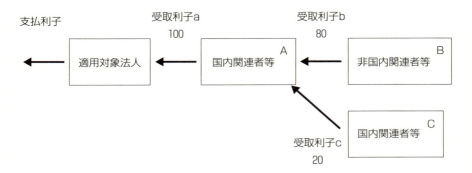

　上記の控除対象受取利子等合計額への算入制限によって，過大支払利子税制の適用対象法人が，国内関連者に貸付を行って利子を受け取ることにより，過大支払利子税制による損金算入制限額を減少させるとともに，国内関連者の課税所得を減少させることに対処しています。

(3) 調整所得金額

　過大支払利子税制において，関連者純支払利子等と並んで重要な概念は，調整所得金額です。調整所得金額とは，関連者純支払利子等の額と比較するための基準とすべき所得の金額として政令で定める金額を意味しますが（改正前措法66の5の2①），当期の所得の金額に，関連者支払利子等の額，減価償却費の額及び受取配当等の益金不算入額等を加算する等の調整を行った金額（EBITDA）です。より厳密に言うと，調整所得金額は，当該事業年度に支出した寄附金全額を損金に算入した場合の当該事業年度の所得の金額に，(i)当該事業年度の関連者純支払利子等の額，(ii)減価償却資産に係る減価償却費の額で当該事業年度の所得の金額の計算上損金の額に算入される金額及び(iii)金銭債権の貸倒れによる損失の額で当該事業年度の所得の金額の計算上損金の額に算入される金額を加算した金額から，対象外国関係会社及び部分対象外国関係会社に係る課税対象金額又は部分課税対象金額のうち当該法人から受けた関連者受取利子を控除した金額を意味します（改正前措令39の13の2①）。なお，同金額がマイナスの金額になる場合には，調整所得金額はゼロとされます（改正前措令39の13の2・39の113の2①）。

［後述のとおり，令和元年度税制改正によって，受取配当等の益金不算入額の加算は認められなくなりました。］

(4) 超過利子

関連者純支払利子等の額の内，対象事業年度の調整所得金額の50％を超える部分（超過利子額）は同事業年度損金算入が認められませんが，損金不算入額（超過利子額）は最長7年間繰り越して，一定の限度額の範囲内で損金算入することができます。すなわち，法人の各事業年度開始日前7年以内に開始した事業年度に過大支払利子税制の適用により損金算入されなかった超過利子の金額がある場合，超過利子額は，下図のとおり，同法人の当該事業年度の調整所得金額の50％に相当する金額から関連者純支払利子等の額を控除した残額を限度として，損金に算入されます（改正前措法66の5の3①）。ただし，最も古い事業年度以降の各事業年度の確定申告書に超過利子額に関する明細書の添付があり，かつ，当該措置を受ける年度の確定申告書に，適用を受ける金額の申告の記載とその計算に関する明細書の添付がある場合に限りました（改正前措法66の5の3⑧）。

繰越超過利子額の損金算入

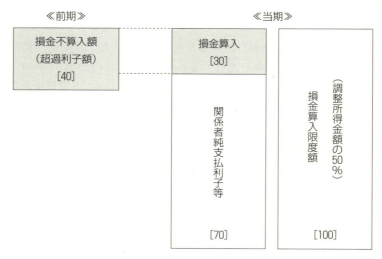

超過利子10を翌期以降繰越

［後述のとおり，令和元年度税制改正によって，閾値は，50％から20％へと引き下げられました。また，超過利子額の損金算入の手続要件が，後述のとおり緩和されました。］

(5) 適用除外

　本制度には適用除外が定められており，⑴法人の事業年度の関連者純支払利子等の額が1,000万円以下であるとき，又は，⑵法人の事業年度の関連者支払利子等の合計額がその事業年度の支払利子等の額（その法人との間に連結完全支配関係がある連結法人に対する支払利子等の額，及びその法人にかかる関連者等に対する支払利子等の額で，その関連者等の課税対象所得に含まれるものを除く。）の合計額（総支払利子等の額）の50％以下であるとき，のいずれかに該当する場合には，本制度は適用されないこととされています（改正前措法66の5の2④）。

　この適用除外措置の適用を受けるためには，当初の確定申告書に適用除外に該当する旨を記載した書面及びその計算明細書を添付し，かつその計算に関する書類を保存しなければなりませんでした（改正前措法66の5の2⑤）。

　［令和元年度税制改正によって，適用除外のルールは，後述のとおり大きく変更されました。］

4　先例及び参考事例

(1)　国税不服審判所平成30年8月27日付け裁決

　過大支払利子税制適用の適否が争われた事例としては，下記の平成30年8月27日付けの国税不服審判所の裁決（裁決2）があります。下記事案においては，内国法人がシンガポール法人から高額の借入れを行いそれに対する未払利子も相当な額になっていました。当該シンガポール法人が内国法人の関連者等である「国外支配株主等」に該当するかどうかが争点となりました。

　国税不服審判所は，次の事実認定の結果「国外支配株主等」に該当すると判断しました。

　まず，特定の個人とその親族が，内国法人及びシンガポール法人双方の発行済み株式総数の50％以上を保有していると認定しました。

　その結果，両法人は，同一の者によって支配される兄弟会社に該当するので，

「国外支配株主等」に該当することになります（措令39の13の2⑧二，法人税法施行令4①一）。

　次に，シンガポール法人の役員の半数以上が内国法人の役員を兼務し，シンガポール法人の事業方針の全部又は一部につき実質的に決定できる関係も認められると審判所は認定しました（措令39の13の2⑧三）。その際，審判所は，シンガポール法人は法的な回収方法が採られないまま休眠状態になっているという事実を重視しました。すなわち，「このように非常に高額の借入金について長期間にわたって返済が滞り，高額の利息が累積しているにもかかわらず，法的な回収手段を採らずに業務を停止するということは，借り手と貸し手との間に支配関係がなければ考え難いものであるから，上記の本件借入金の内国法人における回収状況は，上記推認を強めるものである。」と判断しました。

⑵　ユニバーサルミュージック事件

　また，過大支払利子税制の適用そのものが争われた事案ではありませんが，参考となる先例としてユニバーサルミュージック事件があります。

　本事案は，平成24年度税制改正による過大支払利子税制の導入前の事案でした。次頁の図のとおり，フランスの企業グループに属する日本法人であるユニバーサルミュージックジャパン株式会社（以下「UMJ社」といいます。）は，わが国においてレコード事業に従事し継続的に利益をあげていました。同企業グループは，日本に別途合同会社（以下「GK社」といいます。）を設立し，これを買収ビークルとして用い，UMJ社を買収しその後合併を行いました。買収資金としては，出資金約300億円と国外グループ企業からの借入れ約800億円（以下「本件借入れ」といいます。）が使用されました。当該買収・合併の結果，GK社は本件借入れを負担することになったため，本件借入れによる支払利子を損金算入していました。

　上記取引に対して，原処分庁は，法人税法132条の同族会社の行為計算否認規定を適用して，支払利子は国外関連者に対する寄附金に該当するとして支払利子相当額の損金算入を否認する更正処分等をGK社に対して行いました。原処分庁は，本件借入れからGK社とUMJ社の合併に至る一連の行為は異常ないし変則的で，本件借入れには，法人税の負担を減少させる以外に正当な理由ないし事業目的が存在せず，GK社が支払利子を支払う行為に経済的合理性は認められないと判断しました。

2 過大支払利子税制 ◆117

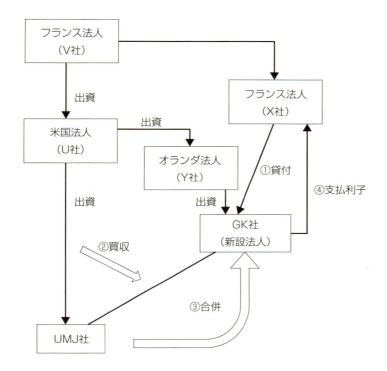

　上記取引は、過大支払利子税制導入前のものなので、同税制の適用はもちろんありません。また、GK社の国外関連者からの借入額は、国外関連者からの出資額の3倍より小さいので、過少資本税制の適用もありませんでした。また、支払利子の利率が、独立企業間のそれよりも高い場合には移転価格税制の適用は可能ですが、上記の事実関係からは、そのような事実があったのかどうかは不明です。上記のような事実・事情から、原処分庁は、同族会社の行為計算否認規定を適用して、支払利子相当額の損金算入を否認したものと推測されます。

　GK社は上記処分の取消しを求めて審査請求を行いましたが、国税不服審判所は、納税者の請求を棄却しました（平成27年2月2日裁決、東裁（法）平26-69裁決（裁決3））。審査請求手続において、GK社は、①過少資本税制の適用を受けない支払利子の損金算入を、同族会社の行為計算否認規定を適用して否認することは許されない、②本件借入れは、日本の複数の関連会社を一つの統括会社の傘下にまとめる、UMJ社の余剰資金をフランスの究極の親会社に還流させるなど正当

な多くの事業目的を達成するために行われたものであり，請求人を含む企業グループ全体にとって経済的合理性があるという主張を行いました。

　国税不服審判所は，上記主張に対して，次のような事実認定及び判断を行いました。
① 「過少資本税制は，……一定の要件の下に一定の範囲で内国法人が国外支配株主等又は資金供与者等に支払う負債の利子等の額を損金の額に算入することを認めない規定であり，他方，同族会社の行為計算否認規定は，……同族会社の行為又は計算で，これを容認した場合に法人税の負担を不当に減少させる結果となると認められるものがあるときは，税務署長はその行為又は計算にかかわらず，その認めるところにより法人税の課税標準等を計算することができるとするもので，私法上の取引の効力にかかわらず，『法人税の負担を不当に減少させる結果となると認められるものがあるとき』が要件である。そうすると，同族会社の行為計算否認規定は，当該要件が満たされた場合に，税務署長に対して一定の権限を認めたものであって，内国法人が支払う負債の利子等の額について過少資本税制の適用がない場合であっても，同族会社の行為計算否認規定の要件を満たす場合には，当該規定を適用することができるものと解するのが相当である。」
② 本件借入れの目的を判断するに当たっては，「本件組織再編取引の目的を考慮するといっても，本件借入債務は飽くまでも請求人に帰属するものであるから，本件借入れの目的を判断するに当たっては，本件借入れの主体である請求人の立場に立って，本件組織再編取引の目的を判断材料にすることを要するというべきであって，異なる立場から考慮することは要しない。」とした上で，請求人が主張する，本件組織再編取引における本件借入れの目的は，UMJ社の保有する余剰資金をGK社の借入金の返済としてフランスの究極の親会社に還流させること以外にはないというべきであると判断しました。その上で，(i)本件借入れは，その原資として必要とされたUMJ社の全株式譲受行為が，本件組織変更スキームにおいてそもそも無意味で経済的合理性がない上，本件組織再編取引を行う前のUMJ社と，本件組織再編取引を行った後の請求人は，日本において，共に同じ企業グループに属し事業実態に何ら変更がないにもかかわらず，両法人を比較すると，GK社が新たに本件借入れに関する負債を負うという財務状態になるものであるから，GK社が

本件借入債務を負担する合理的な必要も理由もない，(ii)本件借入れの結果，GK社は本件借入れに関する支払利子を損金算入することによって法人税額が減少することになるの対して，UMJ社が余剰資金を還流させる方法としては，利益の配当によることで足りることから，本件借入れに合理的な理由はなく，これに伴う本件借入債務に係る本件支払利息の負担についても合理的な理由はないと認められるから，本件借入れを行い，本件支払利息を支払った行為は，専ら経済的，実質的見地において，純経済人の行為として不合理，不自然なものというべきであると判断しました。

なお，当該事案については，納税者が東京地方裁判所に取消訴訟を提起していたところ，令和元年6月27日付けで，GK社による借入れはグループ会社にとっても，GK社にとっても，経済合理性を欠くものと認めることはできないとして，更正処分等を全面的に取り消す判決が出されています。

すなわち，裁判所は，法人税法132条1項の「これを容認した場合には法人税の負担を不当に減少させる結果となると認められるもの」の意義につき，以下のとおり判示しました（判決6）。

「(ア)　法人税法132条1項1号は，税務署長は，内国法人である同族会社に係る法人税につき更正又は決定をする場合において，その法人の行為又は計算で，これを容認した場合には法人税の負担を不当に減少させる結果となると認められるものがあるときは，その行為又は計算にかかわらず，税務署長の認めるところにより，その法人に係る法人税の課税標準若しくは欠損金額又は法人税の額を計算することができる旨を定めている。これは，同族会社が少数の株主又は社員によって支配されているため，同族会社の法人税の税負担を減少させる行為や計算を行うことが容易であることに鑑み，同族会社と非同族会社との間の税負担の公平を維持するため，同族会社の法人税の負担を不当に減少させる結果となると認められる行為又は計算が行われた場合に，これを正常な行為又は計算に引き直して当該同族会社に係る法人税の更正又は決定を行う権限を税務署長に認めたものと解される。このような同号の趣旨に照らせば，当該同族会社の行為又は計算が，同項柱書にいう「これを容認した場合には法人税の負担を不当に減少させる結果となると認められるもの」に該当するか否かは，専ら経済的，実質的見地において，当該行為又は計算が純粋経済人として不自然，不合理なもの

と認められるか否か，すなわち経済的合理性を欠くか否かという客観的，合理的基準に従って判断すべきものと解される。

(イ) 利益を産み出し，これを出資者である株主や社員に対して還元することを究極の目的とする会社にあっては，事業の目的に沿った種々の経済活動を遂行するに当たり，業務の管理・遂行上，財務上又は税務上などの様々な観点から，利益を最大化し得る方法を法令の許容する範囲内で自由に選択することができるところ，仮に，税務署長が法人税法132条１項の適用に当たり，会社の経営判断の当否や，当該行為又は計算に係る経済的合理性の高低をもって「不当」か否かを判断することができるとすれば，課税要件の明確性や予測可能性を害し，会社による適法な経済活動を萎縮させるおそれが生じるといわざるを得ない。したがって，当該行為又は計算が当該会社にとって相応の経済的合理性を有する方法であると認められる限りは，他にこれと同等か，より経済的合理性が高いといえる方法が想定される場合であっても，同項の適用上「不当」と評価されるべきものではない。

　　そして，同族会社にあっては，自らが同族会社であることの特性を活かして経済活動を行うことは，ごく自然な事柄であって，それ自体が不合理であるとはいえないから，同族会社が，自らが同族会社でなければなし得ないような行為や計算を行ったとしても，そのことをもって直ちに，同族会社と非同族会社との間の税負担の公平が害されることとはならない。

　　以上を踏まえると，同族会社の行為又は計算が経済的合理性を欠くか否かを判断するに当たっては，当該行為又は計算に係る諸事情や当該同族会社に係る諸事情等を総合的に考慮した上で，法人税の負担が減少するという利益を除けば当該行為又は計算によって得られる経済的利益がおよそないと言えるか，あるいは，当該行為又は計算を行う必要性を全く欠いているといえるかなどの観点から検討すべきものである。」

その上で，本件について，①本件借入れが行われる原因となった本件８つの目的は，日本の関連会社における資本関係の整理や，企業グループの財務体制の強化等の観点からいずれも経済的合理性を有するものであり，かつ，これらの目的を同時に達成しようとしたことも経済的合理性を有するものであったと認められること，②本件組織再編取引等は，本件８つの目的を達成する手段として相当であったと認められること，③本件８つの目的を本件組織再編取引等により達成し

たことは，原告にとっても経済的利益をもたらすものであったといえる一方，本件借入れは原告に不当な不利益をもたらすものとはいえないことから，原告による本件借入れは経済的合理性を欠くものと認めることはできないと判示しました。

　国は上記判決を不服として東京高裁に控訴しました。上記事案については，次のような評釈がなされています（太田洋＝伊藤剛志共編著『企業取引と税務否認の実務』215頁）。

　　「過大支払利子税制は2013年4月1日以後開始する事業年度から適用されるものであったため，ユニバーサルミュージック事件の事案にはそもそも適用されなかったが，仮に本件が当該制度の導入後の事案であったとすると，以下のような課税関係となったものと考えられる。
　　　まず，本件では，本件GKとX社との間の資本関係が不明確であるが，両社は共にV社を頂点とする企業グループに属する会社であり，おそらく相互に関連者に該当するものと思われる。したがって，関連者純支払利子等が調整所得金額の50％を超え，適用除外基準の適用がないとすれば，本件GKからX社に対して支払われた超過利子の額は損金不算入の取扱いがなされることになる。もっとも，前述のとおり，翌事業年度以降7年間の期間に亘り，各事業年度の「調整所得金額」の50％相当額から「関連者純支払利子等の額」を控除した残額に相当する金額を限度として，税務上損金算入することが可能である（措法66条の5の3第1項）。したがって，本件GKの損益水準（所得の状況）次第ではあるが，中長期的にみれば，過大支払利子税制の適用を受けたとしても，なおタックス・メリットが得られる可能性は存する。
　　　他方，本件GKの損益水準との関係等から過大支払利子税制の適用がない場合には，同税制の導入前と同様，法人税法132条又は同法132条の2に基づく否認が許されるか否かが問題となり得る。」

5　他の隣接制度との関係

(1)　過少資本税制との関係

　過大支払利子税制と過少資本税制双方の要件を満たす場合には，両制度の内，損金不算入とされる金額がより大きい方の制度が優先して適用されます（改正前措法66の5④・66の5の2⑦）。この点は，令和元年度税制改正後も同様です（改

正後措法66の5④・66の5の2⑥）。なお，上記のとおり，過大支払利子税制が適用される場合には，損金不算入額（超過利子）が7年間繰り越されますが，過少資本税制が適用される場合には，損金不算入額の繰り越しを認める規定はないので，損金不算入額は繰り越されないという大きな違いが生じます。

(2) 移転価格税制との関係

　過大支払利子税制と移転価格税制双方の要件を満たす場合には，上記の過大支払利子税制と過少資本税制双方の要件を満たす場合のような明文の調整規定は存在しません。したがって，どちらが優先するのかという解釈上の論点が生じます。しかしながら，移転価格税制を定める改正前措法66条の4第1項は，「当該法人の当該事業年度の所得に係る同法その他法人税に関する法令の規定の適用については，当該国外関連取引は，独立企業間価格で行われたものとみなす」旨規定しているので，移転価格税制が過大支払利子税制に優先して適用されると考えられます。この点は，令和元年度税制改正後も同様です。

(3) 外国子会社合算税制との関係

　内国法人が外国関係会社に支払った利子が外国子会社合算税制の適用により当該内国法人の課税対象金額とされ，かつ，過大支払利子税制の適用により支払利子のうち一定の超過利子の損金算入が認められない場合の二重課税を避けるために，過大支払利子税制適用による損金不算入額から，外国子会社合算税制の適用による合算所得金額を控除するという調整がなされます（改正前措法66の5の2⑧・66の5の3②）。この点は，令和元年度税制改正後も同様です（改正後措法66の5の2⑦・66の5の3②）。

6　過大支払利子税制に係る令和元年度税制改正までの経緯

(1) 平成29年10月16日開催の政府税制調査会会合

　平成29年10月16日開催の政府税制調査会会合における財務省作成の説明資料［総12-5］〔国際課税〕は，下記8のBEPS行動4の最終報告書勧告とわが国の令和元年度税制改正前の過大支払利子税制の概要を，次のとおりわかりやすく説明しています。

② 過大支払利子税制 ◆123

背景及び行動計画の概要

　損金算入が可能な利子の支払いを用いることは，国際的なタックスプランニングにおける利益移転技術のうち，最も簡単なものの一つであるとの認識のもと，相対的に税負担の軽い国外関連会社に過大に利子を支払うことや，高課税国において借入れのレベルを上げること等によるBEPSに対処するため，過大に支払われた利子の損金算入の制限を検討。

勧告の概要

企業が支払う利子について，以下のルールに従い損金算入を制限することを勧告。
○固定比率ルール（基本ルール。これに，下記の各オプションを組み合わせることが可能。）
 • 企業毎に，純支払利子/所得（EBITDA）比率が基準固定比率を超える場合，超過部分の利子の控除を制限。
 ※日本の過大支払利子税制が該当。
 • 基準固定比率は，各国が各々の事情（経済状況等）を踏まえ，10 〜 30%の範囲内で決定。
○グループ比率ルール（オプション）
 • 企業の属する多国籍グループ全体のグループ外への純支払利子の対所得（グループ全体のEBITDA）比率が基準固定比率より高い場合は，グループ全体の比率まで当該企業の利子損金算入を容認。
○特別ルール（targeted rule）(オプション)
 • 支払利子比率に基づく上記ルールを補完するため，過少資本税制等を導入。
○デミニマスルール（オプション）
 • 純支払利子額が一定の基準を下回った場合には，BEPSリスクが低いため，比率と無関係に控除容認。
○超過利子の繰越等（オプション）
 • 所得の異常変動や期ずれによる利子控除制限を平準化するため，繰越控除等を容認。

【BEPS行動4】利子控除制限:「BEPSプロジェクト」の結論

○「BEPSプロジェクト」では,「価値が創造されたところで税金を払うべき」との原則を踏まえ,一定の所得を生み出すために通常必要な資金調達コストを超える規模で利払いを行っている企業については,超過分の利子の損金算入を否認するという結論になった。

○こうした観点から,「BEPSプロジェクト」では,単体企業の利子損金算入について,一定の純支払利子/EBITDA比率(10〜30%の範囲で各国が設定)を超えた部分を控除制限することを勧告。

○日本の「過大支払利子税制」の閾値は現在50%であり,厳格化が必要。また,企業活動の実態も見極めつつ,適用対象や特別ルール等についても本勧告を踏まえた検討が必要

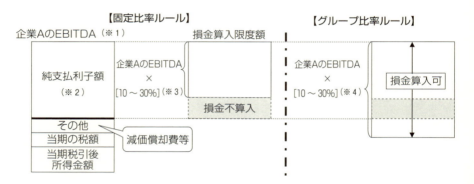

※1 EBITDA=税引後当期所得+純支払利子+減価償却費+特別償却+当期税額
  (日本の過大利子税制は,受取配当益金不算入額を含む)
※2 日本の過大利子税制は関連者純支払利子等の額が対象
※3 日本の過大支払利子税制においては50%
※4 グループ比率=$\dfrac{グループ全体の純第三者支払利子}{グループ全体のEBITDA}$

② 過大支払利子税制 ◆125

過大支払利子税制（現行制度）

○所得金額に比して過大な利子を関連者間で支払うことを通じた租税回避を防止するため，関連者純支払利子等の額（注）のうち，調整所得金額の一定割合（50％）を超える部分の金額につき当期の損金の額に算入しない（平成24年（2012年）導入）。

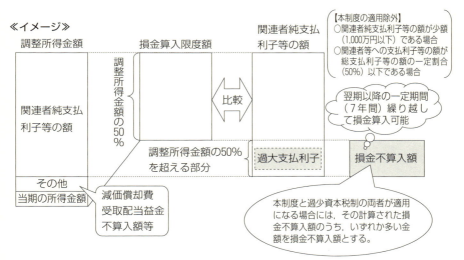

（注） 関連者等（直接・間接の持分割合50％以上又は実質支配・被支配関係にある者等）への支払利子等の額（利子等の受領者側で我が国の法人税の課税所得に算入されるもの等を除く。）の合計額からこれに対応する受取利子等の額を控除した残額をいう。

(2) 平成30年11月7日開催の政府税制調査会会合

同税制調査会会合における財務省作成の説明資料［総20-2］〔国際課税について〕は，第三者への利子の支払いによる租税回避例（6頁）及び下記8の行動4最終報告書の勧告内容とわが国の改正前制度との違い（7頁）を，次頁【参考】のとおり指摘していました。

【参考】第三者への利子の支払いにおけるBEPS
（行動4最終報告書パラ3をもとに作成）

- 国際企業グループにおいて100の資金需要があり，10の資金コスト（利子）を支払う事例。
- 第三者借入であっても，それをいずれの国の法人が行うかの選択により，所得移転を生じさせ，グループ全体の税負担を引き下げることができる。

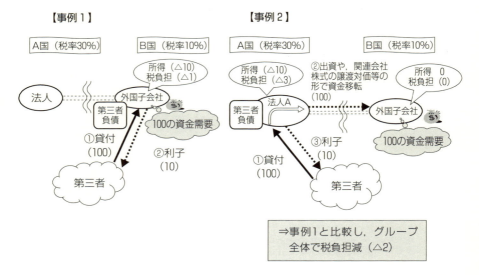

　また，上記財務省作成の説明資料〔総20- 2〕〔国際課税について〕は，負債による資金調達と非課税所得を利用した実際の事例を抽象化した事例を示して，その問題点の指摘を行っていました（10頁）。

2　過大支払利子税制　◆127

- BEPS行動4は，支払利子を用いたBEPSが生ずる場合として，関連者からの融資を用いて実際の第三者支払利子を超える利子の損金算入を生じさせること，負債による資金調達を行い非課税所得を生じさせることを指摘。
- 日本における実際事例としては，相対的に税率の高い日本法人を経由して，関連者からの借入と関連者への出資を組み合わせて資金を動かすことにより，日本からの利益移転を行い，グループ全体の税負担の圧縮を図っていると考えられるケースが見受けられた。

※また，高課税国の関連会社における第三者借入利子の損金算入や，出資先の外国子会社から国外関連者への貸付と組み合わせれば，グループ内で，同一の借入に係る支払利子を複数回損金算入することが可能（ダブル・ディップ）。

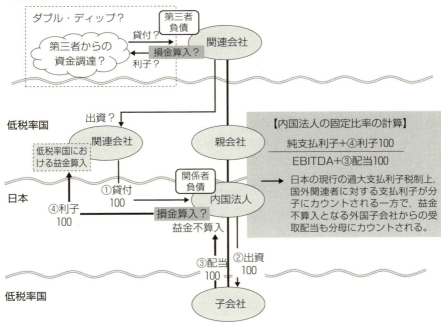

(3)　BEPS行動4最終報告書

　過大支払利子税制に関する改正は，OECD/G20におけるBEPS（Base Erosion and Profit Shifting，税源浸食と利益移転）対抗のための検討結果を反映した最終報告書（2015年10月公表。同税制に関するものはBEPS行動4最終報告書（以下「最終報

告書」という。））の勧告を踏まえた改正です。平成30年11月7日開催の上記政府税制調査会会合における財務省作成の説明資料〔総20-2〕〔国際課税について〕は，最終報告書勧告概要とわが国の改正前の制度との違いを，次の図のとおりわかりやすく説明しています（7頁）。両者間で，①対象とする利子，②調整所得（EBITDA），及び③基準値において大きな差異があることがわかります。今回の改正は，これらの差異を解消することを目的としています。

BEPS行動4最終報告書の勧告内容と日本の過大支払利子税制

- BEPS行動4では，純支払利子の損金算入をEBITDAの10～30％に制限する，利子控除制限制度の導入を勧告。
- 平成24年度税制改正において導入した日本の「過大支払利子税制」は同様の考え方に基づく制度であるが，対象となる利子やEBITDA（調整所得）の定義，基準値についてBEPS勧告と異なっており，検討が必要。
- その際，通常の経済活動に与える影響等にも配慮しつつ，BEPSリスクに的確に対応できるよう検討。

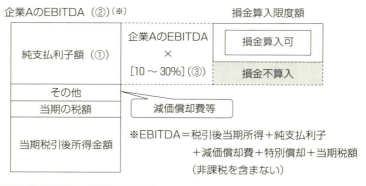

日本の過大支払利子税制におけるBEPS行動4最終報告書の勧告内容との主な相違点
　① 対象とする利子：関連者純支払利子等の額のみ
　② 調整所得（EBITDA）：国内外の受取配当益金不算入額を含む
　③ 基準値：50％

② 過大支払利子税制　◆129

(4)　平成31年度税制改正大綱の解説

ア　対象とする利子の範囲の改正

　平成31年度税制改正大綱（以下「改正大綱」といいいます。）は，次のとおり，原則として非関連者に対する支払利子等も適用対象とするべく，新たに「対象支払利子等の額」という定義を設けて，「対象外支払利子等の額」に該当しない限り，制度の適用対象としています（下線は筆者によります。）。

　前記のとおり，「改正前は関連者等への支払利子を本制度の対象としていましたが，BEPSプロジェクトの最終報告書において，第三者に対する支払利子についても，多国籍企業グループにおいて，あえて税率の高い国の企業が借入れを行い，これを税率の低い国の企業に出資すること等により税率の高い国の税源浸食（税の低い国への流出）が生じ得ることを指摘し，第三者への支払利子，関連者への支払利子を問わず，制限対象とすべきと勧告していることを踏まえ，第三者への支払利子も本制度の対象とすることとされたものです。」（『改正税法のすべて（令和元年版）』568頁）

---

(1)　対象となる純支払利子等の額

　その事業年度における対象支払利子等の額（支払利子等の額から対象外支払利子等の額を控除した残額をいう。以下同じ。）の合計額からこれに対応するものとして計算した受取利子等の額の合計額（以下「控除対象受取利子等合計額」という。）を控除した残額（以下「対象純支払利子等の額」という。）を本税制の対象とする。

(2)　対象外支払利子等の額

　上記(1)の「対象外支払利子等の額」とは，次に掲げる支払利子等の区分に応じ，それぞれ次に定める金額（注）をいう。

(注)　一定の関連者が他の者を通じて当該法人に資金を供与したと認められる場合その他の場合における当該他の者に対する支払利子等の額を除く。

　①　②に掲げる支払利子等以外の支払利子等　次に掲げる金額

　　イ　支払利子等を受ける者においてわが国の課税所得に含まれる支払利子等の額

　　ロ　一定の公共法人に対する支払利子等の額

　　ハ　借入れと貸付けの対応関係が明らかな債券現先取引等に係る支払利子等の額（イ及びロに掲げる金額を除く。）

　②　特定債券利子等（当該法人が発行した債券（その取得をした者が実質的に多数でないものを除く。）に係る支払利子等で非関連者に対するものをいう。以下同じ。）　債券ごとに次のいずれかの金額

> イ　その支払の時に源泉徴収が行われ，又はその特定債券利子等を受ける者に
>   おいて我が国の課税所得に含まれる特定債券利子等の額及び一定の公共法人
>   に対する特定債券利子等の額
> ロ　次に掲げる債券の区分に応じ，それぞれ次に定める金額
>   ㈤　国内で発行された債券　特定債券利子等の額の95％に相当する金額
>   ㈥　国外で発行された債券　特定債券利子等の額の25％に相当する金額

　「対象外支払利子等の額」を除く国外非関連者（金融機関を含みます。）への支払利子等が適用対象として追加された点が，最も重要な改正です。

　上記⑵の「対象外支払利子等の額」の内，②の非関連者に支払われる特定債券利子等が新たに設けられる項目となりますが，②において対象外とされない，通常の借入金に対する支払利子を含む非関連者に対する支払利子等が新たに対象となります（ただし，上記⑵①の支払利子等は対象外とされています[2]。）。具体的には，まず，②の冒頭において，非関連者に対して発行した債券であっても取得者の数が「実質的に多数でない」場合には制度の適用対象となることが示されています。これは，通常の借入れと実質的に同様又は類似のものは適用対象とする趣旨であると考えられます。「実質的に多数でない」の具体的内容は，後述の改正法令によって明らかにされています。

　次に，②イは，民間国外債の課税の特例により源泉所得税が非課税となり（措法６④⑧），法人税も課されないような債券に係る支払利子等が対象とされることを示しています。そして，②ロ㈤及び㈥においてそれぞれ対象外とされた金額以外の部分は，適用対象とされます（特に，②ロ㈥の国外発行債券については，特定債券利子等の額の75％という大きな割合が規制対象となることに留意が必要です。なお，国外発行債券の25％は，わが国の居住者によって取得されているという前提に立っていると推測されます。）。

イ　調整所得金額（EBITDA）の改正

　改正前は調整所得は国内外の受取配当益金不算入額を含んでいましたが，最終報告書の勧告はこれを含まないとしています。そこで，改正大綱は，次のとおり，

　2　上記⑵①イは「支払利子等を受ける者においてわが国の課税所得に含まれる支払利子等の額」を対象外としていますが，これは改正前と同様です。また，①ハの取扱いも改正前の考え方と基本的に同様です。①ロは今回新たに設けられたものです。

調整所得金額を当該勧告内容に沿ったものにしています（下線は筆者によります。）。なお，法人税額から控除する所得税額や匿名組合契約の営業者の調整所得金額の計算についても変更が加えられます。

---

(3) 調整所得金額

　調整所得金額の計算上，<u>当期の所得金額に加算する金額から受取配当等の益金不算入額及び外国子会社配当等の益金不算入額を除外し</u>，当期の所得金額から減算する金額から法人税額から控除する所得税額の損金不算入額を除外するほか，匿名組合契約の営業者の調整所得金額の計算について所用の措置を講ずる。

ウ　基準値の改正

　改正前は調整所得金額に対する基準値（それを超える純支払利子額を損金不算入とする閾値のこと）を50％と定めていましたが，最終報告書の勧告は10～30％であり，50％はこれを超過しているため，勧告の範囲内である20％へと引き下げられます。改正大綱は，この点次のように記載しています（下線は筆者によります。）。

---

(4) 損金不算入額

　その事業年度における対象純支払利子等の額が調整所得金額の<u>20％</u>（現行：50％）を超える場合には，その超える部分の金額に相当する金額は，損金の額に算入しないこととする。

　多くの国は基準値30％を採用していますが，わが国がより厳しい20％を導入したのは，上記のとおり，制度の適用対象から非関連者に対する一部の支払利子等が除かれ適用対象範囲が相対的に狭くなっているために，それとのバランスが考慮されたものと推測されます。

エ　適用除外基準の改正

改正前の適用除外基準は，次のとおりです。

① 　その事業年度における純支払利子等の額が1,000万円以下であること。

② 　その事業年度における関連者支払利子等の額の合計額が総支払利子等の額の50％以下であること。

改正大綱は，適用除外基準を次のとおり改正するとしています（下線は筆者によります。）。

① その事業年度における対象純支払利子等の額が2,000万円以下（現行：1,000万円以下）であること。
② その事業年度におけるイに掲げる金額のロに掲げる金額に対する割合が20％以下であること。
　イ　内国法人及び当該内国法人との間に発行済株式等の50％超を保有する等の関係のある他の内国法人（その事業年度開始の日及び終了の日がそれぞれ当該開始の日の属する当該内国法人の事業年度開始の日及び終了の日であるものに限る。ロにおいて同じ。）の対象純支払利子等の額の合計額から対象純受取利子等の額（控除対象受取利子等合計額から対象支払利子等の額の合計額を控除した残額をいう。）の合計額を控除した残額
　ロ　内国法人及び当該内国法人との間に発行済株式等の50％超を保有する等の関係のある他の内国法人の調整所得金額の合計額から調整損失金額（調整所得金額の計算において零を下回る金額が算出される場合のその零を下回る金額をいう。）の合計額を控除した残額。

　上記①は，改正前の除外基準額を引き上げるというものです。上記②はわかりづらいですが，法人単位では20％の基準値を超えるとしても，②に記載された企業グループ単位で20％以下になるのであれば，適用が除外されるというものです。

(5)　施行時期

　上記改正は，令和2年（2020年）4月1日以後に開始する事業年度分の法人税について適用されます。

7　令和元年度税制改正の内容

(1)　概　要

　上記のとおり，過大支払利子税制に関する今回の改正は，最終報告書の勧告と改正前との大きな差異（①対象となる利子，②調整所得（EBITDA），及び③基準値）を解消することを目的としています。

(2)　対象となる利子の範囲の拡大
ア　はじめに

　令和元年度税制改正前の過大支払利子税制の対象は，原則として関連者に対する支払利子等に限定されていたのを，上記改正大綱を受けて，同改正後は，関連

2　過大支払利子税制　◆133

者に対する支払利子等のみならず，原則として非関連者に対する支払利子等も適用対象とされます。具体的には，改正前措法66条の5の2第1項は「関連者支払利子等」及び「関連者純支払利子等」という用語を使用していましたが，改正後の同条項は，これに代わりに，「対象支払利子等」及び「対象純支払利子等」という用語を使用しています。改正後の過大支払利子税制の基本条文である措法66条の5の2第1項は，次のとおり規定しています（下線は筆者によります。）。

　「法人の平成25年4月1日以後に開始する各事業年度において，当該法人の当該事業年度の対象支払利子等の額の合計額（以下この項，次項第6号及び第3項第2号イにおいて「対象支払利子等合計額」という。）から当該事業年度の控除対象受取利子等合計額を控除した残額（以下この項，次項第6号及び第3項第2号イにおいて「対象純支払利子等の額」という。）が当該法人の当該事業年度の調整所得金額（当該対象純支払利子等の額と比較するための基準とすべき所得の金額として政令で定める金額をいう。）の百分の二十に相当する金額を超える場合には，当該法人の当該事業年度の対象支払利子等合計額のうちその超える部分の金額に相当する金額は，当該法人の当該事業年度の所得の金額の計算上，損金の額に算入しない。」

イ　対象支払利子等の範囲

「対象支払利子等の額」は，改正後措法66条の5の2第2項1号において，「支払利子等の額のうち対象外支払利子等の額以外の金額をいう。」と定義されています（下線は筆者によります。）。すなわち，「対象外支払利子等の額」以外の支払利子等の額は，すべて適用対象となります。そして，「対象外支払利子等の額」は，同項3号に次のとおり規定されています（なお，括弧書は一部を除き省略しています。）。

　「三　対象外支払利子等の額　　次に掲げる支払利子等の区分に応じそれぞれ次に定める金額をいう。
　　イ　支払利子等を受ける者の課税所得に含まれる支払利子等
　　　当該課税対象所得に含まれる支払利子等の額
　　ロ　法人税法第2条第5号に規定する公共法人のうち政令で定めるものに対する支払利子等

当該政令で定める支払利子等の額のうち政令で定める金額

ハ　特定債券現先取引等に係るものとして政令で定める支払利子等

当該政令で定める支払利子等の額のうち政令で定める金額

ニ　法人が発行した債券に係る支払利子等で非関連者に対するもの（(1)において「特定債券利子等」という。）

債券の銘柄ごとに次に掲げるいずれかの金額

(1)　その支払若しくは交付の際，その特定債券利子等について所得税法その他所得税に関する法令の規定により所得税の徴収が行われ，又は特定債券利子等を受ける者の課税所得に含まれる特定債券利子等の額とロに規定する政令で定める公共法人に対する特定債券利子等の額との合計額

(2)　(1)に掲げる金額に相当する金額として政令で定めるところにより計算した金額」（下線は筆者によります。）

　上記イ及びハの基本的考え方は，令和元年度税制改正前と同様です（改正前措法66の５の２②，改正前措令39の13の２⑤参照）が，上記イについて次のように解説されています（『改正税法のすべて（令和元年版)』568頁）。

　　「第三者への支払利子も本制度の対象とされましたが，他方で，受領者側において我が国の課税対象所得に含まれる支払利子については，我が国の税源浸食リスクが小さく，また，これらを対象とした場合には，通常の経済活動にも影響を及ぼしかねないことを総合勘案して，本制度の対象となる支払利子から除外することとされました。」

　上記ロ及びニは，今回新たに設けられたものです。上記ロの規定を受けて，改正後措令39条の13の２第７項は，「公共法人のうち政令で定めるもの」として，沖縄振興開発金融公庫，株式会社国際協力銀行，株式会社日本政策金融公庫を定めています。また，改正後措規22条の10の７は「独立行政法人奄美群島振興開発基金及び年金積立金管理運用独立行政法人」も追加で定めています。

　上記ニ(1)は，課税対象となる特定債券利子等を除いています。この内容については，以下のとおり解説されています（『改正税法のすべて（令和元年版)』571頁。下線は筆者によります。)。

「債券については，保有者が大勢になり，転々流通するため，債券発行会社において利子受領者の課税関係を判断することが困難な場合があることから，上記ⅰ（原則法）［筆者注：上記ニ(1)のこと］のとおり，利子等を受ける者の課税対象所得に含まれている場合に加え，利子等の支払等の際に源泉徴収が行われる場合にも本制度の対象外とされました。」

　次に，上記ニ(2)の規定を受けて，改正後措令39条の13の2第14項は，次のとおり規定しています。

　「一　国内において発行された債券　特定債券利子等（法第66条の5の2第2項第3号ニに規定する特定債券利子等をいう。次号において同じ。）の額の合計額の<u>100分の95</u>に相当する金額
　　二　国外において発行された債券　特定債券利子等の額の合計額の<u>100分の25</u>に相当する金額」と規定しています（下線は筆者によります。）。」

　すなわち，次に掲げる債券の区分に応じ，それぞれ次に定める金額が適用対象外とされます。
　㈧　国内で発行された債券に係る特定債券利子等の額の95％に相当する金額
　㈠　国外で発行された債券に係る特定債券利子等の額の25％に相当する金額

　上記の内容については，次のとおり解説されています（『改正税法のすべて（令和元年版）』571頁。下線は筆者によります。）。

　「債券の発行会社において，源泉徴収の有無を把握することが困難であったり，一部可能であっても事務負担が重かったりすることから，上記ⅱ（簡便法）［筆者注：上記ニ(2)のこと］のとおり，国内発行債券と国外発行債券について，それぞれ，統計上，通常日本で課税されていると考えられる主体がどの程度保有しているかを参照して定められた一定の割合に基づいて計算することができることとされました。なお，上記ⅰ（原則法）とⅱ（簡便法）について優先関係は設けられていませんので，<u>債券の銘柄ごとにいずれかを選択する</u>こととなります。」

136◆　第２章　金銭の貸借等の国際的金融取引に係る租税回避対抗策

　上記の「対象外支払利子等の額」に該当すれば，過大支払利子税制の対象から除かれることになりますが，「対象外支払利子等の額」の範囲は相当狭いことに留意する必要があります。

　まず，改正後措法66条の５の２第２項３号柱書の括弧書は，「法人に係る関連者が非関連者を通じて当該法人に資金を供与したと認められる場合として政令で定める場合における当該非関連者に対する支払利子等その他政令で定める支払利子等」は「対象外支払利子等の額」から除かれており，過大支払利子税制の対象とされます（下線は筆者によります。）。その具体的内容は改正後措令39条の13の２第４項及び５項並びに改正後措規22条の10の７に規定されていますが（ここでは条文の引用は省略します。），典型的には，以下のような，内国法人である非関連者を介した潜脱への対処を念頭に置いていると考えられます。すなわち，「次に掲げる支払利子等は，実質的に国内で課税されない者への支払利子等と変わることがないことから除かれています（措法66条の５の２②三，措令39条の13の２④⑤）。なお，国内の関連者を介在させるケースについては，その関連者側において，国内の関連者から受ける受取利子等について控除対象受取利子等合計額への算入を制限する措置が現行制度においても設けられていることから，今回の見直しにおいては，国内の非関連者を介在させるケースに限って対策が講じられています。」（『改正税法のすべて（令和元年版）』568・569頁）

　例えば，次頁の図の最初の(1)の取引については，次のような弊害が生じます。外国法人（利子を受け取った場合には当該利子は課税対象所得に含まれない）が，内国法人である関連者に直接貸付を行った場合，内国法人が支払う利子は過大支払利子税制の対象に含まれるところ，当該外国法人が，内国法人である非関連者を介して（導管として）関連者である同内国法人に貸付を行った場合，上記規定がないならば，当該内国法人が非関連者である内国法人（利子を受け取った場合には当該利子は課税対象所得に含まれる。）に対して支払う利子は過大支払利子税制の対象に含まれないため（改正後措法66条の５の２②三イ参照），同税制の適用を容易に潜脱することができることになります。

　次に，改正後措法66条の５の２第２項３号ニ柱書の括弧書は，「取得をした者が実質的に多数でないものとして政令で定める」債券を除いています。これは，前述のとおり，通常の借入れと実質的に同様又は類似のものは適用対象とする趣旨であると考えられます。なお，改正後措令39条の13の２第12項及び13項は，

対象外支払利子等の額とならない支払利子等の額

概要

○次のいずれかに該当する支払利子等の額は対象外支払利子等の額とならない。

(1) 法人に係る関連者（注）（その法人から受ける支払利子等があったとした場合にその支払利子等がその関連者の課税対象所得に含まれるものを除く。）が非関連者（その法人から受ける支払利子等がその非関連者の課税対象所得に含まれるものに限る。）を通じてその法人に対して資金を供与したと認められる場合におけるその非関連者に対する支払利子等の額
　(注)　連結グループ内の他の連結法人を除く

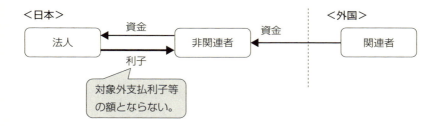

(2) 非関連者（その法人から受ける支払利子等がその非関連者の課税対象所得に含まれるものに限る。）が有する債権（その法人から受ける支払利子等に係るものに限る。）に係る経済的利益を受ける権利が他の非関連者（その法人から受ける支払利子等があったとした場合にその支払利子等が当該他の非関連者の課税対象所得に含まれるものを除く。）に移転されることがあらかじめ定まっている場合におけるその非関連者に対する支払利子等の額

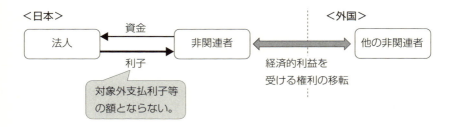

138◆　第2章　金銭の貸借等の国際的金融取引に係る租税回避対抗策

「実質的に多数でない」債券を次のとおり定めています。

「12　法第66条の5の2第2項第3号ニに規定する政令で定める債券は，債券
　　を発行した日において，当該債券を取得した者の全部が当該債券を取得し
　　た者の一人（以下この項において「判定対象取得者」という。）及び次に掲
　　げる者である場合における当該債券とする。
　　一　次に掲げる個人
　　　イ　当該判定対象取得者の親族
　　　ロ　当該判定対象取得者と婚姻の届出をしていないが事実上婚姻関係と
　　　　同様の事情にある者
　　　ハ　当該判定対象取得者の使用人
　　　ニ　イからハまでに掲げる者以外の者で当該判定対象取得者から受ける
　　　　金銭その他の資産によって生計を維持しているもの
　　　ホ　ロからニまでに掲げる者と生計を一にするこれらの者の親族
　　二　当該判定対象取得者と他の者との間にいずれか一方の者（当該者が個
　　　人である場合には，これと法人税法施行令第4条第1項に規定する特殊
　　　の関係のある個人を含む。）が他方の者（法人に限る。）を直接又は間接
　　　に支配する関係がある場合における当該他の者
　　三　当該判定対象取得者と他の者（法人に限る。）との間に同一の者（当該
　　　者が個人である場合には，これと法人税法施行令第4条第1項に規定す
　　　る特殊の関係のある個人を含む。）が当該判定対象取得者及び当該他の者
　　　を直接又は間接に支配する関係がある場合における当該他の者
　13　前項第2号又は第3号に規定する直接又は間接に支配する関係とは，一
　　方の者と他方の者との間に当該他方の者が次に掲げる法人に該当する関係
　　がある場合における当該関係をいう。
　　一　当該一方の者が法人を支配している場合（法人税法施行令第14条の2
　　　第2項第1号に規定する法人を支配している場合をいう。）における当該
　　　法人
　　二　前号若しくは次号に掲げる法人又は当該一方の者及び前号若しくは次
　　　号に掲げる法人が他の法人を支配している場合（法人税法施行令第14条
　　　の2第2項第2号に規定する他の法人を支配している場合をいう。）にお
　　　ける当該他の法人

三　前号に掲げる法人又は当該一方の者及び次号に掲げる法人が他の法人
　を支配している場合（法人税法施行令第14条の２第２項第３号に規定す
　る他の法人を支配している場合をいう。）における当該他の法人」

　さらに，改正後措法66条の５の２第２項３号ニ(1)は，裏から読めば，民間国外
債の課税の特例により源泉所得税が非課税となり（措法６④⑧），法人税も課され
ない債券に係る支払利子等は適用対象とされることを示しています。そこで，適
用において同号ニ(1)と選択的関係に立つ改正後措法66条の５の２第２項３号ニ(2)
の下でどこまで適用対象外とされるかを検討する必要がありますが，同号ニ(2)及
び改正後措令39条の13の２第14項において規定された金額は適用対象外とされる
ものの，その範囲は大きなものではありません（上記のとおり，同項２号の国外発
行債券については，特定債券利子等の額の75％という大きな割合が適用対象となること
に留意が必要です。）。

ウ　利子に準ずるものの範囲

　改正後措法66条の５の２第２項２号括弧書に規定する「利子に準ずるもの」と
して，次のものが規定されています（改正後措令39の13の２②）。

　「支払う手形の割引料，法人税法第64条の２第３項に規定するリース取引に
　よる同条第１項に規定するリース資産の引渡しを行ったことにより支払うべき
　対価の額（千万円に満たないものを除く。）のうちに含まれる利息に相当する
　金額，法人税法施行令第136条の２第１項に規定する満たない部分の金額その
　他経済的な性質が支払う利子に準ずるもの」

　また，改正後措法66条の５の２第２項２号の利子「その他政令で定める費用又
は損失」は，次のものを指します（改正後措令39の13の２③。括弧書は省略してい
ます。）。

　「一　当該法人に係る関連者が非関連者に対して当該法人の債務の保証をす
　　ることにより，当該非関連者が当該法人に対して資金を供与したと認め
　　られる場合において，当該法人が当該関連者に支払う当該債務の保証料
　二　当該法人に係る関連者から当該法人に貸し付けられた債券が，他の非

関連者に，担保として提供され，債券現先取引で譲渡され，又は現金担保付債券貸借取引で貸し付けられることにより，当該他の非関連者が当該法人に対して資金を供与したと認められる場合において，当該法人が当該関連者に支払う貸付債券の使用料若しくは当該債務の保証料又は当該非関連者に支払う貸付債券の使用料

三　法人税法施行令第139条の2第1項（償還有価証券の調整差益又は調整差損の益金又は損金算入）に規定する償還有価証券に係る同項に規定する調整差損」

(3)　調整所得金額の改正

　改正後措法66条の5の2第1項は，上記のとおり，対象純支払利子等の額と比較するための基準とすべき所得の金額として「調整所得金額」を規定しています。

　改正前の「調整所得金額」は国内外の受取配当益金不算入額を含んでいましたが（改正前措令39の13の2①，法人税法23・23の2），改正後は，改正後措令39条の13の2第1項の規定から「法人税法第23条」及び「第23条の2」が削除されました（改正後措法66の5の2①六・七，改正後措令39の13の2①，法人税法23・23の2）。この改正は，前述のとおり，当該受取配当を含むべきではないとするOECD最終報告書の勧告内容を反映したものです。

　なお，(i)法人税額から控除する所得税額の損金不算入額は，調整所得金額から控除しないこととなり，また，(ii)匿名組合契約等に係る分配金の損金算入額は加算され，匿名組合契約等に係る匿名組合員に負担させるべき損失の額で益金算入額は減算されることになりました（改正後措法66の5の2①，改正後措令39の13の2①）。

　上記(i)に関しては，「改正前の調整所得金額は，源泉所得税額を損金不算入としない金額，つまり源泉所得税額の控除後の金額とされていました。他方で，調整所得金額は，法人税額を控除しない金額となっているところ，源泉所得税額は，所得税額控除を行う場合には，法人税の前取りと考えることもできることから，法人税法第40条の規定を適用しない規定から除くことで，法人税額と同様に控除しない金額とされました。」

　次に，上記(ii)に関しては，「匿名組合契約の営業者の支払分配金については，特定目的会社等の支払配当の損金算入の扱いとのバランスを考慮し，調整所得金額に加算する金額に匿名組合契約等により匿名組合員に分配すべき利益の額でそ

の事業年度の所得の金額の計算上損金の額に算入される金額が，減算する金額に匿名組合契約等により匿名組合員に負担させるべき損失の額でその事業年度の所得の金額の計算上益金の額に算入される金額が，それぞれ追加されました。」（『改正税法のすべて（令和元年版）』575頁）。

(4) 基準値の改正

改正前は調整所得金額に対する基準値（それを超える純支払利子額を損金不算入とする閾値のこと）を50％としていましたが，最終報告書の勧告を受けて20％へと大きく引き下げられました（改正後措法66の5の2①）。

(5) 適用除外基準の改正

令和元年度税制改正前の適用除外基準は，次のとおりでした（改正前措法66の5の2④）。

① その事業年度における純支払利子等の額が1,000万円以下であること。

② その事業年度における関連者支払利子等の額の合計額が総支払利子等の額の50％以下であること。

改正後は，まず，上記①の基準額は2,000万円に引き上げられました（改正後措法66の5の2③一）。次に，上記②の基準額については，「人為的な操作により関連者間の利子を増加させた可能性が少ないという観点で設けられていましたが，改正後の過大支払利子税制は第三者への利子も対象とすることから，制度趣旨に沿わなくなったため，廃止され，新たに企業グループ単位の純支払利子額の調整所得金額に対する割合による適用免除基準が設けられました。」（『改正税法のすべて（令和元年版）』576頁）。すなわち，法人単位では調整所得金額に対する20％の閾値を超えるとしても，下記に規定された「特定資本関係」にある企業グループ単位で20％以下になるのであれば，適用が除外されるという新たな免除基準が，次のとおり設けられました（同項二。下線は筆者によります。）。

「内国法人及び当該内国法人との間に特定資本関係（一の内国法人が他の内国法人の発行済株式等の総数若しくは総額の100分の50を超える数若しくは金額の株式若しくは出資を直接若しくは間接に保有する関係として<u>政令で定める関係</u>（以下この号において「当事者間の特定資本関係」という。）又は一の内

国法人との間に当事者間の特定資本関係がある内国法人相互の関係をいう。）のある他の内国法人（その事業年度開始の日及び終了の日がそれぞれ当該開始の日を含む当該内国法人の事業年度開始の日及び終了の日であるものに限る。）」

そして，上記「政令で定める関係」は，次の関係を意味します（改正後措令39の13の2㉓）。

　「一の内国法人の他の内国法人に係る直接保有の株式等の保有割合（当該一の内国法人の有する当該他の内国法人の株式等の数又は金額が当該他の内国法人の発行済株式等の総数又は総額のうちに占める割合をいう。）と当該一の内国法人の当該他の内国法人に係る間接保有の株式等の保有割合とを合計した割合が<u>100分の50</u>を超える場合における当該一の内国法人と当該他の内国法人との間の関係」

上記適用除外基準があてはまるものとしては，国内の持株会社の例があります。

　「例えば，国内の持株会社が，国内子会社のために資金調達を行い，その資金を国内子会社に出資により提供する場合には，その持株会社の主要な収入源である受取配当は，今回の改正によって調整所得金額にカウントされなくなったことから，必然的に調整所得金額に対する支払利子額の割合が大きくなり得ます。しかし，この場合，持株会社の所得が支払利子により圧縮されるとしても，国内子会社においては利子費用が減少することになるので，日本の税源浸食が生じていないことから，これをBEPS対策として制限することは適当でないと考えられます。」（『改正税法のすべて（令和元年版）』578頁）

(6)　超過利子額の損金算入の整備
ア　超過利子額の損金算入の見直し

　ある事業年度における対象純支払利子等の額が調整所得金額の20％に満たない場合において，前7年以内に開始した事業年度に過大支払利子税制の適用により損金不算入とされた金額（「超過利子額」）があるときは，その対象純支払利子等の額と調整所得金額の20％に相当する金額との差額を限度として，その超過利子額に相当する金額を損金の額に算入することとされました（措法66の5の3①）。

イ　適用要件の見直し

改正前の制度は，超過利子額に係る事業年度のうち最も古い事業年度以後の各事業年度の確定申告書にその超過利子額に関する明細書の添付があり，かつ，これらの制度の適用を受けようとする事業年度の確定申告書等に，その適用を受ける金額の申告の記載及びその計算に関する明細書の添付がある場合に限り，適用することとされていました（旧措法66の5の3⑧⑨）。

［令和元年度税制改正後は，修正申告書又は更正請求書に損金の額に算入される金額等を記載した書類の添付がある場合にもその適用を受けることができることとされました（措法66の5の3⑧）。］

(7)　連結納税制度を利用する場合の取扱い

現行連結納税制度を利用する場合，外国税額控除など様々な制度において連結グループの全体計算が求められることになります。過大支払利子税制もその一つです。そして，現行連結納税制度上，過大支払利子税制においては，連結グループ全体で関連者純支払利子等の額を集計し，連結グループ全体の連結調整所得金額（EBITDA）×50％と比較することにより適用の有無を判定することになります（措法68の89の2）。具体的には，連結法人ごとに計算した関連者支払利子等の額を連結グループ全体で合計して連結グループ全体の関連者支払利子等の額を算出し，そこからそれに対応する連結グループ全体の控除対象受取利子等合計額を控除して連結グループ全体の関連者純支払利子等の額を算出します（なお，当該計算においては，同一の連結グループ内の他の連結法人に対する支払利子等及び受取利子等の額は除くこととされています（措法68の89の2②柱書））。また，連結グループ全体の所得（EBITDA）については，単体納税の場合と原則として同様の調整を行って算出するものとされています。ただし，グループ内の他の連結法人からの受取配当等に係る益金不算入額等については加算の対象から除外することとされています。なお，連結納税制度における過大支払利子税制は，①連結事業年度における連結グループ全体の関連者純支払利子等の額が1,000万円以下である場合，及び②連結事業年度における連結グループ全体の関連者支払利子等の額が連結グループ全体の総支払利子等の額の50％以下である場合には適用されないとされています（措法68の89の2）。なお，令和元年度税制改正後においては，「連結納税においては連結グループ全体の対象純支払利子等の額と連結グループ全体の連結

調整所得金額を比較して損金不算入額の計算を行うことから，単体納税において設けられている上記……の企業グループ単位の純支払利子額の調整所得金額に対する割合による適用免除基準と同様の基準は設けられていません。」（『改正税法のすべて（令和元年版）』582頁）。

> ☕【コーヒー・ブレイク】
>
> 　現在，政府税制調査会の連結納税制度に関する専門家会合において連結納税制度の見直しが議論されており，令和2年（2020年）度税制改正により，連結所得・連結税額の計算の仕組みが連結グループ全体から連結子法人ごとへと改正される可能性があります。その場合，過大支払利子税制においても連結グループの全体計算は不要となり，代わって各連結子法人ごとに純支払利子を集計し，この金額を各連結子法人の調整所得金額×20％と比較するという内容に変わる可能性があります。

(8)　施行時期

　上記改正は，令和2年（2020年）4月1日以後に開始する事業年度分の法人税について適用され同日前に開始した事業年度分の法人税については，従来どおり適用されます（改正法附則17・57①・74①，改正措令附則15・25・35）。ただし，上記(6)イの改正は，令和2年4月1日以後に確定申告書等（期限後申告書を除きます。）の提出期限が到来する法人税について適用され，同日前に確定申告書等の提出期限が到来した法人税については，従来どおり適用されます（改正法附則57②・74②）。

(9)　実務への影響

ア　過大支払利子税制に関する改正による実務への影響

(i)　非関連者に対する支払利子等の影響

　非関連者に対する支払利子等については，back-to-back取引による仕組まれた取引（最終報告書パラ182）に基づくBEPSが想定されたことから，本改正では，対象外支払利子等の額において，非関連者に対して発行した債券であっても取得者の数が「実質的に多数でない」実質的には貸付金類似の場合には，制度の適用対象となっています。そのため，改正前は損金算入が認められた特に国外の非関連者に対する支払利子についても，それを含む対象純支払利子等の金額が損金算入限度額であるEBITDA（調整所得金額）の20％を超えた場合には損金不算入と

なることから，非関連者に対する支払利子の金額が多額の場合には影響が大きいと考えられます。損金不算入となった場合には，企業の資金調達に伴う税負担が増加することとなり，非関連者に対する支払利子等であっても，その金額を正確に確認し，税負担の増加についても検討しておく必要があると考えられます。

これまで，多国籍企業グループ内の金融子会社から借入れを行っている場合には，過大支払利子税制の観点だけでなく，移転価格税制における独立企業間価格であるかも検討する必要があるため，関連者間取引に対する管理の一環で，関連者間の支払利子等に係る情報を収集する体制が構築されていたものと考えられます。しかし，非関連者間の支払利子等であっても，EBITDA（調整所得金額）の20％を超えるか検証していく必要があることから，非関連者間の支払利子等に係る情報を収集管理していく必要があり，実務上の負担が増加するものと考えられます。

(ii) 基準値引下げの影響

改正前は受取配当等の益金不算入額及び外国子会社配当等の益金不算入額を含む調整所得金額の50％について損金算入が認められていましたが，改正により益金不算入額を除くEBITDA（調整所得金額）の20％を超えた場合には，損金不算入となることから，益金不算入額の規模によっては，損金不算入が拡大して影響が大きいと考えられ，益金不算入額についても正確に確認しておく必要があります。

例えば，M&A等により，多国籍企業グループ内の金融子会社や非関連者から借入れを行うことにより，超過の支払利子負担が発生する場合には，本改正により，改正前と比較して，損金算入できる支払利子等の範囲が限定されることから，M&A等に伴う資金調達を借入れにより行う場合には，借入れに伴う税負担増加のおそれが増してくる可能性があると考えられます。

この点については，産業界等から様々な問題点が指摘されており，例えば，経済産業省は，平成31年度（令和元年度）税制改正に関する経済産業省要望（平成30年8月31日）において，借入れを活用して国内外に積極的に投資（M&A等）を行っている企業への影響に十分配慮すべきであると指摘していました。また，日本経済団体連合会においても，平成31年度（令和元年度）税制改正に関する提言（令和元年9月18日）において，非関連者からの借入れを制限すれば，海外展開を進める日本企業のM&Aによる海外展開の動きを阻害するだけでなく，国内事業

が大宗を占める業種でも，借入額が大きい場合には損金不算入額が生じるおそれがあると指摘していました。これらの意見を踏まえて，上記のとおり，国内の非関連者からの借入金等に対する利子は，原則「対象外支払利子等」に該当することになりました。

また，金融庁は，平成31年度税制改正要望（平成30年8月31日）において，金融機関からの借入れも対象となることから，設備投資等の企業活動への影響に十分配慮すべきであると指摘するとともに，調整所得金額から受取配当益金不算入額が除外されることから，収益の殆どが受取配当金である金融持株会社への影響に十分配慮する必要があると指摘していました。この意見を踏まえて，上記のとおり，持株会社単独では調整所得金額に対する20％の閾値を超えるとしても，「特定資本関係」にある企業グループ単位で20％以下になるのであれば，適用が除外されるという新たな除外基準が設けられました（改正後措法66の5の2③二）。

(iii) 実務上の負担

本改正では，これまで対象とされていなかった非関連者に対する支払利子等の確認が求められることになり，損金不算入の基準値が引き下げられ，損金不算入となる事例が増加するおそれがあります。そのため，多国籍企業グループ内における借入れに加え，非関連者からの借入れに係る支払利子等の確認と管理が求められることになります。

今回の改正で適用対象外とされた法人税法2条5号に規定する公共法人のうち政令で定める沖縄振興開発金融公庫，株式会社国際協力銀行，株式会社日本政策金融公庫，独立行政法人奄美群島振興開発基金及び年金積立金管理運用独立行政法人に対する支払利子等の額，並びに国内で発行された債券に係る特定債券利子等の額の95％に相当する金額及び国外で発行された債券に係る特定債券利子等の額の25％に相当する金額については，その確認と利子等の額の集計も必要となります。

そのため，企業にとってコンプライアンス・コストに係る実務上の負担が増加していく可能性があります。しかしながら，企業のコンプライアンス・コストやルールの管理コストを軽減するためのデミニマス基準としては，改正後は，①適用事業年度における対象純支払利子等の額に係る2,000万円（現行1,000万円）以下の基準と②企業グループ単位で対象純支払利子等の額が調整所得金額の20％以下の適用免除基準が設けられていますが，必ずしも実務上の負担が大きく軽減され

ることにはならないものと考えられます[3]。

⑽　**改正前過大支払利子税制及び改正後過大支払利子税制と最終報告書との比較**

　以下において，令和元年度税制改正前後の過大支払利子税制と当該改正の基礎となったOECD最終報告書勧告の主要内容間の比較を示した後，最終報告書主要事項の具体的記載内容の解説を行います。

	改正前	改正後	OECD勧告内容
支払利子の範囲	関連者支払利子	非関連者支払利子を原則含む	非関連者支払利子を含む
調整所得（EBITDA）	国内外の受取配当益金不算入額を含む	国内外の受取配当益金不算入額を含まない	国内外の受取配当益金不算入額を含まない
閾値	50%	20%	10〜30%
グループ比率	不適用	不適用 ただし，適用除外基準の一つとして所定のグループ閾値を適用	適用可

8　OECD最終報告書

⑴　最終報告書の全体像

　最終報告書の目次は次のとおりです（なお，以下の最終報告書の和文の記載は，日本租税研究協会『OECD BEPSプロジェクト2015年最終報告書行動3，4，8-10，14』によっています。）。

概要
序章
第1章　ベスト・プラクティス・アプローチの勧告
第2章　利子及び経済的に利子に相当する支払

3　最終報告書（パラグラフ54-56）では，企業のコンプライアンス・コストやルールの管理コストを軽減するためのデミニマス基準は比較的容易に適用できるはずであるとしており，実務上の負担に配慮したデミニマス基準の定期的な見直しと更新が求められています。

第3章　ベスト・プラクティス・アプローチの適用対象者
第4章　利子費用又は負債の水準に基づくベスト・プラクティス・アプローチの適用
第5章　収益又は資産価値を用いる経済活動の測定
第6章　固定比率ルール
第7章　グループ比率ルール
第8章　ボラティリティと二重課税への対処
第9章　特別ルール（targeted rules）
第10章　銀行グループ及び保険グループに対するベスト・プラクティス・アプローチの適用
第11章　ベスト・プラクティス・アプローチの実施

(2) 序 章

序章は，利子の支払いを用いたBEPSに取り組むための既存のアプローチを要約しています（76～79頁）。

「現在各国が適用しているルールは6つの広いグループに分けられる。一部の国は，複数のルールを含む結合アプローチを用いている」としていますが，6つのアプローチは次のとおりです。

(i)　「事業体の利子又は負債の水準を，当該事業体がすべての取引を第三者と行っていたならば存在したであろう状態と比較する独立企業テスト」（パラグラフ11）

これは，独立企業原則を採用する移転価格税制の適用による対応です。

(ii)　「源泉地管轄に課税権を配分するために用いられる，利子の支払に対する源泉徴収税」

過大利子の支払いがなされても，源泉地国において源泉税の対象になるのであれば課税権が確保でき抑制効果も働きますが，租税条約の適用などによって源泉税の減免がなされる場合には，抑制効果が働かなくなるか弱くなります。

(iii)　「支払の性質又は支払先にかかわらず，事業体の利子費用の一定割合を

否認するルール」

「事業体が支払う利子全部の一定割合を否認するルールは，事実上，すべての負債金融（debt finance）コストをデミニマス基準を超えて増加させる。……このアプローチは，エクィティに対する負債の租税上の一般的有利性を減らす」（パラグラフ14）というドラスティックなアプローチです。

(iv)　「事業体の利子費用又は負債の水準を，固定比率（例えば，負債/エクィティ，利子/収益，又は利子／全資産）を参照して制限するルール」

最終報告書第6章が詳細に検討している過大支払利子税制の固定比率ルールは，このルールに属します。負債／エクィティの水準を用いる過少資本税制も，このルールに属します。

(v)　「事業体の利子費用又は負債の水準を，グループ全体の状態を参照して制限するルール」

これは，最終報告書第7章が詳細に検討しているグループ比率ルールです。

(vi)　「一定の取引の利子費用を否認するターゲットを定めた租税回避防止ルール」

「多くの国は，ターゲットを定めた租税回避防止ルールを有しており，これらは，個別のBEPSリスクに対する効果的な対応になり得る。しかしながら，新しいBEPS機会が開発されるので，さらなるターゲットを定めたルールが必要とされる」という短所も指摘されています（パラグラフ20）。

(3)　第1章　ベスト・プラクティス・アプローチの勧告

最終報告書第1章パラグラフ22は，ベスト・プラクティス・アプローチの勧告の要点を以下のとおり説明しています。

「行動4に係る作業の重要な目的は，利子及び経済的に利子に相当する支払

を利用するBEPSに対処するための首尾一貫した解決法を特定することである。本報告書において述べるベスト・プラクティス・アプローチを構築するに当たり，各国が直面するリスクの効果的な解決策を与え，その適用又は効果を回避し又は減殺するプランニングに対抗するアプローチの必要性に焦点を当てている。……ベスト・プラクティス・アプローチの簡単な概要は，以下に示すが，同アプローチの各要素については，後述の各章で詳細に述べる。」

図1.1　ベスト・プラクティス・アプローチの概要

(ⅰ)　リスクの低い事業体を除外するためのデミニミス通貨基準

国内グループの純利子費用に基づくオプション

プラス

(ⅱ)　固定比率ルール

事業体が純利子費用をベンチマークの純利子/EBITDA比率まで控除することを容認する。関連する要素は各国がそのベンチマーク比率を10％ないし30％の範囲内で設定するのに役立つ。

プラス

(ⅲ)　グループ比率ルール

事業体が純利子費用をそのグループの純利子/EBITDA比率まで控除することを容認する。これがベンチマークの固定比率より高い場合

国がグループの純第三者利子費用に10％未満の上積みを適用するオプション

国が異なるグループ比率ルールを適用するか又はグループ比率ルールを適用しないオプション

プラス

(ⅳ)　否認された利子/未使用の利子キャパシティの繰越及び/又は否認された利子の繰戻オプション

プラス

(ⅴ)　一般的利子制限ルールを支え個別のリスクに対処するための特別ルール（targeted rules）

プラス

(ⅵ)　銀行・保険セクターの問題に対処するための個別ルール

最終報告書は，上記各アプローチについて次の説明を行っています（下記(ⅰ)〜(ⅵ)は，上記図(ⅰ)〜(ⅵ)にそれぞれ対応しています。）。

なお，令和元年度税制改正の関連する解説も，該当箇所において〔　〕書きで

行います。

(i) 「最も低いリスクの事業体を一般的利子制限ルールの範囲から除外するため，国は，純利子費用の貨幣価値に基づくデミニミス基準を適用することができる。この基準を下回る事業体は，制限なく利子費用を控除することができる。一グループが一国内に複数の事業体を有する場合，この基準は全国内事業体（当該国の全事業体を含む。）の合計純利子費用を考慮に入れるべきである。ルールが個々の事業体レベルで適用される場合，国は，グループが，多数の事業体を設立し，各事業体が基準を下回ることによって，利子制限ルールの適用を回避することを防止するため，細分化防止ルールを含めることを考えるべきである。」（パラグラフ26）

［上述のとおり，令和元年度税制改正は，関連者純支払利子等の額1,000万円以下という従前の適用除外基準を，対象純支払利子等の額2,000万円以下に変更し（ただし，上記のような細分化防止ルールは設けていません。），また，ある事業年度の関連者支払利子等の合計額がその事業年度の支払利子等の額の合計額（総支払利子等の額）の50％以下である場合の除外を削除し，代わりに，所定の企業グループ単位で20％以下の除外基準を加えました。］

(ii) 「固定比率ルールは，国にBEPSに対する保護の水準を与えるが，それは，さまざまなセクターで営業するグループが異なるレバレッジの金額を要するし，1セクター内でさえ，一部のグループのレバレッジは税以外の理由で高いという事実を考慮に入れていない鈍いツールである。ベンチマークの固定比率がBEPSに取り組むために適切な水準で定められる場合，レバレッジがこの水準を超えるグループについて二重課税となる可能性がある。」（パラグラフ24）

「国は，また，固定比率ルールを単独で適用すると決めることができる。国がグループ比率ルールを適用しない場合，それは固定比率ルールを，不当な差別をせず，多国籍グループと国内グループの事業体に，一貫して適用すべきである。すべての場合に，ベスト・プラクティス・アプローチの下で，国は，BEPSに対処するため，十分に低いベンチマークを用いる固定比率ル

152◆　第 2 章　金銭の貸借等の国際的金融取引に係る租税回避対抗策

ールを実施すべきである。」（パラグラフ25）

　　［上述のとおり，令和元年度税制改正は，固定比率を50％から20％へと変更した上で，単独で適用する（ただし，適用除外基準の一つとして所定のグループの閾値を適用する）こととしました。］

(iii)　「第 7 章は，ベンチマーク固定比率を超える事業体が，利子費用を同比率より高いそのグループの純第三者利子/EBITDA比率まで控除することを容認するグループ比率ルールの説明を含んでいる。グループの比率の計算において，国は，また，グループの純第三者利子費用（すなわち，第三者利子所得の控除後第三者利子費用）に10％までの上積みを適用することができる。このアプローチにより，ベンチマークの固定比率とグループの比率のいずれか高い方を超える事業体の純利子/EBITDA比率をとる純利子費用だけが否認される。」（パラグラフ25）

　　［令和元年度税制改正は，上記のようなグループ比率は採用しませんでしたが，上述のとおり，所定の企業グループ単位で20％以下を適用除外基準の一つとして採用しました。］

(iv)　「利子控除をEBITDAに結び付けるルールは，事業体の利子費用と収益が異なる期間に生じる場合，問題を生じる。これは，事業が利子費用を控除する可能性が年度により変化することを意味する収益のボラティリティの結果であるか又は事業体が後の期間に収益を生じる投資のための資金調達の利子費用を生じるからである。これらの問題の効果を減らすため，国は，事業体が否認された利子費用もしくは未使用の利子キャパシティを将来の期間に使用するため繰越すか又は否認された利子費用を過去の期間に繰り戻すことを容認することができる。各国は，これらの繰越と繰戻に制限を課すことを考慮するよう示唆される。」（パラグラフ27）

　　［上述のとおり，令和元年度税制改正は，超過利子の 7 年間繰越制度を維持しました。］

(v) 「固定比率ルールとグループ比率ルールは,利子及び経済的に利子に相当する支払に係る大部分のBEPSに取り組むための効果的な枠組みを備えるべきである。これらの一般的利子制限ルールは,一般的利子制限ルールの完全性を守り,残りの個別のBEPSリスクに対処する特別ルール（targeted rules）によって補足されるべきである。」（パラグラフ28）

　　［令和元年度税制改正は,個別の特別ルールは導入しませんでした。］

(vi) 「銀行業と保険業の特性は,本報告書で示す固定比率ルールとグループ比率ルールがこれらのセクターにおける利子に係るBEPSへの対処には効果的とは考えられないことを意味する。第10で検討しているとおり,銀行及び保険会社のBEPSリスクに対処するための特別ルール（targeted rules）を特定するさらなる作業が行われ,2016年に完了する予定である。」（パラグラフ29）

　　［上述のとおり,令和元年度税制改正は,銀行業等金融業の特則は設けませんでした。］

(4) 第2章　利子及び経済的に利子に相当する支払

　最終報告書第2章は,過大支払利子税制の対象となる利子等の範囲について記載しています。

　　「利子を利用するBEPSに取り組むルールは,経済的に利子に相当する他の金融支払のみならずすべての形態の負債に係る利子に適用されるべきである。……利子及び他の支払の現行の定義を考慮して,これを国内法においてどのように反映すべきかの決定は,各国に委ねられている。ある支払が経済的に利子に相当するか否かを決めるに当たって,その法的形式ではなく,その経済的実質に焦点を合わせるべきである。」（パラグラフ35）

　　「利子費用を利用するBEPSに対処するためのベスト・プラクティス・ルールは,（i）すべての形態の負債に係る利子,（ii）経済的に利子に相当する支払,及び（iii）資金調達に関して生じる費用に適用されるべきである。」そして,これらには,「資金調達アレンジメントに係る保証料」も含まれるとしています（パ

ラグラフ36)。

ここでは，関連者のみならず，銀行等の第三者からの借入利子等も対象とされています。

［上述のとおり，令和元年度税制改正は，関連者からの借入利子等に限定せず，国外の銀行等の第三者からの借入利子等も対象としています。また，改正前と同様，「資金調達アレンジメントに係る保証料」も対象としています。］

> 【コーヒー・ブレイク】
> 　過大支払利子税制との関係で利子該当性が争われた公表裁判例はありませんが，所得税法161条1項10号との関係で利子該当性が否定された裁判例として，造船契約の解除に伴い既払分割代金の返還とともに支払われる8％の金員は貸付金の利子には該当しないとされた事例として大阪高判平成21年4月24日（判決7）や，レポ取引における債権の売買と再売買の代金の差額が貸付金の利子には当たらないとされた事例として東京高判平成20年3月12日（判決8）などがあります。

(5) 第3章　ベスト・プラクティス・アプローチの適用対象者

　最終報告書第3章は，ベスト・プラクティス・ルールが適用される事業体は，次の3つの種類に分類されるとしています。

「• 多国籍グループの一部である事業体
　• 国内グループの一部である事業体
　• グループの一部でない孤立した事業体

　　ミニマムとして，本報告書におけるベスト・プラクティス・アプローチは，多国籍グループの一部であるすべての事業体に適用されるべきことが勧告される。各国は，また，ベスト・プラクティス・アプローチをもっと広く国内グループ及び/又はグループの一部でない孤立した事業体にも適用することができる。」（パラグラフ43）。

［令和元年度税制改正後も，改正前と同様，本税制はすべての事業体に適用されます。特に，改正後措法66条の5の2第8項は，外国法人（恒久的施設）への適用に関する規定を定めています。］

本章は，次のとおり，デミニミス基準についても記載しています。

　「本報告書に示すベスト・プラクティス・アプローチの主な政策目標は，利子を利用するBEPSに対処することであるが，一定の事業体のリスクが十分に低いので，これらを固定比率ルールとグループ比率ルールから除外するのが適切であることが認められる。これらの事業体を固定比率ルールとグループ比率ルールから除外することは，ベスト・プラクティス・アプローチが，他の事業体のコンプライアンスを減らし，重大なBEPSリスクを示す事業体に焦点を合わせることができることを意味する。」（パラグラフ54）。

　［上述のとおり，令和元年度税制改正は，従前の適用除外基準を変更しました。］

(6)　第4章　利子費用又は負債の水準に基づくベスト・プラクティス・アプローチの適用

　事業体が租税目的上控除できる利子の金額を直接的に制限する方法を採用する場合に，一般的利子制限ルールを，グロス利子費用に適用すべきか，それとも，ネット利子費用に適用すべきかという問題が生じます。最終報告書第4章は，この問題を論じています。

　すなわち，「一般的利子制限ルールが事業体の借入について生じる利子に，利子所得と相殺せずに（グロス利子費用に）適用すべきか，あるいは事業体が受け取る利子所得と相殺した後に（純利子費用に）適用すべきか」という問題である（パラグラフ60）とした上で，次の理由により，後者の純利子費用に適用する方法がベスト・プラクティスとしています。

　「グロス利子ルールには簡単さという利点があり，グループがプランニングを通じて回避することがより困難になるようにみえる。しかしながら，グロス利子ルールは，各事業体がそのグロス利子所得全部に租税を課せられるが，そのグロス利子費用の一部が否認される場合には二重課税を生じることになる。」（パラグラフ61）。

　［上述のとおり，令和元年度税制改正は，改正前と同様，グロス利子費用では

なく，ネット利子費用に適用されます。〕

(7) 第5章　収益又は資産価値を用いる経済活動の測定

　事業体の経済活動の客観的尺度に基づいて利子費用を制限する場合，かかる客観的尺度の候補としては，資産価値と収益があります。最終報告書第5章は，次のとおり，これらの長所・短所を論じています。

　まず，経済活動を測定するための資産ベース・アプローチの主な長所としては，「一般に，資産価値が概してより安定的であることである」ことが挙げられています（パラグラフ79）。他方，資産ベース・アプローチの重大な短所としては，重要な資産である無形資産について，貸借対照表上の無形資産として認識されない場合が多いという点があります。また，有形資産について，市場価値を使用することは非現実的であり，グループに過大なコンプライアンス負担を課すことになってしまうとしています（パラグラフ80）。

　したがって，収益ベース・アプローチには，事業体の収益が相当変動しやすいという短所があるものの（パラグラフ76），純利子費用の控除を「課税所得を生じ価値創造を駆り立てる活動に釣り合う」ようにするという観点からは，「収益と課税所得との間には明瞭な相関関係があるはずであると期待されている」こともあって，資産ベース・アプローチよりも優れていると評価されています（パラグラフ73）。

　収益ベース・アプローチを採用した場合の次の問題は，使用される収益の定義の問題です。この点について，最終報告書は次のとおり述べています。

　　「使用される収益の定義について，利払前・税引前・減価償却及びアモティゼーション前収益（EBITDA）と利払前・税引前収益（EBIT）の双方がオプションと成り得る。いずれにおいても，非課税所得（例えば，支店利益又は<u>参加免税からベネフィットを受ける配当</u>）は収益の計算には含まれるべきではない。……EBITDAは，収益ベース・テストを有する国により現在用いられる収益の最も普通の尺度である。」（パラグラフ78。下線は筆者によります。）。

　以上の結果，「固定比率ルールは，EBITDAを用いて収益を測定すべきである

ことが勧告されるが，ルールの他の要素が本報告書のベスト・プラクティスと一致している限り，国は，EBITを用いて収益を測定する固定比率ルールを適用することができる。」とされています（パラグラフ82）。

　［上述のとおり，令和元年度税制改正は，改正前と同様，固定比率ルールはEBITDAを用いて収益を測定するものとしています。なお，わが国の改正前の制度においては，受取配当益金不算入制度が適用される子会社からの受取配当もEBITDAに含まれていましたが，上記勧告に沿って，令和元年度税制改正によって，EBITDAから除かれることになりました。］

(8)　第6章　固定比率ルール

　最終報告書は，第6章において，次のとおり，固定比率ルールについて論じています。

　「固定比率ルールは，多国籍グループの事業体，国内グループの事業体及び孤立した事業体を含むすべての事業体に適用することができる。基礎となるベンチマーク固定比率は，一国の政府によって決定され，事業体又はそのグループの現実のレバレッジに関わらず適用される。<u>第三者，関連者及びグループ事業体に支払われる利子</u>は，この固定比率まで控除することができるが，事業体の比率がこのベンチマークを超える利子は否認される。」（パラグラフ85。下線は筆者によります。）。

　「固定比率ルールの重要な長所は，法人が適用し税務当局が執行することが比較的簡単であるということである。他方，固定比率ルールは，異なるセクターで営業するグループは異なるレバレッジ金額が必要であろう，一セクター内でさえグループは税以外の理由で異なる資金調達方法を採用するであろうという事実を考慮していない」という短所も指摘されています（パラグラフ86）。

　［上述のとおり，令和元年度税制改正前は，適用対象は原則関連者に対する支払利子に限定されていましたが，同改正後は，国外の非関連者に対する支払利子も適用対象とされました。］

　固定比率ルールに基づく利子費用の否認金額の計算は，次の3段階の手続で行

158◆　第2章　金銭の貸借等の国際的金融取引に係る租税回避対抗策

われます。

> 「第1　EBITDAの適切な尺度の計算
> 第2　控除可能な利子費用限度額を算定するため事業体のEBITDAに対する法定のベンチマーク固定比率の適用
> 第3　これと事業体の現実の利子費用との比較」（パラグラフ88）

上記第1ステップの収益尺度の計算は次のように行われます。

> 「事業体のEBITDAは，その課税所得に，（i）第2章に定義するとおり，純利子費用及び利子の支払に相当する純利子，並びに（ii）減価償却及びアモティゼーションに関する租税上の価値を加算することによって計算されるべきである。免税所得（例えば，<u>免税配当所得又は免税外国収益）は，事業体のEBITDAの数字の一部とならない。</u>」（パラグラフ89。下線は筆者によります。）

上記第2ステップに関わるベンチマーク固定比率について，国際的に合意されたベスト・プラクティス・アプローチが必要とされる理由は，次のとおり説明されています。

固定比率ルールについて「合意されたベスト・プラクティス・アプローチがなければ，競争力の問題によって，各国がもっと多くの利子費用の控除を容認する高水準のベンチマーク固定比率を採用するように駆り立てられ，BEPSに取り組むルールの実効性を減らすリスクがある。」と指摘されています（パラグラフ93）。

そして，「純利子/EBITDA比率に基づき固定比率ルールを適用する国は，そのベンチマーク固定比率を10％から30％のコリダー内で設定すること」が勧告されました（パラグラフ97）。この10％から30％の幅が用いられたのは，PwCが行った公開会社（上場多国籍グループ）の純利子/EBITDA比率に関する下記の分析結果によるところが大きいとされています（パラグラフ93。なお，下記の数字は，2009年から2013年までの期間にわたる平均です。）。

> ● 10％のベンチマーク固定比率の場合，上記「グループの62％は原則としてその純第三者利子費用の全部を控除することができる」

- 20％のベンチマーク固定比率の場合，上記「グループの78％は原則としてその純第三者利子費用の全部を控除することができる」
- 30％のベンチマーク固定比率の場合，上記「グループの87％は原則としてその純第三者利子費用の全部を控除することができる」
- 40％のベンチマーク固定比率の場合，上記「グループの91％は原則としてその純第三者利子費用の全部を控除することができる」
- 50％のベンチマーク固定比率の場合，上記「グループの93％は原則としてその純第三者利子費用の全部を控除することができる」

　最終報告書は，上記「分析に基づき大部分のグループがその純第三者利子費用を控除することを容認することと，グループがこの金額を超えて控除することを制限することという目標の均衡をとって」，純利子／EBITDA比率に基づき固定比率ルールを適用する国は，そのベンチマーク固定比率を10％から30％のコリダー内で設定することが上記のとおり勧告されました。

　［上述のとおり，令和元年度税制改正は，OECDの上記勧告を容れて，20％の固定比率ルールを採用しました。なお，後述9⑴の表のとおり，他の主要国は30％を採用しているので，わが国の基準はこれだけを見るとより厳しいものとなっています。］

　なお，固定比率ルール（15％を仮定）の具体的適用例が，最終報告書に，次頁のとおり表で示されています（別紙D事例4）。

⑼　第7章　グループ比率ルール

　最終報告書第7章は，上記の固定比率ルールに加えて，グループ比率ルールが提言されている理由を次のように説明しています。

　「勧告された固定比率ルールに基づき，事業体又は国内グループは，純利子費用をそのEBITDAの一定比率まで控除することができる。しかしながら，固定比率ルールは，さまざまなセクターのグループが別々にレバレッジされるという事実を考慮すべきでなく，セクターバイアスがないとしても，一部のグループのレバレッジは単にもっと高い。それ故，固定比率ルールが分離して導

事例４：固定比率ルール（ベンチマーク純利子/EBITDA比率15％）

表D.3　固定比率ルールの運用（単位：100万米ドル）

	単体課税		グループ課税	
	A1 Co	A2 Co	合計	A1 Co+ A2 Co
固定比率ルールを適用する前の課税所得（損失）	70	10	80	80
＋純利子費用	+10	+50	+60	+60
＋減価償却及びアモティゼーション	+20	+40	+60	+60
＝租税上のEBITDA	=100	=100	=200	=200
×ベンチマーク固定比率	×15％	×15％	－	×15％
＝控除限度額	=15	=15	－	=30
否認される利子費用	0	35	35	30

　入される場合，純第三者利子費用/EBITDA比率がベンチマーク固定比率を超えるグループは，その純第三者利子費用のすべてを控除することができなくなる。レバレッジがより高いグループに対する影響を減らすため，第６章で述べるとおり，各国が固定比率ルールをグループ比率ルールと組み合わせることを考慮することが勧告される。これは，レバレッジの大きいグループの事業体が，全世界グループの関連する財務比率に基づいて，純利子費用を，固定比率ルールによって認められる金額を超えて，控除することを容認することになる。」
（パラグラフ115）

　上記グループ比率ルール採用の長所にかかわらず，採否は各国の判断に委ねられています（パラグラフ119）。

　［後述のとおり，英国はグループ比率ルールを固定比率の代替ルールとして使用することを認めていますが，わが国は認めていません。］

⑽　第８章　ボラティリティと二重課税への対処
　最終報告書第８章は，収益のボラティリティと二重課税への対処について，次

のとおり論じています。

　「純利子控除を事業体のEBITDAの水準に結び付けるベスト・プラクティス・アプローチにおける重要な問題は，事業体がその利子費用を控除する可能性に影響する収益のボラティリティにどのように対処するかである。収益のボラティリティ又は利子費用とEBITDAのタイミングのミスマッチが固定比率ルールにおけるベンチマーク固定比率を超える事業体を生じる場合，第7章で述べるグループ比率ルールは，事業体が純利子費用をグループの純第三者利子費用／EBITDA比率（こちらの方が高い場合）まで控除することを容認する解決策を提供する。……さもなければ，これらの問題は，数年にわたる平均EBITDAを用いるか又は事業体が否認された利子費用及び未使用利子キャパシティを過去の期間に繰り戻すか又は将来の期間に繰り越すことを認めることによってある程度対処することができる。」（パラグラフ155）

　上記のとおり，グループ比率ルールを採用しない場合に，平均EBITDAを用いる解決策が言及されていますが，この方策には次の問題点があります。

　「事業体の純利子費用の控除可能性を単年度の経済活動に結び付けるよりも，短期変動の影響は，平均値の利用によって減らすことができる」（パラグラフ156）ものの，「平均の計算に用いられた期間以外の長期変動に対する保護は与えないであろう。」（パラグラフ157）

　そこで，次の解決策が定められています。

　「ベスト・プラクティス・アプローチの下では，国として控除が否認された利子費用又は未使用利子キャパシティを繰越又は繰戻を行うことを容認する義務はないが，国は，事業体が次のことを行うことを容認することが選択できる。
• 否認された利子費用のみを繰り越すこと
• 否認された利子費用と未使用利子キャパシティを繰り越すこと
• 否認された利子費用のみを繰り越し及び繰り戻すこと」（パラグラフ161）

ただし，「国は期間及び／又は価値について制限を課すことを考えることができ

る。これは，BEPSリスクの可能性がより大きい未使用利子キャパシティの繰越及び否認された利子費用の繰戻について，特に重要である。繰越及び繰戻に係る制限には，次のことを含めることができる。

- 否認された利子費用又は未使用利子キャパシティが繰り越され，あるいは否認された利子費用が繰り戻される年数を制限することができる。」（パラグラフ165）

［上述のとおり，令和元年度税制改正は，超過利子額の7年間繰越制度を維持しました。］

⑾　**第9章　特別ルール（targeted rules）**

　最終報告書第9章は，次のとおり，租税回避行為に対抗するために，特別ルールを設けることが適切な場合があるとしています。

　　「本報告書におけるベスト・プラクティス・アプローチが一般的利子制限ルールを勧告するが，特別ルール（targeted rules）も一部のBEPSリスクに効果的な解決策を与えることができることが認識される。」（パラグラフ169）
　　そして，BEPSリスクの例として，純利子費用をもつ事業体は，例えば，利子費用を異なる形の控除可能な費用に転換するなど，固定比率ルールの対象となる純利子費用を減らすためアレンジメントを行うと指摘しています（パラグラフ171）。
　　上記のリスクに対しては，例えば，国の一般的租税回避防止ルール等によって対処することができるとされています。その場合，「これらのルールは，固定比率ルール及びこれが適用される場合にはグループ比率ルールの対象であるすべての事業体に適用されるべきである。」とされています（パラグラフ172）。

　　［上述のとおり，令和元年度税制改正は，上記のような特別ルールは設けませんでした。］

⑿　**第10章　銀行グループ及び保険グループに対するベスト・プラクティス・アプローチの適用**

　最終報告書第10章は，次のとおり，銀行グループ及び保険グループについては，

② 過大支払利子税制 ◆163

上記のベスト・プラクティス・アプローチとは異なる別の配慮が必要かもしれないと指摘しています。

「重要な考慮は，利子が銀行業又は保険業で果たす役割は他のセクターにおける役割と違うことである。銀行及び保険会社は，その主な事業活動の不可欠の一部として金融資産及び債務を保有している。加えて，大部分の国の金融セクターの事業は，その資本構成に制限を課す厳格な規制の対象となっている。」（パラグラフ184）

「本報告書で示す固定比率ルールとグループ比率ルールは，多くの理由から，これらのBEPSに対処するとき，効果的であるようにみえない。特に，銀行及び保険グループは，他のセクターのグループにとって負債による資金調達の重要な源泉であり，このようなものとして多くは利鞘の大きい純貸主である。これは，これらのグループの主な営業会社とグループ全体がしばしば純利子費用ではなく純利子所得を有することを意味する。固定比率ルールとグループ比率ルールは事業体の純利子費用の水準を制限するために適用されるので，これらのルールは銀行及び保険グループ内の重要な事業体に影響をもたない。加えて，利子所得が銀行又は保険会社の所得の主な部分であるという事実は，EBITDAがこれらのセクターのグループ全体の経済活動の適切な尺度にならないことを意味する。」（パラグラフ188）

「ベスト・プラクティス・アプローチには，さまざまな事業体のリスクに対処することが可能なルールが含まれることが重要である。したがって，銀行及び保険会社の潜在的なBEPSリスクに対処するベスト・プラクティス・ルールを特定するため，これらのセクターの特性を考慮に入れて，さらなる作業が行われ，2016年に完了する予定である。」（パラグラフ190）

［後述のとおり，オランダは銀行及び保険会社について資本・負債比率による利子控除制限規定を導入することを予定しています。EUのルールにおいては，金融機関は，利子控除制限規定の適用から除外することができるとされています。わが国においては，上述のとおり，令和元年度税制改正は，銀行業等の金融業の特則は設けませんでした。なお，上記パラグラフ最終文が言及する作業の成果で

ある特則は，未だOECDにより公表されていません。]

9 主要国の利子控除制限制度

(1) はじめに

平成30年11月7日開催の政府税制調査会会合における財務省作成の説明資料
［総20-2］〔国際課税について〕は，わが国と主要国との過大支払利子税制（利
子控除制限制度）の内容を比較した下記の表（及び脚注）を記載しています（8頁）。

[参考] 主要国における利子控除制限制度の概要

項目 ＼ 国名	日本	アメリカ	イギリス	ドイツ	フランス
通称 （導入年）	過大支払利子税制（2012年）	利子控除制限制度(注1)（2018年）	利子控除制限制度（2017年）	利子控除制限制度（2008年）	過少資本税制（1991年）
基本的な仕組み	法人の関連者等への純支払利子のうち，調整所得の一定割合の額を超える部分は，損金不算入	調整所得の一定割合を超える純支払利子は，損金不算入	調整所得の一定割合を超える純支払利子は，損金不算入	調整所得の一定割合を超える純支払利子は，損金不算入	調整所得の一定割合等を超える関連者等への純支払利子は，損金不算入
損金不算入の対象となる利子の支払先	・原則として<u>関連者</u>	限定なし	限定なし	限定なし	・原則として関連者
調整所得の定義	課税所得に，純支払利子，償却費，<u>受取配当益金不算入額</u>等を加算	課税所得に，純支払利子，償却費等を加算(注2) ただし，2022年1月1日以降開始する課税年度は償却費等を加算しない（EBIT相当額）	課税所得に，純支払利子，償却費等を加算	課税所得に，純支払利子，償却費等を加算	課税所得に，純支払利子，償却費等を加算

損金不算入額	関連者純支払利子等の額（※）のうち調整所得金額の50%を超える部分の金額 ※日本で課税対象とならない関連者等に対する支払利子等の額から一定の受取利子等を控除したもの	調整所得の30%を超える部分の金額	調整所得の30%を超える純支払利子（注3）	調整所得の30%を超える純支払利子	関連者等への支払利子が調整所得の25%超であり，かつ，出資/負債比率等にかかる基準等を超える場合に，これらの基準を超える支払利子

【利子控除制限制度を巡る動向】

　EUは，調整所得金額の30%までに限り純支払利子を損金算入できる旨の利子控除制限ルールを含む，租税回避防止指令を採択。これにより，EU加盟国は2018年12月31日（同ルールと同等に有効なルールを有するEU加盟国は，遅くとも2024年1月1日）までに，同ルールを立法・公布しなければならない。

　なお，フランスは，同EU指令に基づく利子控除制限ルールを導入するための税制改正案が2018年財政法案に盛り込まれ，本年［筆者注：2018年］9月に国会提出されている。

（注1）　2017年まではアーニング・ストリッピング・ルール（1989年導入）に基づき，対象となる利子の支払い先が関連者等に限定されていたが，2018年1月1日以降開始する課税年度より，対象範囲を含め，全面的に制度が改編された（負債資本比率1.5：1以下）による適用除外も撤廃）。

（注2）　調整所得の計算にかかる財務省規則は現時点で未公表。改正前のルール（Treasury regulation §1.163(j)−2(f)）においては，100%益金不算入とされる持株比率80%超の株式以外の株式配当の益金不算入額に限り加算されることとされていた。

（注3）　グループ全体による外部に対する純利子費用額のグループ調整所得に対する比率を，固定比率（30%）の代替比率として使用することも可能（グループ比率ルール）。いずれも，控除できる利子費用の額をグループ全体の純利子費用の額に制限する修正デット・キャップ・ルールの対象となる。

（注4）　各国とも，負債資本比率や純支払利子額等に基づいて，一定の適用除外要件が設けられている。

(2)　米国の利子控除制限制度

　米国における利子控除制限制度は，2017年12月22日に成立した米国のトランプ税制改革（減税雇用法［Tax Cut and Jobs Act］）において，課税ベースを拡大するための方策として導入されたものです。トランプ税制改革は，レーガン税制改

革以来30年ぶりの税制改革と言われ，連邦法人税率が35％から21％へ引き下げられる等の減税措置や全世界所得課税から領域主義課税への移行に伴い，外国子会社からの受取配当益金不算入制度を導入していますが，租税回避への対抗措置として税源浸食・濫用対策税（Base Erosion and Anti-abuse Tax: BEAT）を導入し，さらに，課税ベースの拡大のため，アーニングス・ストリッピング・ルールと呼ばれた利子控除制限制度の条項を廃止し，新たな利子控除制限制度として内国歳入法163条(j)を創設しました。同条では，事業活動から生じる純支払利子について，調整後課税所得（Adjusted Taxable Income: ATI）の30％，事業関連の受取利息及びオートリース事業等におけるフロアプランの支払利息を限度として損金算入を認めています。ATIは，2018年1月1日以降に開始する事業年度からはEBITDAが適用されますが，2022年以降は償却費を足し戻さないEBITを適用することになり，BEPSの上記勧告に類似した制度が導入されたことになります。

　アーニングス・ストリッピング・ルールでは，資本負債比率による適用免除基準があり，支払先が国外関連者の場合に限り適用になっていましたが，本規定では国外関連者に限定しておらず，原則として金融機関からの借入れであっても対象となります。

　本規定は，公共サービスの適用事業者及び総収入が年間2,500万ドル以下の小規模事業者には適用されません。

　なお，損金算入が認められなかった支払利子については，原則として無期限で繰り越すことができます。

　米国財務省は2018年4月2日，支払利息損金算入制限規定（新Section 163(j)）の適用にかかわるガイダンスを示した「Notice 2018-28」を公表しました。

　新Section 163(j)は，上記のとおり，事業活動から発生する純支払利息が調整後課税所得（ATI）の30％を超える際に，超過額を損金不算入とする規定であり，損金不算入額は無期限に繰延が認められますが，未使用枠の繰越は認められません。ATIは，上記のとおり，2021年まではEBITDA（連邦課税所得に償却費用とネット支払利子を加算した金額），2022年以降はEBIT（連邦課税所得にネット支払利子を加算した金額）となります。また，税務上パートナーシップとして扱われる事業主体に対する損金算入制限の計算はパートナーシップ単位で行うと規定されています。

上記の「純支払利子」とは，事業上の支払利子から受取利息を差し引いたものであり，「調整後課税所得」は繰越欠損金控除前の課税所得に純支払利子と償却費を加算した額になります（ただし，2022年1月1日以降に開始する課税年度については，償却費の加算は認められなくなります。）。純支払利子が調整後課税所得の30％を超えたことにより損金不算入となる支払利子の金額は，上記のとおり，無期限で繰り越されます。新ルールは，直近の3年間の平均総収入（米国内関連者グループ単位）が2,500万ドル超の納税者について，2018年1月1日以降に開始する課税年度に適用されます。なお，不動産業と農業については，一定の条件下で選択により適用免除となります。

　今回のガイダンスでは，旧163条(j)により損金不算入とされ繰り越されていた不適格利子について，新163条(j)の適用初年度において過年度からの繰越支払利子として取り扱う方針が明確化されました。また，2017年12月31日以前に開始する課税年度から旧163条(j)に基づき繰り越されていた不適格利子が2018年1月1日以降に開始する課税年度において新163条(j)に基づき損金算入され，その支払先が税源浸食濫用防止税（BEAT）規定上の国外関連者である場合には，税源浸食支出（Base Erosion Payment）として取り扱われることになりますが，旧163条(j)上の損金算入制限枠の繰越余裕額は，新163条(j)では余裕額の繰越規定がないため消滅することになります。

　また，旧163条(j)は，直接的・間接的資本関係が50％超の米国内関連会社グループ単位で適用されていましたが，今回のガイダンスにより，新163条(j)は，米国内関連会社グループ単位ではなく，連結納税グループ単位で適用される方針が確認されました。連結グループ内の個社レベルでの取扱い等に関する詳細は，後日発表される財務省規則で規定される予定となっていました。

　新163条(j)は，上記のとおり，原則としてパートナーシップのレベルで適用されることが条文で規定されていますが，パートナーシップとパートナーの各レベルでの取扱いの詳細についても，後日発表される財務省規則により規定されることになっていました。

　ガイダンスによれば，財務省はSection 163(j)にかかわる正式な規則案を策定中としていたため，主要な規則案が公表されるまでは上記ガイダンスに規定されたポジションに準拠することを認めるとしていました。

その後，米国財務省は，2018年11月26日に利子控除制限制度に関する規則案 [REG-106089-18] を公表しました。条文構成は以下のとおりとなっています。

1．Proposed§1.163(j)-1　定義
　A　調整課税所得
　B　利子
　C　取引又は事業及び除外取引又は事業
　D　不動産取引又は事業の選択
　E　農業の選択
　F　規制ユーティリティ取引又は事業の選択
　G　利子支払を賄うフロアプラン
2．Proposed§1.163(j)-2　事業利子控除の限度
　A　一般ルール
　B　特定小規模納税者の免除
3．Proposed§1.163(j)-3　事業利子控除の限度と利子に影響する他の条項との関係
4．Proposed§1.163(j)-4　C　Corporationと非課税法人への一般ルール
　A　Proposed§1.163(j)-4(b)　所得，利得，控除又は損失に係る項目の性格
　B　Proposed§1.163(j)-4(c)　利得及び利益の効果
　C　RICs及びREITs
　D　Proposed§1.163(j)-4(d)　連結グループへの特別ルール
5．Proposed§1.163(j)-5　C　Corporationへの事業利子控除繰り越しの否認に係る一般ルール
　A　Proposed§1.163(j)-5(b)　事業利子控除繰り越しの否認に係る取扱い
　B　Proposed§1.163(j)-5(c)　第381条(a)が適用される取引に係る事業利子控除繰り越しの否認
　C　Proposed§1.163(j)-5(d)　事業利子控除の各制限年度からの繰り越し制限
　D　Proposed§1.163(j)-5(e)　第382条の適用
　E　Proposed§1.163(j)-5(f)　SRLY制限の第382条との重複
6．Proposed§1.163(j)-6　パートナーシップ及びS Corporationへの事業利子控除制限の適用
　A　一般原則
　B　パートナーシップへの調整所得金額
　C　パートナーの調整所得金額及び事業利子所得
　D　第163条(j)パートナーシップの計算

E　事業利子支払の繰り越し
　　F　基礎調整
　　G　投資項目
　　H　S Corporation
　7．Proposed §1.163(j)-7　第163条(j)の外国法人及びその株主への適用
　　A　概観
　　B　第163条(j)に従う事業利子支払金額の計算
　　C　外国子会社合算税制に係る調整所得金額の計算ルール
　　D　米国の株主に係る調整所得金額の計算ルール
　8．Proposed §1.163(j)-8　外国人の実質関連所得に係る第163条(j)の適用
　9．Proposed §1.163(j)-9　除外される取引又は事業の選択（特定のREITへのセーフハーバー）
　　A　選択手続
　　B　特定のREITへのセーフハーバー
　　C　特定の不動産取引又は事業への濫用防止ルール
　10．Proposed §1.163(j)-10　除外される取引又は事業への支出と所得の割当て
　　A　Proposed §1.163(j)-10(a)　概観
　　B　Proposed §1.163(j)-10(b)　利子所得及び利子支払以外の税項目の割当て
　　C　Proposed §1.163(j)-10(c)　利子支払及び利子所得の割当て
　　D　Proposed §1.163(j)-10(d)　直接の割当て
　11．Proposed §1.163(j)-11　移行ルール

　本規則案によれば，法人（C Corporation）であれば，支払利子及び借入利子はすべて事業目的として適用対象となり，個人やパートナーシップであれば，投資目的でC Corporationに配賦されている支払利子及び借入利子が適用対象となりますが，Subpart F又はGILTIの所得であれば適用対象となりません。

　また，公共ユーティリティ事業は，適用対象となりませんが，不動産業や農業についても，適用免除の選択を行うことができます。

(3)　EUの利子控除制限制度

　EUでは，2015年に公表されたOECDのBEPS最終報告書を受けて，EU加盟国の国内租税法を尊重しつつも，EUレベルでの統一的なBEPSに対する解決方法を採用する必要性から，すべてのEU加盟国に一定の租税回避防止策の国内法への導入を義務付ける租税回避防止指令（Council Directive（EU）2016/1164，Anti-

Tax Avoidance Directive，通常「ATAD」と略されています。）が2016年7月12日に採択されました。すべてのEU加盟国は，いくつかの規定を除いて，2018年12月31日までに租税回避防止指令を遵守するための立法的措置を講じなければならず，2019年1月1日から適用しなければならないとされています（ATAD11条）。ATADに規定された租税回避防止策は，①利子控除制限（4条），②出国税（5条），③一般的租税回避否認規定（6条），④外国子会社合算税制（7条・8条），⑤ハイブリッド・ミスマッチ（9条）の5つです。なお，ATADは，基本的にBEPS計画をEU加盟国間で統一的に実施するための指令ですが，出国税や一般的租税回避否認規定など，BEPS行動計画では勧告されていない租税回避防止措置もいくつか含まれています。また，ハイブリッド・ミスマッチについては，2017年5月29日に，ATADの規定を改正するATAD2が採択され，EU加盟国は，基本的に2019年12月31日までにATAD2を遵守するための立法的措置を講じなければならず，2020年1月1日から適用しなければならないとされています。

　利子控除制限については，ATADの適用開始時期に関して，以下のとおりの特則が定められています（11条6項）。

　　「第4条の特例として，2016年8月8日時点において，本指令に定める利子控除制限規定と同様に効果的であるBEPSリスク防止のための国内法上の規定を有しているEU加盟国は，BEPS行動4に関するミニマムスタンダードとして公式ウェブサイトにおいてOECD加盟国間の合意が公表される日以後の最初の会計年度の終了まで（ただし，遅くとも2024年1月1日まで），それらの規定を適用することができる。」

　したがって，2016年8月8日時点において，ATADと同様に効果的である利子控除制限規定を有しているEU加盟国については，2018年12月31日までに国内法の利子控除制限に関する規定を改正してATADの利子控除制限規定に準拠させる必要はないものとされています。

　ATADの定める利子控除制限規定は，基本的にOECDのBEPS Action 4における勧告に従っており，超過借入費用（exceeding borrowing costs）は，納税者のEBITDAの30％までに限り損金算入できると定めています（4条1項）。すなわち，OECDの勧告のうちの固定比率ルールを採用するとともに，固定比率としては，OECDが勧告した10～30％の範囲のうち，上限である30％を採用しています。

利子控除制限規定の対象となる超過借入費用とは，控除可能な借入費用が利子収入及びその他経済的に同等な収入を超える金額と定義されており（2条2号），借入費用には，あらゆる形式の負債に関する利子費用に加えて，利子と経済的に同等なその他の費用や国内法で定義される資金調達に関連して負担される費用等も含まれるとされています（同条1号）。ATADでは，控除制限の対象となる超過借入費用の範囲について，関連者間の支払利子に限定する旨の規定や国内において課税対象に含まれる支払利子を除外する旨の規定は設けられていないため，納税者の負担する利子費用及び経済的に同等な費用等は広く利子控除制限の対象とされています。

ATADは，上記の固定比率ルールに加えて，EU加盟国に，グループ比率ルールの導入を認めています。グループ比率ルールとして2つの選択肢が用意されており，加盟国は，①連結グループ全体の総資産に対する資本の比率よりも当該納税者の同比率が大きい場合，利子控除制限規定の対象から除外するルール，②連結グループのEBITDAに対する超過借入費用の比率の限度まで，納税者の超過借入費用の控除を認めるルールのいずれかを国内法に規定することができます（4条5項）。前者は，ドイツの利子控除制限規定に基づいたものであり，後者はOECDのBEPS行動4における勧告に基づくものです。

このほかにも，ATADは，いくつかの利子控除制限の適用除外を規定することを加盟国に認めています。具体的には，①超過借入費用が300万ユーロ以下である場合の利子控除制限の適用除外（4条3項(a)），②納税者が連結グループを構成する会社でない場合の利子控除制限の適用除外（同項(b)），③長期の公共インフラプロジェクトの資金調達のための借入金に係る利子の利子控除制限からの除外（4条4項(b)），④金融機関（2条5号に詳細に定義されています。）の利子控除制限規定からの適用除外（4条7項）などの規定を定めることができるとされています。

(4)　英国の利子控除制限制度

英国は，2017年財政法（no.2）によって利子控除制限規定を改正しました（セクション20及び別表5）。同改正法は，2017年4月1日から発効しています。

英国の利子控除制限規定は，固定比率ルール及びグループ比率ルールを定めています。固定比率ルールは，納税者の純支払利子（net tax-interest expense）の損金算入を，当該納税者のEBITDAの30％に制限しています。純支払利子は支払

利子（tax-interest expense amounts）から利子所得（tax-interest income amounts）を控除した金額であり，支払利子には，ローン，デリバティブ，ファイナンスリース，負債のファクタリング等に関する費用や保証料等を含みますが，為替差損益は除かれています。また，固定比率ルールには，控除できる利子費用の額をグループ全体の純利子費用の額に制限する修正デット・キャップ・ルールが適用されることとされています。利用されなかった控除余裕枠は5年間繰り越すことができ，損金算入が否定された純支払利子は無制限に繰越しが認められます。また，ATADの2つ目の選択肢と同様のグループ比率ルールも定められており，同ルールにおいては，納税者の属するグループ全体の利子費用のEBITDAに対する比率まで純支払利子の損金算入が認められます。なお，英国の利子控除制限には，ATADと同様，純支払利子が200万ポンド以下の場合の適用免除，公共インフラプロジェクトに関する適用免除などの適用免除規定が定められています。

(5) ドイツの利子控除制限制度

ドイツでは，2008年に現在の利子控除制限制度が導入されています。ATADの利子控除制限ルールがドイツのルールを参照していたこともあって，ATADがEUにおいて採択されたことによる，利子控除制限制度の抜本的な改正はなされていません。

ドイツの利子控除制限制度では，固定比率ルールとして，納税者は，EBITDAに対する純支払利子の割合が30％の限度において，純支払利子の損金算入が認められるものとされています。

損金算入できなかった純支払利子の額については，一定の制約の下，無制限に繰越が認められており，また，控除余裕枠については，5年間の繰越が認められています。

適用免除規定として，①純支払利子の総額が300万ユーロ未満である場合，②当該納税者がスタンドアローンの企業である（連結グループに属していない。）場合，③納税者の総資産に対する出資の割合が，納税者が属する連結グループのそれと同等かそれより大きい場合（ただし，関連者に対する利子の支払額が一定割合以上の場合を除く），利子控除制限制度は適用されないとされています。

(6) フランスの利子控除制限制度

フランスは1991年に導入された過少資本税制を有していたため，2024年まで現

行のルールを維持することも考えられたところですが，ATADの採択を受けて，2018年12月20日に国会で可決された2019年財政法（なお，平成30年11月7日開催の政府税制調査会会合における財務省作成の前記説明資料［総20-2］〔国際課税について〕では，「2018年財政法案」とされていますが，原文は「le projet de loi de finances 2019」（2019 Finance Bill）です。）によって，ATADに準拠した利子控除制限制度が導入されました。

フランスの利子控除制限制度においては，固定比率ルールの下，納税者は，EBITDAに対する純支払利子の割合が30％の限度において，純支払利子の損金算入が認められるものとされています。また，フランスのルールでは出資・負債比率による純支払利子の損金算入制限のルールも定められており，出資と負債の割合が1対1.5を超える場合，一定の純支払利子の損金算入が制限されることになります。

損金算入できなかった純支払利子の額については，一定の制約の下，無制限に繰越が認められており，また，控除余裕枠については，5年間の繰越が認められています。

また，適用免除規定として，①純支払利子が300万ユーロ以下の場合，全額の損金算入が認められる，②納税者の総資産に対する出資の割合が，納税者が属する連結グループのそれと同等かそれより大きい場合，損金不算入とされた純支払利子の額の75％について損金算入が認められる等の規定が設けられています。

(7) オランダの利子控除制限制度

オランダも，ATADの採択を受けて，2018年12月18日に国会で可決された2019年財政法により，利子控除制限制度を導入しました。制度は，2019年1月1日から適用されています。

オランダの利子控除制限制度においては，固定比率ルールの下，納税者は，EBITDAに対する純支払利子の割合が30％の限度において，純支払利子の損金算入が認められるものとされています。

損金算入できなかった純支払利子の額については，一定の制約の下，無制限に繰越が認められており，また，控除余裕枠については，5年間の繰越が認められています。

適用免除規定として，純支払利子の総額が100万ユーロ未満（ATADの300万ユーロより減額されています。）である場合等には利子控除制限制度は適用されない

とされています。一方で，グループ比率ルールによる適用免除や（制度適用開始以後の）公共インフラ投資に関する適用免除の規定は設けられていません。また，銀行や保険会社についても，他の事業会社と同様に利子控除制限規定が適用されることとなります。

このように，オランダの利子控除制限制度は，ATADが採択した同制度に比べて，より厳しいものとなっています。オランダ政府はこの点について，株式に関する配当が損金不算入であることと平仄を合わせるために，利子控除制限についても厳しいルールを採用したと説明しています。

また，上記の規制とは別に，銀行及び保険会社については資本・負債比率による利子控除制限規定を導入することを予定しており，2020年1月1日からの適用を目指して，政府の法律案に対する意見公募が2019年3月18日から4月15日まで行われました。

③ 過少資本税制

関連者間の利子の支払いによるBEPSへの対抗手段としては，過少資本税制も存在します。

1 わが国の過少資本税制

(1) 制度創設の趣旨・背景

わが国において平成4年度税制改正によって創設された過少資本税制の趣旨・背景については，次のとおり解説されています。

「外資系企業が所要資金を調達する場合に，親会社からの出資を少なめにし，その分借入れを多くすれば，わが国における税負担を減らすことができます。これは，法人税の計算上，出資に対する配当は経費になりませんが，借入れの利子は経費として控除できるからです。……こうした過少資本による税負担回避行為は，特殊関係企業間の取引価格を操作することによる所得の海外移転やタックスヘイブンにある子会社を利用した租税回避行為と同様に，国際的な租税回避の一つとして位置づけられるものです。

諸外国においては，かなり前からこの過少資本の問題が採り上げられ，対応

策の整備がなされてきました。これは一つには，主要諸外国が租税条約で相互に，利子に対する源泉税を免除しているためであると思われます。

　主要諸外国の対応策をみると，大きく次の2つのタイプに分けられます。一つは利率，利払期，債務者の財務状態等，貸付けの諸条件を総合的にみてある貸付けを出資とみなす，個別対応型のアプローチであり，もう一つは関係会社からの借入れが自己資本の一定倍を超える場合にその超過額を否認する，総量規制型のアプローチです。米（385条），独の措置が前者に，米（163条j），仏，加，豪の措置が後者に分類されます。……

　一方，この過少資本問題については，OECD租税委員会においても議論され，その結果が1987年に「Thin Capitalization」という形で公表されています。……

　以上述べたように，現在過少資本問題が多発しているといった状況にはないようですが，近年外資系企業による対日直接投資が着実に増加しておりこれを防止する必要性が次第に高まっていること，諸外国における整備の状況やOECDにおける議論を通じ，過少資本税制は今や国際的に容認されたものとなっていることから，わが国としても，同様の制度を設けることにより課税の適正・明確化を図ることとしたものです。」

(2) 基本的仕組み

ア 概 要

本制度の基本的仕組みは，次頁の図及び以下の説明のとおりです（改正前措法66の5）。

「(1)　内国法人の各事業年度の国外支配株主等に対する利付負債の平均残高が国外支配株主等の当該内国法人に対する資本持分の3倍を超える場合には，当該事業年度において国外支配株主等に支払う負債の利子のうちその超過額に対応する部分の金額は，損金の額に算入しない。

(2)　ただし，各事業年度の利付負債総額の平均残高が当該事業年度の自己資本の3倍以内であれば，この制度は適用しない。

(3)　内国法人は，申告に当たり，(1)の3倍に代えて，同種の事業を営む内国法人で事業規模その他の状況が類似するものの借入・自己資本比率に照らし妥当な倍数を用いることができる。

(4) 清算中の事業年度において損金の額に算入されなかった金額は，清算所得の金額の計算上残余財産の価額に算入する。
(5) この制度は，外国法人に対しても適用する。」(『改正税法のすべて（平成4年版）』195・196頁)

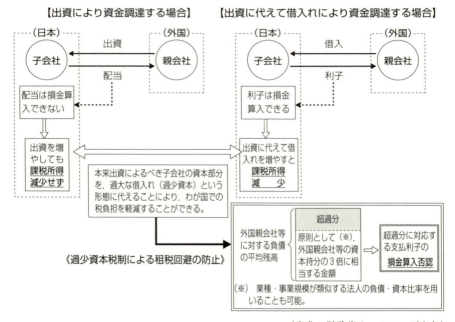

過少資本税制の仕組み（図解）

（出典：財務省ホームページより）

イ 国外支配株主等

内国法人の国外支配株主等は，次の特殊の関係が認められる者です（改正前措法66の5⑤，改正前措令39の13⑫）。

① 非居住者又は外国法人（「非居住者等」といいます。）が内国法人の発行済株式等の総数又は総額の50％以上の数又は金額の株式等を直接又は間接に保有する関係

② 外国法人と内国法人が同一の者によってそれぞれの発行済株式等の総数又は総額の50％以上の数又は金額の株式等を直接又は間接に保有されている関

係

③　次に掲げる事実その他これに類する事実が存在することにより非居住者等が内国法人の事業の方針の全部又は一部につき実質的に決定できる関係

（ⅰ）　内国法人がその事業活動の相当部分を非居住者等との取引に依存して行っていること。

（ⅱ）　内国法人がその事業活動に必要とされる資金の相当部分を非居住者等からの借入れにより，又は当該非居住者等の保証を受けて調達していること。

（ⅲ）　内国法人の役員の2分の1以上又は代表権限を有する役員が，外国法人の役員又は使用人を兼務している場合又は当該外国法人の役員又は使用人であった者であること。

　上記①〜③は，移転価格税制における「国外関連者」の定義（改正後措法66の4①，措令39の12①一〜五）と重なっています。なお，上記③の「その他これに類する事実」の例として，次に掲げるような事実が記載されています（改正前措法通達66の5-4）。これも，移転価格に係る通達（同66の4(1)-3）及び過大支払利子制度に係る通達（同66の5の2-4）の内容と同様です。

「(1)　内国法人が非居住者又は外国法人から提供される事業活動の基本となる工業所有権（特許権，実用新案権，意匠権及び商標権をいう。），ノウハウ等に依存してその事業活動を行っていること。

　(2)　内国法人の役員の2分の1以上又は代表する権限を有する役員が非居住者又は外国法人によって実質的に決定されていると認められる事実があること。」

ウ　利子の範囲

　前記ア(1)の「利子」には，借入金の利子のみならず，手形の割引料や社債発行差金その他経済的な性質が利子に準ずるものも含まれます（改正前措法66の5①）。なお，国外支配株主等が国内に支店等の恒久的施設を有するため，内国法人の支払う負債の利子等がわが国の法人税の課税対象となっている場合の負債及び同負債の利子は，適用対象から除外されます（改正前措法66の5⑤三）。国外支配株主等に対する利付負債の額には，国外支配株主等が第三者に融資を行い，当該資金を用いて同第三者が内国法人に対して融資を行う場合のように，国外支配株主等

が実質的に当該内国法人に対して融資を行ったと認められる資金に係る負債も含みます（改正前措令39の13④）。

エ　外国法人の支店等への適用

なお，前記ア(5)の点は，上記過少資本税制は，例えば，国内に支店を設置して事業を行う外国法人が支払う負債の利子についても適用されることを指しています（改正前措法66の5⑦）。

(3)　平成18年度改正

上記過少資本税制に対しては，平成18年度改正により，重要な改正が行われました。『改正税法のすべて（平成18年版）』455～458頁が，わかりやすく改正内容を解説しているので，少し長くなりますが，下記に引用します（下線は筆者によります。）。

「(1)　対象となる負債及び負債の利子等の追加
　①　改正の趣旨
　　本制度においては，内国法人が国外支配株主等から直接に供与された資金に係る負債及びその負債の利子のほか，第三者を通じて供与された資金に係る負債及びその負債の利子についても，その対象とされています。
　　今回の改正では，内国法人の資金調達に関して，国外支配株主等が関与しているにも関わらず，本制度の適用を受けないものが見受けられることから，対象となる負債及び負債の利子に，一定のものが加えられました。
　②　改正の内容
　　本制度の対象となる負債及び負債の利子に，次のものが追加されました（新措法66の5④二～四，新措令39の13⑬～⑯）。
　イ　対象となる負債
　　㈤　内国法人に係る国外支配株主等が<u>第三者に対して債務の保証</u>をすることにより，第三者が内国法人に対して資金を供与したと認められる場合におけるその資金に係る負債
　　㈥　内国法人に係る国外支配株主等からその内国法人に<u>貸し付けられ</u>

た債券（国外支配株主等が内国法人の債務の保証をすることにより，第三者からその内国法人に貸し付けられた債券を含みます。）が他の第三者に，担保として提供され，債券現先取引で譲渡され，又は現金担保付債券貸借取引で貸し付けられることにより，当該他の第三者が内国法人に対して資金を供与したと認められる場合におけるその資金に係る負債

ロ　対象となる負債の利子及び資金調達に係る費用

(イ)　上記イ(イ)の場合において，国外支配株主等に支払う債務の保証料及び第三者に支払う負債の利子

(ロ)　上記イ(ロ)の場合において，国外支配株主等に支払う債券の使用料及び債務の保証料，第三者に支払う債券の使用料並びに他の第三者に支払う負債の利子

(2)　借入れと貸付けの対応関係が明らかな債券現先取引等に係る負債等の控除

①　改正の趣旨

　わが国の過少資本税制は，国外支配株主等に対する負債が国外支配株主等に係る自己資本の一定の倍数を超える場合にその超過額に対応する負債の利子を損金不算入とすることとしています。諸外国の過少資本税制には，負債の内容等を考慮して個別に対応するものと，わが国のように総量で規制するものがありますが，個別の判定においては非常に困難が伴うため，わが国では総量で規制する仕組みが採られています。

　しかし，金融機関においては，国外支配株主等から債券現先取引等により借り入れた資金を自らの事業に用いずに，国内の金融機関に対して貸し付ける取引が一般に行われており，国外支配株主等に係る負債に対する国外支配株主等に係る自己資本の倍数が，本制度で予定する倍数（３倍）を大きく超える場合があります。そこで，債券現先取引等のうち，借入れと貸付けの対応関係が明らかなものについて，一定の措置を講じることとされました。

②　改正の内容

　国外支配株主等及び資金供与者等に対する負債のうちに，借入れと貸付けの対応関係が明らかな債券現先取引等（以下「特定債券現先取引等」

といいます。）がある場合には，国外支配株主等及び資金供与者等に対する負債並びに国外支配株主等及び資金供与者等に支払う負債の利子等の額から，特定債券現先取引等に係るものを控除することとされました（新措法66の5②）。」

改正後の「損金不算入額」は，次により計算することとされました（新措令39の13①，『改正税法のすべて（平成18年版）』457頁。下線は筆者によります。）。

「① 国外支配株主等及び資金供与者等に対する負債に係る平均負債残高から国内の資金供与者に対する負債に係る平均負債残高を控除した金額（以下「基準平均負債残高」といいます。）が，国外支配株主等の資本持分の<u>3倍以下</u>である場合

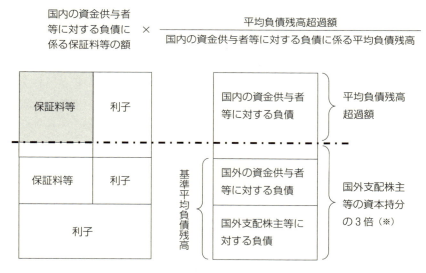

※類似法人基準を用いる場合には，類似法人の負債・資本倍率

② 基準平均負債残高が国外支配株主等の資本持分の<u>3倍を超える場合</u>

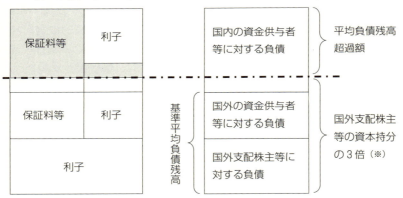

※類似法人基準を用いる場合には，類似法人の負債・資本倍率

（出典：『改正税法のすべて（平成18年版）』457・458頁）

なお，過少資本税制は，連結法人についても適用されます（措法68の89）。

(4) **過少資本税制に関する裁決**

　これまでに過少資本税制の適用が争われた公表裁判例は存在しないものの，同税制の適用が争われた公表裁決例が2例あります。

ア　平成22年12月8日国税不服審判所裁決（東裁（法）平22第118号（<u>裁決4</u>））

　当該事案は，納税者の国外支配株主等に対する平均負債残高が国外支配株主等の資本持分の3倍に相当する額を超えているため，過少資本税制を適用してその超える分の損金算入を否定する更正処分等が行われたところ，納税者（請求人）

は，過少資本税制は税負担の軽減目的とする場合に限定して適用すべきであり，租税負担の軽減を目的としない当該負債の利子の支払いは過少資本税制の適用対象にはならないなどとして，国税不服審判所に審査請求をしました。

国税不服審判所は請求人の審査請求を次のとおり棄却しました。まず，措置法66条の5の「負債の利子等」については，文理上明確であり，請求人の主張するような，租税負担の軽減の目的等を要件に付加して同条の適用範囲を限定すべき理由はないと判示しました。また，請求人が，過少資本税制は独立企業原則を定めた租税条約の規定（OECDモデル租税条約9条1項と同等の規定）に違反すると主張したことに対しては，モデル租税条約のコメンタリーを引用した上で，わが国の過少資本税制は，わが国の企業の実体等を踏まえて負債と資本の比率について3倍という固定比率を原則的な基準として設定した上で，類似法人の負債・資本比率を選択的に適用することも認めているのであるから，租税条約の規定によって過少資本税制の適用が制限されると解することはできないと判示しました。

イ 平成30年2月7日国税不服審判所裁決（東裁（法）平29第82号（裁決5））

当該事案は，納税者（請求人）が，請求人の事業活動に必要とされる資金の相当部分を借入れにより調達している調達先である非居住者の個人に対して支払った借入金の利子について，原処分庁が過少資本税制を適用して損金算入を否定したところ，請求人が，当該非居住者は国外支配株主等には該当しないため，過少資本税制は適用されないとして国税不服審判所に審査請求をしました。

国税不服審判所は審査請求を次のとおり棄却しました。すなわち，国税不服審判所は，請求人はその事業活動に必要とされる資金の相当部分を当該非居住者から借入れにより調達していると認められることから，「当該内国法人がその事業活動に必要とされる資金の相当部分を当該非居住者等からの借入れにより……調達していること」という要件を満たすところ，（当該非居住者が請求人の事業の方針の全部又は一部につき実質的に決定できる関係にはないとの請求人の主張を否定した上で）当該非居住者が請求人の事業の方針の全部又は一部につき実質的に決定できる関係があることを否定するような特段の事情は認められないことから，請求人と当該非居住者との間には措置令に規定する特殊の関係があると認めるのが相当であり，非居住者は国外支配株主等に該当すると判示しました。

2 主要国の過少資本税制

(1) 米国の過少資本税制

ア 制度の概要

米国の過少資本税制は，アーニングス・ストリッピング・ルールと呼ばれた利子控除制限制度である旧内国歳入法163条(j)と負債資本の分類（Debt/Equity Classification）を規定した内国歳入法385条からなり，163条(j)は，前述のとおり，調整後課税所得との比較で過大な支払利子を対象に規制しているのに対して，385条は負債取引と資本取引の区分に関する一般的な規制となっています。

385条では，(a)項において，企業の利子について，株式又は負債のいずれとして処理するかを決定するために必要かつ適切な規則を制定する権限を財務長官に与えています。

(b)項では，規則により，債務者と債権者の関係が存在するか，又は企業と株主の関係が存在するかの特定の事実状況を判断するために考慮する以下の要因を定めるとしています。

(1) 要請により又は特定の期日に，金銭又は金銭価値の適切な報酬の代わりに，特定の金額及び固定レートの利子を支払う証書による無条件の契約があるか。

(2) 企業の他の負債に優劣することがあるか。

(3) 企業の負債資本比率

(4) 企業の株式への転換可能性

(5) 企業の株式保有と利子保有の関係

(c)項では，株式の発行者の性格付けの効果として以下を規定しています。

(1) 一般原則として，発行時の発行者の性格付けは，株式か負債であるかについて，すべての保有者を拘束するが，財務長官を拘束しない。

(2) 矛盾した取扱いの通知として，規則で規定される場合を除き，報酬を得る保有者が(1)で規定された性格付けと矛盾した形で利子を取り扱っていることを開示する場合には，(1)はどの保有者にも適用にならない。

(3) 規則により，財務長官には，(c)項の規定を履行するために必要な決定を行うことに係る情報を求める権限が与えられる。

2016年4月4日に公表された385条財務省規則案では，外国企業だけでなく80

％を所有する関連グループで，上場企業，総資産１億ドル超又は総収入５千万ドル超の企業を適用対象としています。適用企業は，負債取引に係る条件の文書化において，負債取引が形式・実質ともに真実であることを記載し，法的な返済義務，債権者の権利，返済能力及び適時に返済・利払いがなされたかに係る証拠書類の保存が求められています。文書化が行われていない場合，負債取引は資本取引とみなされることになります。同規則案では，関連グループのメンバーへの分配，関連事業体の株式取得及び組織再編による関連者の資産取得が行われた場合，取引の前後３年間の事実と状況によっては資本取引とみなして支払利息を配当と扱うとしており，同規則案は，2016年10月21日に最終化されました。

イ　最近の改正

2018年９月21日，米国財務省は内国歳入法385条財務省規則草案を公表し，上記のとおり2016年10月21日に最終化していた「Debt/Equity Classification」（通称「過少資本税制」）財務省規則（以下「最終規則」といいます。）の一部を構成していた「文書化要件」を撤廃しました。

最終規則の文書化要件は，通常の関連者間借入ればかりでなく，グループ内キャッシュプーリングを含む広範な関連者間取引を対象としており，また，返済可能性及び債務不履行時の法的措置実行記録など，必ずしも従来の関連者間借入れでは網羅されていない内容にも及んでいました。さらに，最終規則の要件に準じる文書化が整備されていない場合には，その事実のみをもって借入れを自動的に資本とみなす旨が規定されていました。これらの内容から，最終規則下の文書化要件は納税者側の対応負荷が重く，新政権発足を機に廃案又は簡素化が期待されていました。文書化要件は2018年１月１日以降の関連者間借入れに適用される予定でしたが，その後，Notice 2017-36により適用開始日が2019年１月１日に延期され，さらに今回の廃案に至りました。

今回公表された規則草案の前文では，将来的に新たな文書化要件を規定する規則が策定される可能性が示唆されていますが，その際には，より簡素化した内容とするとしています。なお，最終規則下の文書化要件は撤廃されましたが，判例ベースの過少資本税制下で従来から必要とされている文書化要件には影響はなく，関連者間借入れ，特に借手が比較的大きなレバレッジを利かせている場合には，引き続き強固な文書化を整備しておく必要があります。また，文書化要件と並び，

最終規則の主要規定の一つであった「Funding規定」（一定額以上の配当，グループ内株式譲渡，資産取得型適格組織再編などの一定の事実と状況によっては，米国税務上，負債を資本同様に取り扱うみなし規定）はそのまま存続しており，すでに法的な効果を有しています。

(2) ヨーロッパの過少資本税制

　上述のとおり，EUでATADが採択されたため，2019年1月1日以降，EU加盟国は原則としてATADに準拠した利子控除制限制度を有することになります（その例外として，ATAD11条参照）。一方，資本・負債比率に基づいて支払利子の損金算入を制限する過少資本税制については，EU加盟国では設けられていないことが一般的です。なお，フランスにおいては，上記のとおり，利子控除制限制度の中に，資本・負債比率に基づく損金算入の制限に関する規定が設けられています。

4　金銭の貸借取引を含む金融取引と移転価格税制

1　はじめに

　関連者間の利子等の支払いによるBEPSへの対抗手段としては，上記の過少資本税制に加えて，移転価格税制も存在します。移転価格税制は，国外関連者との間の国外関連取引について，「法人が当該国外関連者から支払を受ける対価の額が独立企業間価格に満たないとき，又は当該法人が当該関連者に支払う対価の額が独立企業間価格を超えるときは，当該法人の当該事業年度の所得に係る同法［筆者注：法人税法］その他法人税に関する法令の規定の適用については，当該国外関連取引は，独立企業間価格で行われたものとみなす」というものです（措法66の4①）。なお，移転価格税制は，連結法人についても適用されます（措法68の88）。

　OECDは，2018年7月に"Base Erosion and Profit Shifting (BEPS) Public Discussion Draft BEPS ACTIONS 8-10 Financial transactions"と題する金銭の貸借取引を含む金融取引に関する公開討議用ドラフト（以下「金融取引ガイダンス案」という。）を公表しました。これは，OECDが2015年10月に"Limiting

Base Erosion Involving Interest Deductions and Other Financial Payment, Action 4-2015 Final Report"（「利子控除及び他の金融支払いに係る税源浸食の制限，行動 4 -2015年　最終報告書」（以下「行動 4　最終報告書」という。））において継続検討課題とされていたものです。すなわち，行動 4　最終報告書は，その「概要」において次のように述べていました（日本租税研究協会『OECD BEPSプロジェクト2015年最終報告書　行動 3，4，8 -10，14』70頁参照）[4]。

　　「グループ内利子及び経済的に利子に相当する支払の金額は，また，移転価格ルールによって影響される。……金融取引の移転価格の側面に係るさらなる作業が2016年及び2017年中に行われるであろう。」

　金融取引ガイダンス案の公表は当初の予定より相当遅れましたが，OECDは，同ガイダンス案に対するコメントを反映した上で，改正ガイダンスを作成・公表する予定です。そして，同ガイダンスの確定版は，「OECD　多国籍企業と税務当局のための移転価格ガイドライン」（以下「OECD移転価格ガイドライン」という。）に将来盛り込まれると考えられます。なお，OECDが確定のための検討作業を継続している旨の報道はされていますが，2019年10月31日の時点では，上記ガイダンスの確定版は公表されていません。金融取引ガイダンス案自体はOECDの公式の統一的見解ではありませんが，その叩き台となる考え方が示されています。

　以下においては，金融取引ガイダンス案が示したいくつかの項目に係るOECDの指針案を紹介し，それとわが国の移転価格税制における解釈とを比較考察します。

2　金融取引ガイダンス案の概要

　金融取引ガイダンス案の目次は次のとおりです。

A．序論（Introduction）
B．第 1 章D.1に示されたガイダンスとの関係（Interaction with the guidance in Section D.1 of Chapter I）

4　以下の解説は，筆者藤枝執筆の「金融取引の移転価格に関するOECDガイダンス案」（「国際税務」2018年11月号94頁）の記事に依拠しています。

```
   ［省略］
 C. 財務の機能
   C.1. グループ間貸付 （Intra-group loans）
   C.2. キャッシュ・プール （Cash pooling）
   C.3. ヘッジ （Hedging）
 D. 保証 （Guarantees）
   D.1. 金融の保証 （Financial guarantees）
 E. キャプティブ保険 （Captive insurance）
   ［省略］
```

　上記B. 節は総論に，また，C. 節以下は各論に，それぞれ相当するものです。以下においては，C. 節以下の「グループ間貸付」及び「保証」を採り上げます。

3　グループ間貸付と独立企業間利率

(1)　独立価格比準法と同等の方法の適用

　金銭の貸借取引は他の類型の取引に比べれば比較可能な非関連者間取引に係る情報を入手しやすいと言えます。そのような適切な情報を入手できるならば，CUP法（わが国においては独立価格比準法と同等の方法）が独立企業間利率を算定するための適切な算定方法に該当します（金融取引ガイダンス案　パラグラフ82～88参照）。なお，金融取引ガイダンス案は，比較可能性を検討する際に借主の信用格付け（credit ratings）の検討が有用である旨指摘しています（パラグラフ58～66参照）。特に，信用格付けが借主の信用力を評価し比較対象候補を特定するのに有用であるとしています（パラグラフ58）。

　東京地判平成18年10月26日（判決9）も，独立価格比準法と同等の方法の適用において，借主の信用力が比較可能性の有無を判断する際の重要な要因の一つである旨，次のとおり説示しました（下線は筆者によります。）。

　金銭の貸付取引における独立価格比準法と同等の方法は，「非関連者間において，(1)当該国外関連取引に係る通貨と同一の通貨を，当該国外関連取引と貸付時期，貸付金額，貸付期間，金利の設定方式（固定か変動か，単利か複利か等），利払方法（前払いか後払いか等），借手の信用力等が同様の状況の下で，貸し付けた取引がある場合，……その対価の額……に相当する金額をもって，当該国外関連取引に係る独立企業間価格とする方法をいうものと解される。」

188◆　第2章　金銭の貸借等の国際的金融取引に係る租税回避対抗策

(2)　比較可能な債券の条件の考慮

　金融取引ガイダンス案は，独立企業間利率を算定する際に，比較可能な債券の条件も考慮に入れることができるとしています（パラグラフ86）。わが国の下記移転価格事務運営指針3－7も，独立価格比準法に準ずる方法と同等の方法の適用において，国債等の運用利率による方法に言及しています。そして，国税不服審判所裁決平成29年9月26日（裁決6）も，次の趣旨の判断を行って，米国債の利率を独立企業間利率としました。

　　「本件各貸付けには，米ドルで行われ，発行日が本件各貸付けの貸付開始日と近接し，発行日から満期償還日までの期間が本件各貸付けの貸付期間に近似する各米国債（本件各米国債）が存在することが認められた。そうすると，本件各米国債の利率は，本件各貸付けに係る資金を本件各貸付けと通貨，取引時期，期間等が同様の状況の下で国債等により運用した場合に得られるであろう利率に当たると認められることから，本件各米国債の利率をもって本件各貸付けに係る利率を算定することは相当というべきである。」

（独立価格比準法に準ずる方法と同等の方法による金銭の貸借取引の検討）
移転価格事務運営指針3－7
　法人及び国外関連者が共に業として金銭の貸付け又は出資を行っていない場合において，当該法人が当該国外関連者との間で行う金銭の貸付け又は借入れについて調査を行うときは，必要に応じ，次に掲げる利率を独立企業間の利率として用いる独立価格比準法に準ずる方法と同等の方法の適用について検討する。
(1)　国外関連取引の借手が，非関連者である銀行等から当該国外関連取引と通貨，貸借時期，貸借期間等が同様の状況の下で借り入れたとした場合に付されるであろう利率
(2)　国外関連取引の貸手が，非関連者である銀行等から当該国外関連取引と通貨，貸借時期，貸借期間等が同様の状況の下で借り入れたとした場合に付されるであろう利率
(3)　国外関連取引に係る資金を，当該国外関連取引と通貨，取引時期，期間等が同様の状況の下で国債等により運用するとした場合に得られるであろう利率
　　(注)　1　(1)，(2)及び(3)に掲げる利率を用いる方法の順に，独立企業原則に即した結果が得られることに留意する。
　　　　　2　(2)に掲げる利率を用いる場合においては，国外関連取引の貸手におけ

る銀行等からの実際の借入れが，(2)の同様の状況の下での借入れに該当するときは，当該国外関連取引とひも付き関係にあるかどうかを問わないことに留意する。

(3) 調達金利にスプレッドを加算する方法

金融取引ガイダンス案は，独立企業間の貸付利率を算定する方法の一つとして，調達金利にスプレッド（貸付のアレンジや実行のために要する費用やリスク・プレミアム等）を加算する方法を挙げています（パラグラフ89〜91）。

東京地判平成18年10月26日（判決9）の事案（下図参照）においても，原処分庁は，ロンドン金融市場においてタイバーツを短期変動金利で調達するとともに，金利スワップ取引を行うことで長期固定金利の資金を調達したのと同様の債務状況を想定した上で，長期固定金利でのスプレッド融資の独立企業間利率を算定しました。

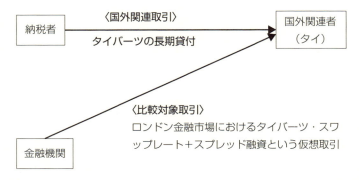

東京地裁は，このような仮装取引であっても，「市場価格等の客観的かつ現実的な指標により国外関連取引と比較可能な取引を想定することができるときは，そのような仮装取引を比較対象取引として独立企業間価格の算定を行うことも，同項［注：措法66条の4第2項］1号ニの「準ずる方法」及び同項2号ロのこれと「同等の方法」として許容する趣旨と解するのが相当である」と判示して，独立価格比準法に準ずる方法と同等の方法の適用は適法であると判断しました。

また，上記平成29年9月26日付け裁決（裁決6）の事案においても，原処分庁は，米ドルのスワップレートにスプレッドを加えた利率を用いて独立企業間利率を算定しました。しかし，国税不服審判所は，スプレッドの算定に不備があり不

正確であるとして，この算定方法を独立価格比準法に準ずる方法と同等の方法とは認めず，上記(2)のとおり，米国債の利率を用いて独立企業間利率を算定しました。

(4)　独立の金融機関の意見書の利用可能性

　金融取引ガイダンス案は，検証対象のグループ間貸付と比較可能な貸付を独立の金融機関が行うとしたならばいくらの利率を設定するかについて当該金融機関から意見書を入手した場合に，かかる意見書は，独立企業間利率算定の根拠と成り得るかについても議論しています（パラグラフ92・93）。金融取引ガイダンス案は，そのような意見書は実際の貸付取引の比較に基づいたものではないので，独立企業間の貸付利率の根拠とは成り得ないとしています（パラグラフ93）。

4　保証と独立企業間対価

(1)　保証の種類

　金融取引ガイダンス案は，保証の種類として，明示的な保証の他に，"letter of comfort" のような黙示の保証や相互保証にも言及しています（パラグラフ142）。国税不服審判所裁決平成14年5月24日（裁決7）の事案においても，通常の保証に加えて，(i)キープウェル契約（対象国外関連者が債務返済を行うに足る流動性資産を有しない場合には十分な資金供与を行う旨の約定），(ii)保証予約念書（請求があれば協議の上保証人となる用意がある旨の約定）及び(iii)経営指導念書（対象国外関連者の財政状態を健全に保つ旨の約定）が検証対象とされました。審判所は，保証予約念書については，債権者からの請求があれば協議に応ずる義務はあるものの保証契約締結の応諾義務までは負っていないこと，経営指導念書については，債権者に対していかなる法的責任も負っていないことを理由に，保証取引とみなして独立企業間価格を算定することは相当ではないと判断しました。

(2)　グループ間保証料

　金融取引ガイダンス案は，CUP法（日本法の下での独立価格比準法と同等の方法）が独立企業間の保証料を算定するのに最も信頼できる方法であるとしていますが，第三者間の比較可能な保証取引を容易には見出せないため，CUP法の適用が困難であることを認めています（パラグラフ147・148）。金融取引ガイダンス案は，保証がない場合の借手に対する利子率と保証がある場合の利子率とのスプレッド

を算定して，保証を受けた者に対する便益を定量化するイールドアプローチ[5]や，さらにはコストアプローチにも言及しています（パラグラフ149・153）。

　上記裁決事案（下図参照）における主要な争点は，納税者（請求人）が国外関連者との間で行った国外関連者の発行する債券保証取引等の保証料率が独立企業間価格か否かという点でした。原処分庁は，格付会社が公表する格付け及びデフォルト確率によって求めた保証料が当該保証取引等の独立企業間保証料に該当するとしました。審判所は，上記方法は合理的ではない旨次のとおり判断しました。

　「当審判所が，金融市場の主要な参加者である銀行，証券会社及び損害保険会社の複数を対象に調査したところによっても，本件算式を保証料の算定に用いたとの答述も得られず，本件算式により保証料を算定した取引を確認することはできない。したがって，上記Aの比較可能性を検討することができず，比較可能性の検討がされていない本件算定方法は，措置法（平成4年改正前のもの。）第66条の5第2項第2号ロ及び措置法第66条の4第2項第2号ロに規定する独立価格比準法に準ずる方法と同等の方法であるということはできない。」

　そして，国税不服審判所は，独立価格比準法と同等の方法の適用上，複数の銀行保証取引が本件各保証取引の比較対象取引となると判断して，それらの保証料率（0.1％）を独立企業間保証料率と認定しました。

5　寺田浩二「移転価格税制におけるグループ内金融取引に関する一考察─債務保証を題材として─」（租税資料館賞受賞論文集第27回（2018年）上巻）は，カナダの裁判事案（General Electric Capital Canada Inc., and Her Majesty The Queen, 2009 TCC［563］）において，イールドアプローチが採用されたとしています（同書149・150頁）。

第3章

わが国の租税回避否認規定と諸外国のGAAR

194◆　第3章　わが国の租税回避否認規定と諸外国のGAAR

1　わが国における「租税回避」の意義

　わが国において，講学上，「租税回避」の意義については，以下のような見解があります[1]。

1　金子宏名誉教授の見解

　金子宏名誉教授は，「租税回避」とは，「私法上の選択可能性を利用し，私的経済取引プロパーの見地からは合理的理由がないのに，通常用いられない法形式を選択することによって，結果的には意図した経済的目的ないし経済的成果を実現しながら，通常用いられる法形式に対応する課税要件の充足を免れ[2]，もって税負担を減少させあるいは排除する。」ことであるとしていました（金子宏『租税法（第21版）』125頁）。

　金子宏名誉教授は，その後，『租税法（第22版）』においては，次のとおり，「租税回避」の説明について，より「濫用」を強調し，また，課税要件の充足を免れる場合のみならず，濫用によって租税減免規定の充足を図る類型にも言及しています（下線は筆者によります。）。

　「租税回避」とは，「私法上の形成可能性を異常または変則的な［筆者注：括弧内削除］態様で利用すること（濫用）によって，税負担の軽減または排除を図る行為である。

　租税回避には，2つの類型がある。1つは，合理的または正当な理由がないのに，通常用いられない法形式を選択することによって，通常用いられる法形式に対応する税負担の軽減または排除を図る行為である。……

　もう1つは，租税減免規定の趣旨・目的に反するにもかかわらず，私法上の形

1　中里実教授は，明文規定によらない否認を認めないのであれば，租税回避を議論する意味がないと指摘しています（「租税回避の概念は必要か」税研128号83頁以下）。

2　「通説は，租税回避と節税を明確に区別し，租税回避とは課税要件の充足を免れるものと捉えている。課税要件が充足されない限り，課税効果は生じないのであるから，租税回避を課税要件の充足を免れるものと捉える以上，納税義務などの課税効果は発生せず，いわばセーフハーバーを意味することになる。」という指摘があります（酒井克彦「我が国における租税回避否認の議論」（財務省財務総合政策研究所「フィナンシャル・レビュー」平成28年第1号（通巻第126号）2016年3月（以下「酒井論文」といいます。）144頁）。

成可能性を利用して，自己の取引をそれを充足するように仕組み，もって税負担の軽減・排除を図る行為である。」（同書126・127頁）

なお，『租税法（第23版）』の説明は上記と同様です（同書134・135頁）。

金子宏名誉教授は，上記２つ目の類型の租税回避について，下記事件の「銀行の取引が法人税法69条の定める外国税額控除制度の濫用にあたるとして，その適用を否定したのも，法律上の根拠がない場合に否認を認める趣旨ではなく，外国税額控除制度の趣旨・目的にてらして規定の限定解釈を行った例である」と整理しています（同書140頁）。

最判平成17年12月19日（判決10）は，いわゆるりそな銀行事件について（同事件関係者の取引関係図は次のとおりです。），外国税額控除制度の趣旨とその濫用について，次のとおり説示しました（民集59巻10号2964頁）。

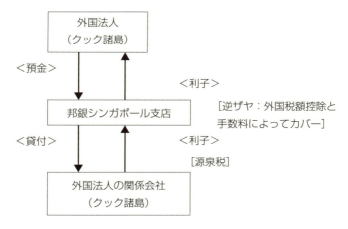

「(1) 法人税法69条の定める外国税額控除の制度は，内国法人が外国法人税を納付することとなる場合に，一定の限度で，その外国法人税の額を我が国の法人税の額から控除するという制度である。これは，同一の所得に対する国際的二重課税を排斥し，かつ，事業活動に対する税制の中立性を確保しようとする政策目的に基づく制度である。
(2) ところが，本件取引は，全体としてみれば，本来は外国法人が負担すべき外国法人税について我が国の銀行である被上告人が対価を得て引き受け，その負担を自己の外国税額控除の余裕枠を利用して国内で納付す

べき法人税額を減らすことによって免れ，最終的に利益を得ようとする
ものであるということができる。これは，我が国の外国税額控除制度を
その本来の趣旨目的から著しく逸脱する態様で利用して納税を免れ，我
が国において納付されるべき法人税額を減少させた上，この免れた税額
を原資とする利益を取引関係者が享受するために，取引自体によっては
外国法人税を負担すれば損失が生ずるだけであるという本件取引をあえ
て行うというものであって，我が国ひいては我が国の納税者の負担の下
に取引関係者の利益を図るものというほかない。

【要旨】そうすると，本件取引に基づいて生じた所得に対する外国法人税を
法人税法69条の定める外国税額控除の対象とすることは，外国税額控除制度を
濫用するものであり，さらには，税負担の公平を著しく害するものとして許さ
れないというべきである。」

2 谷口勢津夫教授の見解

谷口教授は，「租税回避とは，課税要件の充足を避け納税義務の成立を阻止す
ることによる，租税負担の適法だが不当な軽減または排除をいう（租税回避の包
括的定義）」とした上で（『税法基本講義（第6版）』61頁），納税者の行為に着目し
た次の分類を行っています（同書65頁）。

「租税回避は，①私法上の形成可能性（選択可能性）の濫用による租税回避と
②税法上の課税減免規定の濫用による租税回避の2つの類型に分類することが
できる。①は，多くの場合，特定の取引について通常の法形式を選択せず，こ
れを選択した場合と基本的に同一の経済的結果を達成しながら，異常な法形式
を選択することによって，通常の法形式に対応する課税要件の充足を避け納税
義務の成立を阻止することによる，租税負担の軽減または排除であり（例えば，
土地相互売買［岩瀬］事件・東京高判平成11年6月21日訴月47巻1号184頁参照），
②は，課税減免規定の趣旨・目的に反して，その規定の適用を受けまたは免れ
ることによる，租税負担の軽減または排除である（例えば，未処理欠損金額引継
規定濫用［ヤフー］事件・最判平成28年2月29日民集70巻2号242頁）。」

谷口教授の租税回避の定義も，金子名誉教授の上記定義と類似していますが，

より「濫用」の点を強調しているのが特徴です。そして，谷口教授は，上記りそな銀行事件最高裁判決について外国税額控除の濫用を認めたものと評価しています[3]。

上記土地相互売買［岩瀬］事件東京高判平成11年6月21日（判決12）は，次のように説示しました。

　「租税法律主義の下においては，法律の根拠なしに，当事者の選択した法形式を通常用いられる法形式に引き直し，それに対応する課税要件が充足されたものとして取り扱う権限が課税庁に認められているものではないから，本件譲渡資産及び本件取得資産の各別の売買契約とその各売買代金の相殺という法形式を採用して行われた本件取引を，本件譲渡資産と本件取得資産との補足金付交換契約という法形式に引き直して，この法形式に対応した課税処分を行うことが許されないことは明らかである。」

3　酒井克彦教授の見解

酒井教授も，租税回避の定義において，次のとおり，「濫用」の点を重視すべきであるとしています。

　「これまで学説は，租税回避を「私法上の選択可能性を利用」する行為と定義してきたところであるが，これをやや強調して説明するとすれば，いわゆる私法制度（契約形態等）の濫用的行為により租税負担の軽減を図ることであるといってもよいように思われる。」（酒井論文148・149頁）

3　谷口教授は，上記りそな銀行事件と同様の事案であるUFJ銀行事件に関する最判平成18年2月23日（判決11）については，次のように評釈しています（谷口勢津夫「権利濫用」金子宏＝中里実編『租税法と民法』24頁）。
　「その判断の前提として，外国税額控除制度という課税減免制度の濫用を「私法上の形成可能性を濫用（abuse; Missbranch）することによって税負担の軽減・排除を図る行為」という租税回避の一類型とみるというような考え方を基礎に置いて，「本件各取引」（主語）を私法上の形成可能性の濫用とみて，これによる外国税額控除制度の濫用（同制度の要件を同制度の趣旨・目的に反して充足する取引）を「通常の取引」（同判決の表現を借りると「本件銀行にとっては外国法人税を負担することにより損失が生ずるだけの取引」というような異常な取引をしないこと）への引き直しによって否認したものと解される。その意味で，同判決が採用した濫用禁止アプローチは「租税回避アプローチ」と呼ぶことができよう。」

198◆ 第3章　わが国の租税回避否認規定と諸外国のGAAR

さらに，上記のりそな銀行事件の最高裁判決に言及した上で，「議論の射程範囲を従来の「租税回避」にとどまらず，「租税法制度の濫用的な節税」をも取り込む方向が今日的な関心の高まりであるといえよう。」（酒井論文151頁）と論じています。

4　今村隆教授の見解

今村教授は，『現代税制の現状と課題（租税回避否認規定編）』において，租税回避を次のように定義しています（同書50頁。下線は筆者によります。）。

> 私法上有効な行為でもって①，主として税負担を減少させる目的で②，租税法上の効果を生じさせる当該租税法規の文言には反しないものの，その趣旨に反する態様によって③，その適用を免れ又はこれを適用して租税負担を軽減又は排除すること

「すなわち，a主観的要件として，「主として租税上の負担を減少させる目的」が必要であり，b客観的要件として，「当該租税法規の趣旨・目的に反する態様」であることが必要であり，aの主観的要件は，納税者や関係者の主観的な認識や意欲そのものではなく，あくまでも客観的事実で認定される「目的」であり，事業目的との比較で，いずれかが［ママ］主であるかにより判断され，bの客観的要件は，当該租税法規の文言にかなっていてもその趣旨に反する態様ということであり，法の濫用（abuse of law）を意味している。」

② わが国の租税回避否認規定

1　一般的租税回避否認規定創設をめぐるこれまでの議論

(1)　はじめに

わが国には，後述の諸外国のGAARのような包括的否認規定は存在しないものの，下記2のとおり，限定的な否認規定[4]は存在します。

過去，国税通則法に一般否認規定を取り込むべきかどうかが次のとおり議論さ

4　限定的な否認規定のことをSAAR（Specific Anti-Avoidance（Abuse）Rule）ということがあります。

れましたが，結局，導入は否定されました。最近は，現行の限定的な否認規定ではBEPSに有効に対抗できないおそれがあるので，この弱点を克服するための手段として，一般否認規定を導入すべきではないかという意見が，国税当局者[5]（元財務省及び国税職員を含みます。）等から出されています。

(2) 昭和36年税制調査会の答申

　昭和36年に税制調査会が「国税通則法の制定に関する答申及びその説明」を提示した際には，国税通則法に一般否認規定を取り込むことが念頭に置かれていました。すなわち，昭和36年の国税通則法の制定に関する税制調査会答申では，「第二　実質課税の原則等」（特に，「二　租税回避行為」）において，個別規定だけでは課税の公平性を維持できないので，一般否認規定を導入する旨の考え方が次のとおり示されました（下線は筆者によります。）。

　「第二　実質課税の原則等

　税法の解釈・適用に関しては，現行法においても従来からいわゆる実質課税の原則の適用があるとされ，これに基づいた具体的な規定も各税法に部分的に散見されるのであるが，国税通則法制定の機会において，各税を通ずる基本的な課税の原則として次のようにこれを明らかにするものとする。

　一　実質課税の原則
　税法の解釈及び課税要件事実の判断については，各税法の目的に従い，租税負担の公平を図るよう，それらの経済的意義及び実質に即して行なうものとするという趣旨の原則規定を設けるものとする。

　二　租税回避行為
　税法においては，<u>私法上許された形式を濫用することにより租税負担を不当に回避又は軽減することは許されるべきではない</u>と考えられている。このような租税回避行為を防止するためには，各税法において，できるだけ個別的に

　5　鈴木久志「租税回避行為の否認についての考察―我が国の租税法へ一般的租税回避否認規定を導入することの必要性を中心に―」（税務大学校論叢94号（平成30年6月））等

明確な規定を設けるよう努めるものとするが，諸般の事情の発達変遷を考慮するときは，このような措置だけでは不充分であると認められるので，上記の実質課税の原則の一環として，租税回避行為は課税上これを否認することができる旨の規定を国税通則法に設けるものとする。なお，立法に際しては，税法上容認されるべき行為まで否認する虞れのないよう配慮するものとし，たとえば，その行為をするについて他の経済上の理由が主な理由として合理的に求められる場合等には，税法上あえて否認しない旨を明らかにするものとする。

三　行為計算の否認

1　現在，法人税法等において，税負担を不当に減少する結果となると認められる行為計算はこれを否認することができる旨の規定が設けられているが，国税通則法においても，実質課税の原則規定に関連して，特殊関係者間等における行為計算の否認に関する基本的な規定を設けるものとする。

2　現行法人税法等における同族会社及び特定の法人の行為計算の否認規定については，次のように改正するものとする。
　⑴　否認の対象となるものの範囲
　　　現在，行為計算の否認規定は，同族会社等に対してのみ適用されることになっているが，否認の対象となっている行為計算の態様や現在の諸情勢からみて，これを同族会社等のした行為計算のみに限定する理由に乏しいと認められるので，同族会社等の行為計算のほか，おおむね下記のような特殊関係者間の行為計算についても，これを否認することができることとする。
　　⑴　非同族である会社とその系列下にある会社間及びそれら系列下にある会社相互間の行為計算……」

⑶　**上記答申に対する意見**

　上記答申に対して，日本税法学会は，昭和36年11月11日に，内閣総理大臣池田勇人氏宛に，「国税通則法制定に関する意見書」と題する意見書を提出しました。その中では，以下のとおり，実質課税の原則に反対し，また行為計算否認規定についてもその要件を明確かつ制限的に規定する必要があるなどとする意見を述べています。

　　「二　税法解釈及び課税要件事実認定の原則規定について

（意見）　税法の解釈及び課税要件事実の認定に関する原則規定は，絶対に設けてはならない。

（理由）　答申は，「実質課税の原則」という表題のもとに，「税法の解釈及び課税要件事実の判断については，各税法の目的に従い，租税負担の公平を図るよう，それらの経済的意義及び実質に即して行うものとするという趣旨の原則規定を設けるものとする。」と述べている。即ち，表題は，課税立法の原則としての「表見課税の原則」に対する「実質課税の原則」を掲げながら，その内容は，課税立法の原則とは異なる税法の解釈に関する原則規定，ならびに課税要件事実の判断に関する原則規定の制定に関する事項である。

　仮りに表題を内容に即して変更しても，内容自体に反対せざるを得ない。その理由を左に分説しよう。

［中略］

三　租税回避について

（意見）　租税回避に関する規定はこれを必要とするが，税務官庁が租税回避を理由として否認権を濫用しないように立法上防止策を講ずる必要がある。

（理由）　同族会社の行為計算の否認に関する従来の税務行政の実績に徴するも，租税回避を理由とする否認権は濫用されるおそれがある。従って租税回避の成立要件を明確かつ制限的に規定する必要がある。納税義務者及び関係人の選択した形成形式または処置が異常であっても，それが節税以外の正当な事由に基づく場合，及び節税が顕著でない場合は，租税回避が成立しないことを明確に規定しておく必要がある。

四　行為計算の否認について

（意見）　「隠れた利益処分」に関する規定を設け，具体的にこれを例示すると共に，同族会社の行為計算の否認に関する規定は，これを削除すること。

（理由）　租税回避に関する原則規定を設ける以上，これと並行して行為計算否認の拡大化に関する規定を設ける必要はない。むしろ租税回避の特殊な発現形式としての「隠れた利益処分」を具体的に例示した規定を設ければ，租税正義の実現を達成することができる。立法に際しては，ドイツ及びスイスの立法例のみならず，学説・判例を充分に参考としなければなら

ない。現行の各税法中に存する同族会社の行為計算否認に関する規定は，「隠れた利益処分」に関する規定と重複するから，これを削除しなければならない。」

結局，上記の多数の税法学者等の強い批判もあって，国税通則法に一般否認規定を取り込むことは実現しませんでした。

⑷　日本税理士連合会税制審議会の平成10年１月付け「「租税回避について」の諮問に対する答申

日本税理士連合会税制審議会の平成10年１月付け「「租税回避について」の諮問に対する答申—平成９年度諮問に対する答申—」は，次のように意見を述べています。

上記答申は，まず，「租税回避」の定義について，次のように述べています。

「わが国の租税実定法には，「租税回避」についての定義規定はない。……
　　昭和36年の国税通則法の制定に関する税制調査会答申では，「第二　実質課税の原則等　二　租税回避行為」……によれば，「私法上許された形式を濫用すること」により，「租税負担を不当に回避し又は軽減すること」が租税回避ということになる。
　　租税回避に関する学説においても，その意義はおおむね次に掲げるすべての要件に該当するものとされている。
　　①　私法上の法形式を濫用し，通常用いられない異常な取引形態を選択していること
　　②　通常の取引形態を選択した場合と結果的に同様の経済的効果を実現していること
　　③　①及び②の結果として租税負担を減少させ又は排除していること」

日本税理士連合会の上記答申は，次に，租税回避行為の否認規定と租税法律主義について，以下のように述べています。

「租税回避行為に対する一般的な否認規定としてドイツ等の立法例があるが，

わが国にはそのような規定はない。これに類似する実定法規としていわゆる同族会社の行為計算の否認規定（所得税法第157条，法人税法第132条，相続税法第64条）があるが，この規定については，後述のように多くの問題点が含まれている。

租税回避行為について，否認規定がないことを理由として否認できないと解すると，現実に租税回避行為を行った者は不当な利益を受けることになり，通常の法形式を選択し通常の租税負担をした者との間で不公平が生ずることになる。また，租税負担の公平は，租税法に内在する法理であり，実質課税の考え方から否認規定の有無にかかわらず否認が認められるという見方もある。

しかしながら，租税法律主義の下では，法律の根拠なしに納税者の行った適法・有効な私法取引をそれと異なった法形式に引き直し，一定の課税要件を創出することは許されず，また，そのような権限を課税庁に認めることも許容できないと考えられる。したがって，法律の根拠がない限り租税回避行為の否認は認められないと解するのが相当であり，当審議会の基本的な考え方である。この場合において，法的安定性を害する恐れがあることから一般的な否認規定ではなく個別具体的規定を設けることが望ましい。」

(5) 国税庁の平成30年度・31年度税制改正要望

国税庁は，平成30年度税制改正要望として，「一般的租税回避否認規定」の導入を挙げています。すなわち，「租税回避を主目的とする取引等により発生した費用・損失を税務上否認するための一般的な規定を導入する」ことを提言し，その理由として次の説明を行っています。

「租税回避を主目的とする取引等について，税務上一般的に否認するための規定はなく，個別的な否認規定（組織再編等）に該当するものに限り対応している。諸外国ではBEPSの議論を踏まえ，一般的否認規定を整備する動きがあり，我が国でも一般的否認に係る汎用可能な規定を整備する必要がある。」（「週刊税務通信」平成30年3月26日14頁。下線は筆者によります。当該改正要望は，平成31年度税制改正においても引き続き挙げられています（「週刊税務通信」平成31年3月25日14頁））

BEPSの議論に関連させて「一般的租税回避否認規定」の導入を要望している点が，過去の議論とは異なっているように思われます。

204◆　第３章　わが国の租税回避否認規定と諸外国のGAAR

　さらに，前述の日本公認会計士協会「法人税法上の包括的な租税回避否認規定の適用をめぐる実務上の問題点」（租税調査会研究報告第32号）も，BEPSの議論を念頭に置いて，次のような指摘を行っています（13頁）。

　　「近時，諸外国でGAARの導入が進んでいるところ，我が国においてGAARの導入が遅れれば，国際的な課税環境の公平性という点で後れを取るとして，GAARの導入を推す意見もある。また，……現行法の下では，学説上も裁判例上も，明文なき租税回避行為の否認は認められないと解されているため，課税の公平性を強調する論者は，個別否認規定や既存の否認法理で多様な租税回避行為に対応することには限界があり，租税回避の否認を行うための立法上の手当て（すなわち，GAARの立法措置）が必要であると主張する。」

　また，課税の公平性を強調する論者によって，BEPSへの対抗を念頭に置いた下記のような主張がなされています。

⑹　BEPSへの対抗を念頭に置いた国税当局者（元財務省当局者を含む。）等の最近の見解

　森信茂樹教授は，「税制特集Ⅳ－BEPSと租税回避への対応」序文において，次のように意見を述べています（財務省財務総合政策研究所「フィナンシャル・レビュー」平成28年第１号（通巻第126号）2016年３月，１頁。以下「森信論文」といいます。下線は筆者によります。）。

　　「わが国のこれまでの租税回避の議論では，BEPSの国際的租税回避への対応は十分ではない。そこでまず，租税回避の定義を今日的・国際的な観点から議論し国際標準のものにする必要がある。その上で，租税法律主義の下で，否認根拠が必要ということなら，予見可能性や法的安定性を高める方向で一般的否認規定（GAAR）を整備する。つまり立法的解決に向けて議論を行う必要がある。」

> ☕【コーヒー・ブレイク】
> 　令和元年６月20日に，ソフトバンクグループの2018年３月期の法人税に関して，巨額の株式譲渡損失の損金算入が否定されたというニュースが報道されました。具

体的には，ソフトバンクグループが2016年に買収したイギリスの半導体開発大手アーム・ホールディングスの株式の一部を，ソフトバンクグループ傘下のソフトバンク・ビジョン・ファンドに現物出資し，当該現物出資によって生じた約2兆円の譲渡損失を2018年3月期の損金に算入したところ，同社と東京国税局の間に損金の計上時期に見解の相違があり（非上場株式となったアーム社が巨額の配当を行った後の株式の時価評価の算定について画一的な方法は存在しません。），東京国税局がその一部の約4,000億円の損金算入を否認したため，ソフトバンクグループは自主的に修正申告を行ったようです。この否認金額は，後述のIBM事件を抜いて過去最高規模であるとされています。ただし，ソフトバンクグループは同期において上記否認額を損金から除外してもなお欠損金が生じているため，追徴税額は発生せず，過少申告加算税などは課されなかったようです。

　森信教授は上記事例に関連して，次のような意見を述べています（令和元年6月21日付け日本経済新聞記事）。

　「現行法の枠組みでは，租税回避が疑われるグレーな取引を国税当局が否認するのは容易ではない。日本には，そうした取引に対応する法律規定がないからだ。他の主要先進国は節税効果を否認する一般的否認規定（GAAR）を導入している。

　日本の現行法で「経済合理性がない節税のためだけの取引」として課税できるのは，組織再編の取引や同族会社間の取引に限られる。ビジネスの国際化が進むなか，租税回避的な取引の増加が予想され，GAARの整備に向けた議論も求められる。」

　財務省は，上記のような事例に対抗するため，同一グループ内の資本取引で実態に変化がない場合には，創出された赤字を他の部門の黒字と相殺して行う節税を認めないルールも令和2年度の税制改正大綱に盛り込むことを検討しており，その検討過程においては，包括的否認規定を設けるべきであるという意見も出されたようです（令和元年10月20日付け日本経済新聞記事）。

今村隆教授も，『現在税制の現状と課題　租税回避否認規定編』において，次のとおり論じています（同書320頁）。

　「これまで，同族会社等の行為計算否認規定については，多くの裁判例があるものの，解釈や適用には限界があり，また，立法で多少オーバーホールするといっても限界がある。……わが国の租税回避に対する判例法理には限界があり，BEPSで問題とされているような租税回避には十分に対抗できないと懸念している。そのようなことから，結論として，わが国でもGAARの導入を検討すべき時期に至っていると考えている。」

⑺ GAARの導入に慎重であるべきとする学会からの反応

　一方で，GAARの導入には慎重であるべきであるという意見も多くあります。中里実東京大学教授は，ドイツにおける一般的否認規定がナチス・ドイツの時代に濫用された歴史上の苦い経験に基づいて，以下のとおり，安易な一般的租税回避否認規定の導入論について警鐘を鳴らしています（「一般的租税回避否認規定とナチスドイツ」『BEPSとグローバル経済活動』）。

　　「確かに，課税庁にとっては，一般的否認規定は一見したところ魅力的なものに見えるのであろう。しかし，そのような議論は，法律の解釈権限が（課税庁にではなく）最終的に裁判所に属することを無視しているのではなかろうか。裁判官の立場に立ってみれば，一般規定は実質的に何も定めておらず，裁判の基準とする際にきわめて不便なものであるように思われる。すなわち，一般的否認規定のあいまいさが，裁判所にあたかも立法を行わせるような加重負担をかけるのではなかろうか。課税庁にとっては便利でも，裁判所にとってはやっかいな存在が，一般的否認規定であるといえよう。

　　単に『不当に減少』といった文言に基づいて課税ができるというような定めでは，課税要件が不明確であり，憲法上の租税法律主義との関係を議論する以前の問題として，裁判の基準とはならず，裁判所は困惑するであろう。そのような一般規定の立法は，いわば立法権の放棄に近いものであり，議会は，やはり具体的な指針を可能な限り示すべきなのではなかろうか。

　　そもそも，中世身分制議会の課税承認権以来，あるいは，名誉革命以降，歴史的に長い年月を経て形成されてきた租税法律主義の原則の存在という租税法の歴史的特殊性を考慮するならば，議会は可能な限り明確なかたちで課税要件を示すべきであり，それでも租税回避を防げない場合も，新たな立法により対応すべきであるといえよう。」

　また，長戸貴之学習院大学准教授は，「『分野を限定しない一般的否認規定（GAAR）』と租税法律主義」において，国際的な議論と比較して，我が国の租税法における租税回避の定義や租税回避行為の否認に関する議論が遅れていることを前提とする近年のGAAR導入論に対して，そのような評価は「行き過ぎ」であり，「諸外国と我が国との違いは，我が国には制定法に『分野を限定しない一般的否認規定』としてのGAARがない点であり，これにより確かにGAARパネル等

の手続き面では違いを生むものの，実体面に関する解釈論のレベルでは諸外国と方向性を同じくする部分が相当にあると評価することも不可能ではないだろう。そして，仮にもGAARの導入が検討される場合には，現況の分析を改めて重視すべきであり，GAAR導入により否認が認められる範囲が広がることを前提とした議論を展開すべきではない。」と指摘しています。

2　わが国の現行法の下での否認規定

　上記のとおり，わが国の現行法の下では一般的否認規定（GAAR）は存在せず，例えば，法人税法において，次のような限定的否認規定（SAAR）が存在するのみです。ただし，GAARと比較すると限定的ではあるものの，その適用範囲は相当広汎です。

(1)　同族会社等の行為又は計算の否認（法人税法132条）

> 　税務署長は，次に掲げる法人に係る法人税につき更正又は決定をする場合において，その法人の行為又は計算で，これを容認した場合には法人税の負担を不当に減少させる結果となると認められるものがあるときは，その行為又は計算にかかわらず，税務署長の認めるところにより，その法人に係る法人税の課税標準若しくは欠損金額又は法人税の額を計算することができる。
> 　一　内国法人である同族会社
> 　二　イからハまでのいずれにも該当する内国法人
> 　　イ　三以上の支店，工場その他の事業所を有すること。
> 　　ロ　その事業所の二分の一以上に当たる事業所につき，その事業所の所長，主任その他のその事業所に係る事業の主宰者又は当該主宰者の親族その他の当該主宰者と政令で定める特殊の関係のある個人（以下この号において「所長等」という。）が前に当該事業所において個人として事業を営んでいた事実があること。
> 　　ハ　ロに規定する事実がある事業所の所長等の有するその内国法人の株式又は出資の数又は金額の合計額がその内国法人の発行済株式又は出資（その内国法人が有する自己の株式又は出資を除く。）の総数又は総額の三分の二以上に相当すること。

　法人税法132条は適用が同族会社等に限られているので，分類上は，GAARではなくSAARです。なお，法人税法132条が租税法律主義に反しないかどうかが

争われたことがありましたが，裁判所は，次のとおり，租税法律主義に反するものではないとしています。

　最判昭和53年4月21日（判決13）は，次の原審札幌高判昭和51年1月13日（判決14）の判断基準を是認しました（下線は筆者によります。）。すなわち，同判決は，「『法人税の負担を不当に減少させる結果になると認められる』か否かは，もっぱら経済的，実質的見地において当該行為計算が純粋経済人の行為として不合理，不自然なものと認められるか否かを基準として判定すべきものと解される。」[6]とし，「一般に，かかる場合の判定基準は，法律上できる限り具体的，個別的，一義的に規定しておくことが望ましいのではあるが，複雑多岐にして激しく変遷する経済事象に対処しうるような規定を設けることは極めて困難であるから，法人税法が前記程度の規定をおいたにとどまることもやむをえないところであって，これをもって……憲法84条に違反するものということはできない。」と判示しました。

　法人税法132条適用の適法性が争われた著名事件としてIBM事件があります（東京地判平成26年5月9日，東京高判平成27年3月25日（判決15），最決平成28年2月18日）。

　IBMグループでは，下記の本件組織再編の前において，米国法人であるW社が日本の内国法人である日本IBMの株式を保有していました。その後，IBMグループは，①日本におけるIBMグループを成す会社をすべて持株会社であるYKの下に統合すること，②YKを事業買収取引における日本のいわゆる受皿会社とすること，③YKをして資金のより効率的な配分を行う機能を担わせること及び④YKをして日本において新規事業を行う場合の受皿会社とすることの4つの目的を達成することを意図して，以下のとおりの組織再編を行いました。

① 平成14年2月11日，W社が，有限会社（YK）の持分の全部を譲り受けた。その後の同年4月3日，YKは，W社を引受人として，計1,332億円の増資を行った（本件増資）。

② 平成14年4月22日，YKが，W社から，日本IBM等4社の株式を代金合計1兆9,705億5,300万円で譲り受けた（本件株式購入）。譲渡代金のうち，1,317億8,000万円については現金で支払い，残額の1兆8,182億2,000万円について

　6　上記基準は，一般に「純粋経済人基準」と呼ばれています（大石篤史「財産評価の否認」金子宏＝中里実編『租税法と民法』172頁）。前述のユニバーサルミュージック事件の東京地裁判決（判決6）も，同基準を採用しました。

は，W社とYKの間で準消費貸借契約が締結された（本件融資）。
③　上記の本件組織再編の結果，W社が日本の中間持株会社として機能するYKの持分を保有し，YKが日本IBM等4社の株式を保有することとなった。
日本IBMは，本件組織再編の前から，株主に対して配当又は自己株式の取得の方法によって稼得した利益を還元していたところ，平成14年，15年及び17年に，日本IBMは同社の利益を株主であるYKに対して還元するため，自己株式の取得

【組織再編前】

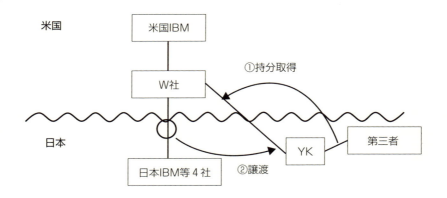

【組織再編後】

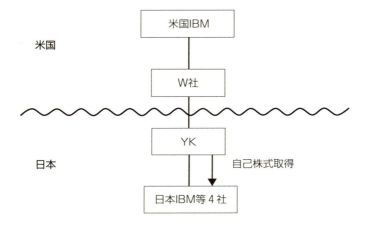

を実施しました（本件各譲渡）。自己株式の取得に係る譲渡価額は，上記の本件株式購入時の１株当たりの価額を基礎として算出されました。自己株式取得の結果，YKに有価証券の譲渡に係る譲渡損失が，損金の額に算入される金額として生じました。

その後，IBMグループは，YKを連結親会社とする連結納税を開始したため，本件株式譲渡YKの譲渡損失と日本IBM等の子会社の利益が相殺され，連結所得金額が圧縮されることになりました。

上記事実を踏まえ，東京高裁は，次のとおり説示しました。

法人税法132条１項は，「同族会社が少数の株主又は社員によって支配されているため，当該会社の法人税の税負担を不当に減少させる行為や計算が行われやすいことに鑑み，税負担の公平を維持するため，当該会社の法人税の負担を不当に減少させる結果となると認められる行為又は計算が行われた場合に，これを正常な行為又は計算に引き直して当該会社に係る法人税の更正又は決定を行う権限を税務署長に認めたものである。このような法人税法132条１項の趣旨に照らせば，同族会社の行為又は計算が，同項にいう「これを容認した場合には法人税の負担を不当に減少させる結果となると認められるもの」か否かは，専ら経済的，実質的見地において当該行為又は計算が純粋経済人として不合理，不自然なものと認められるか否かという客観的，合理的基準に従って判断すべきものと解される（最高裁昭和53年４月21日第二小法廷判決・訴月24巻８号1694頁（最高裁昭和53年判決），最高裁昭和59年10月25日第一小法廷判決・集民143号75頁参照）。そして，同項が同族会社と非同族会社の間の税負担の公平を維持する趣旨であることに鑑みれば，<u>当該行為又は計算が，純粋経済人として不合理，不自然なもの，すなわち，経済的合理性を欠く場合には，独立かつ対等で相互に特殊関係のない当事者間で通常行われる取引（独立当事者間の通常の取引）と異なっている場合を含むものと解するのが相当であり</u>，このような取引に当たるかどうかについては，個別具体的な事案に即した検討を要するものというべきである。」[7]

当該事案において，控訴人である国はW社によるYKの持分取得，本件増資，本件融資，本件株式購入及び本件各譲渡を「本件一連の行為」と定義し，本件一連の行為は，IBMグループが日本国内において負担する源泉所得税額を圧縮しその利益を還元するという「本件税額圧縮」の実現のために一体的に行われたもの

であるから，本件一連の行為が，独立当事者間の通常の取引と異なり全体として経済的合理性を欠くのであれば，法人税の負担を不当に減少させたものと認められると主張しました。しかし，東京高裁は，事実認定に基づき，「本件各譲渡が，本件税額圧縮……の実現のため，被控訴人の中間持株会社化……と一体的に行われたという控訴人の主張は，本件全証拠によっても認めることができないというほかない」と判示しました。その上で，「処分行政庁が法人税法132条1項に基づき本件各譲渡を否認したことが適法かどうかは，本件各譲渡がそれ自体で経済的合理性を欠くものと認められるかどうかによって判断されるべきものである」とし，結論として，「被控訴人がした本件各譲渡が，それ自体で独立当事者間の通常の取引と異なるものであり経済的合理性を欠くとの控訴人の主張は，採用することはできない」と判示し，国の主張を退けました。

> ☕【コーヒー・ブレイク】
> 　独立当事者間の通常の取引と異なっているかどうかを重視した上記IBM事件判決と同様な判断は，法人税法132条1項に対応する所得税法157条1項の不当性要件について争われたいわゆる「パチンコ平和事件」においても示されています。すなわち，東京地判平成9年4月25日（<u>判決16</u>）は，「経済活動として不合理，不自然であり，独立かつ対等で相互に特殊な関係にない当事者間で通常行われるであろう取り引きと乖離した同族会社の行為又は計算により，株主等の所得税が減少するときは，不当と評価されることになる」と判示しています（なお，控訴審の東京高判平成11年5月31日訴月51巻8号2135頁も同様の判断をしました。）

(2)　組織再編成に係る行為又は計算の否認（法人税法132条の2）

> 　税務署長は，合併，分割，現物出資若しくは現物分配（第2条第12号の5の2（定義）に規定する現物分配をいう。）又は株式交換等若しくは株式移転（以下この

7　上記東京高裁が独立当事者間基準を判断基準として用いたことについては，「現実の取引について，（取引価額に係る場合は別論，特にそれ以外の場合において）独立当事者間の通常の取引の範囲内のものかどうか，また，社会通念上相当と解されるかどうかの判断は，困難な場合も多いものと考えられ，判断基準として機能しない局面も少なくないものと思われる。ゆえに，納税者の予測可能性を害しないものかどうかについて疑問の余地がないわけではない。」という指摘がなされています（日本公認会計士協会「法人税法上の包括的な租税回避否認規定の適用をめぐる実務上の問題点」25頁）。

条において「合併等」という。）に係る次に掲げる法人の法人税につき更正又は決定をする場合において，その法人の行為又は計算で，これを容認した場合には，合併等により移転する資産及び負債の譲渡に係る利益の額の減少又は損失の額の増加，法人税の額から控除する金額の増加，第1号又は第2号に掲げる法人の株式（出資を含む。第2号において同じ。）の譲渡に係る利益の額の減少又は損失の額の増加，みなし配当金額（第24条第1項（配当等の額とみなす金額）の規定により第23条第1項第1号又は第2号（受取配当等の益金不算入）に掲げる金額とみなされる金額をいう。）の減少その他の事由により法人税の負担を不当に減少させる結果となると認められるものがあるときは，その行為又は計算にかかわらず，税務署長の認めるところにより，その法人に係る法人税の課税標準若しくは欠損金額又は法人税の額を計算することができる。
　一　合併等をした法人又は合併等により資産及び負債の移転を受けた法人
　二　合併等により交付された株式を発行した法人（前号に掲げる法人を除く。）
　三　前2号に掲げる法人の株主等である法人（前2号に掲げる法人を除く。）

　法人税法132条の2も適用場面が一定の組織再編成に限られているので，分類上は，GAARではなくSAARです。132条の2適用の適法性が争われた著名事件としては，上記のヤフー事件があります（東京地判平成26年3月18日，東京高判平成26年11月5日，及び最判平成28年2月29日（判決17））[8]。

　上記最高裁判決は，次のとおり説示しました。

　「同条［筆者注・法人税法132条の2］の趣旨及び目的からすれば，同条にいう『法人税の負担を不当に減少させる結果となると認められるもの』とは，法人の行為又は計算が組織再編成に関する税制（以下「組織再編税制」という。）に係る各規定を租税回避の手段として濫用することにより法人税の負担を減少させるものであることをいうと解すべきであり，その濫用の有無の判断に当たっては，①当該法人の行為又は計算が，通常は想定されない組織再編成の手順や方法に基づいたり，②税負担の減少以外にそのような行為又は計算を行うことの合理的な理由となる事業目的その他の事由が存在するかどうか等の事情を

8　令和元年6月27日に，東京地裁は，法人税法132条の2により合併前の子会社の繰越欠損金の利用を否認した課税処分を支持する判決を下しました（判決19）。

考慮した上で，当該行為又は計算が，組織再編成を利用して税負担を減少させることを意図したものであって，組織再編税制に係る各規定の本来の趣旨及び目的から逸脱する態様でその適用を受けるもの又は免れるものと認められるか否かという観点から判断するのが相当である。」（下線は筆者によります。）

　なお，同日付けでなされた，いわゆる"適格はずし"が問題となったIDCF事件の最高裁判決（最判平成28年2月29日民集70巻2号470頁（判決18））の判示も，上記と同様の内容でした。

　その後，令和元年6月27日に，東京地裁は，法人税法132条の2により合併前の子会社の繰越欠損金の利用を否認した課税処分を支持する判決を下しました（判決19）。同事件（いわゆるTPR事件）の概要は次のとおりです。

　本件は，日本の会社（原告）が，債務超過となっており多額の繰越欠損金を有していた完全子会社を被合併法人とする適格合併を行った上で，当該被合併法人の事業を原告の別の完全子会社に移したという事案です。その後原告が当該被合併法人の下で発生した繰越欠損金を自らの欠損金額とみなして法人税の確定申告をしたところ，課税庁が，当該繰越欠損金を原告の損金の額に算入することは原告の法人税の負担を不当に減少させる結果となるとして，法人税法132条の2を適用した事案です。東京地裁は，以下のとおり述べて，本件において，被合併法人の繰越欠損金の引継を法人税法132条の2で否認した原処分を是認しました。

　「本件合併は，通常想定されない組織再編成の手順や方法に基づくものであり，実態とはかい離した形式を作出するものであって，その態様が不自然なものであることに加えて，本件未処理欠損金額の引継ぎによって原告の法人税の負担を減少させること以外に本件合併を行うことの合理的な理由となる事業目的その他の事情があったとは認められないことからすれば，本件合併は，組織再編成を利用して税負担を減少させることを意図したものであって，法人税法57条2項の本来の趣旨及び目的から逸脱する態様でその適用を受けるものというべきである。

　そうすると，本件合併は，組織再編税制に係る上記規定を租税回避の手段として濫用することによって法人税の負担を減少させるものとして，法人税法132条の2にいう「法人税の負担を不当に減少させる結果となると認められるもの」に当たるということができる。」

納税者は，上記判決を不服として東京高裁に控訴しました。

法人税法には，上記(1)及び(2)に加えて，下記(3)及び(4)のようなSAARも規定されています。なお，現時点では，下記(3)又は(4)の否認適用の適法性が争われた公表の裁判例はないようです。

(3) 連結法人に係る行為又は計算の否認（法人税法132条の３）

「税務署長は，連結法人の各連結事業年度の連結所得に対する法人税又は各事業年度の所得に対する法人税につき更正又は決定をする場合において，その連結法人の行為又は計算で，これを容認した場合には，当該各連結事業年度の連結所得の金額又は当該各事業年度の所得の金額から控除する金額の増加，連結法人間の資産の譲渡に係る利益の額の減少又は損失の額の増加その他の事由により法人税の負担を不当に減少させる結果となると認められるものがあるときは，その行為又は計算にかかわらず，税務署長の認めるところにより，その連結法人に係るこれらの法人税の課税標準若しくは欠損金額若しくは連結欠損金額又はこれらの法人税の額を計算することができる。」

(4) 外国法人の恒久的施設帰属所得に係る行為又は計算の否認（法人税法147条の２）

「税務署長は，外国法人の各事業年度の第141条第１号イ（課税標準）に掲げる国内源泉所得（以下この条において「恒久的施設帰属所得」という。）に係る所得に対する法人税につき更正又は決定をする場合において，その外国法人の行為又は計算で，これを容認した場合には，当該各事業年度の恒久的施設帰属所得に係る所得の金額から控除する金額の増加，当該各事業年度の恒久的施設帰属所得に係る所得に対する法人税の額から控除する金額の増加，第138条第１項第１号（国内源泉所得）に規定する内部取引に係る利益の額の減少又は損失の額の増加その他の事由により法人税の負担を不当に減少させる結果となると認められるものがあるときは，その行為又は計算にかかわらず，税務署長の認めるところにより，その外国法人の当該各事業年度の恒久的施設帰属所得に係る所得に対する法人税の課税標準若しくは欠損金額又は恒久的施設帰属所得に係る所得に対する法人税の額を計算することができる。」

③ 諸外国のGAAR

1 米 国

(1) 米国の裁判所の判断基準

　ある取引が，米国連邦租税法の規定の形式的要件を満たすとしても，事業目的ではなく，租税回避を目的とするものである場合には，租税法の規定の趣旨・目的に反するとして米国連邦最高裁が租税回避行為の否認を認めた著名なGregory事件（Gregory v. Helvering 293 U.S. 465, 467 (1935)）があります。当該事件は，個人がその全株式を所有する法人が他の法人の株式を保有していたところ，当該他の法人の株式を譲渡する際に多額の譲渡益が発生し課税されるのを回避するために，法人の組織変更に関する規定を利用した事案です。米国連邦最高裁は，本件取引は組織変更の形式的要件を満たすものの，事業目的をもって行われたものではないという理由で，当該個人を敗訴させました。同判決は経済的実質原則（Economic Substance Doctrine：以下「ESD」といいます。）の起源となったものと評価されています。なお，Gregory事件判決から，事業目的テスト（business purpose）及び経済的実質原則の他にも，「実質優先の原則（substsnce over form)」や「ステップ取引原理（step transaction)」，さらには，「欺瞞（取引）原理」（sham（transaction）doctrine）などが派生したと言われています（松田直樹『租税戦略の解明』57頁)。

(2) ESDの制定法化

　米国税法における経済的実質原則は，2010年3月10日に成立したHealth Care and Education Reconciliation Act of 2010（H.R. 4872：以下「2010年法」という。）1409条（Codification of economic substance doctrine and penalties）により制定法化され，内国歳入法7701条o項に規定が置かれました。

　同条1号は，次のとおり規定しています。

　「経済的実質原則が関係するいかなる取引の場合であっても，以下の要件を満たすかぎり，当該取引は経済的実質を有するものとして取り扱われる。

216◆　第3章　わが国の租税回避否認規定と諸外国のGAAR

　(A)　取引が納税者の経済的地位を（連邦所得税の効果を除き）意味あるやり
　　　方で変化させ，かつ，
　(B)　当該納税者が当該取引を行うための（連邦所得税の効果を除き）実質的
　　　な目的を有すること」

　上記(A)は，当該取引が節税目的以外に利益を見込めるものであること（客観的
要件），及び上記(B)は，納税者が税の軽減以外に実質的な事業目的を有している
こと（主観的要件）を意味しています。

(3)　BEAT

　2017年12月22日に成立したトランプ税制改革（減税雇用法［Tax Cut and Jobs
Act］）には，国外関連者への無形資産使用料等の特定支出に係る代替ミニマム税
である税源浸食濫用防止税（Base Erosion and Anti-abuse Tax: BEAT）が導入さ
れました。

　BEATでは，2018年1月1日以降に開始する事業年度において，国外関連者へ
の無形資産使用料等の特定支出について，追加の課税が行われます。

　内国歳入法59A条では，(a)項において，税源浸食ミニマム税額を課税するとし，
(b)項において，税源浸食ミニマム税額は，(1)号により，調整後課税所得（通常の
課税所得＋国外関連者への所定支出額等）の10％（適用初年度の2018年以降に開始する
事業年度は5％）が，通常の納税額から税額控除と38条の研究税額控除をした金
額を超える部分と規定しています。

　また，(2)号により2025年12月31日より後に開始する事業年度からは12.5％とな
り，(3)号により銀行と証券会社については，適用税率が1％増加されます。

　(c)項において，調整後課税所得は，(1)号により，税源浸食支出に係る税源浸食
課税利益を除き計算した額とし，(2)号により，税源浸食課税利益は，税源浸食支
出の控除として資産取得に係る減価償却額や保険契約に係る控除等が対象となり，
(3)号により，控除可能な支出に対する利子は対象とならず，(4)号により，税源浸
食率は，総所得控除額に占める特定支出額の割合と規定しています。

　(d)項において，税源浸食支出は，所得控除の対象となる国外関連者への支出で
無形資産の対価，役務提供の対価，減価償却資産の購入や再保険支払等が対象と
なります。

　(e)項において適用対象の納税者は，過去3課税年度の平均総収益が5億ドル以

上の企業となります。

　上記ルールの理解に資するため，下記の簡易な例における金額を前提とした
BEATの計算例を示します。
　　　　　　記
　通常の課税所得　　　　　　　　　$200M
　国外関連者への特定支出額　　　　$50M
　通常の納税額　　　　　　　　　　$30M
　税額控除額　　　　　　　　　　　$5M
　研究税額控除額　　　　　　　　　$3M

　税源浸食ミニマム税額の計算は，
　（$200M＋$50M）×0.1＝$25Mから，
　$30M－$5M－$3M＝$22Mを引くことになり，
　$3Mとなります。

　ここでは，通常の納税額について税額控除と研究税額控除を行った後の金額
（$22M）が，税源浸食ミニマム税額（$25M）よりも少額であるため，税源浸食
ミニマム税としてBEATが適用になり，その差額（$3M）を追加で納税するこ
とになります。

　2018年12月13日，財務省及びIRSは，BEATに係る財務省規則案を公表しまし
た。2018年1月1日以降に開始する事業年度から適用になる同規則案の概要は以
下のとおりです。
　① グループ合算
　総収益及び税源浸食率の判定は，支配グループの合算により一体として扱うこ
ととし，支配グループのメンバーには，資本関係50％超の米国法人と資本関係50
％超の外国法人で，米国関連所得（Effectively Connected Income）が対象となり
ます。また，恒久的施設を有する場合には，帰属所得が対象となります。
　② 税源浸食支出
　税源浸食支出は，国外関連者への特定の支出が対象となりますが，移転価格税
制上の国外関連者だけでなく，出資割合25％超の持分を有する関連者も含まれま

す。移転価格税制上Service Cost Method（総原価法）の適用となる役務提供費用は対象となりません。無形資産使用料について，売上原価と営業費のどちらに区分されるかは，規則でなく，一般的に適用される連邦所得税の原則に従うとしています。

適格デリバティブは対象となりませんが，報告義務が課され，それにより適格かが判定されることになります。

国外関連取引に係る特定の為替差損については，対象から除外されることになります。

また，現金での支出には限定されておらず，国外関連者からの資産取得への支出も対象となります。

③　税源浸食利益

米国において30％の源泉課税の対象となっている支出については，税源浸食支出になりますが，税源浸食利益からは除外されます。利子控除制限制度の対象となる支払利子については，国外関連者への利子は税源浸食支出の対象となり，過年度から繰り越される支払利子については，非関連者に対する支払利子は損金算入の対象となります。

④　修正課税所得

修正課税所得の計算は納税者単位で行うことになりますが，収益基準や税源浸食率の算定は特定グループで行うことになり，加算調整額となる繰越欠損金の税源浸食率相当額の算定においても特定グループでの税源浸食率を使用することになります。

⑤　パートナーシップの取扱い

パートナーシップはBEATの対象にはなりませんが，パートナーシップの持分を有する法人については，パートナーシップの収益の持分相当を合算することになります。ただし，資本・利益・所得・損失に対する持分が10％未満で持分の適正現在価値が$25M未満であれば適用になりません。

⑥　濫用防止

BEATの適用を回避することが主要な目的（principal purpose）の取引として，導管取引や仲介者を使用した場合，税源浸食率の分母を恣意的に増額した場合，銀行及び証券会社に対する税源浸食率１％の増加を回避するための取引を行った場合には，BEATの適用に当たり，否認されることになります。

⑷ GILTI

　トランプ税制改革（減税雇用法［Tax Cut and Jobs Act］）には，グローバル軽課税無形資産所得（Global Intangible Low-Taxed Income: GILTI。「ギルティ」と呼ばれています。）に対する合算課税も導入され，外国子会社（被支配外国法人）の課税所得について，配当の有無にかかわらず，米国法人の株主において合算されることになりました。

　GILTIでは，2018年1月1日以降に開始する事業年度において，グローバルで軽課税国に有する無形資産所得等について米国で合算対象となります。

　内国歳入法951A条では，⒜項において，外国子会社（被支配外国法人）の課税所得の中で，軽課税国で有する無形資産所得等を合算すると規定しています。

　グローバル軽課税無形資産所得とは，⒝項において，みなし有形資産純所得を超える検証対象外国子会社純所得とし，外国子会社が保有する適格事業用投資資産額の10％で特定利子支払を超える額と規定しています。仮に外国子会社が無形資産を所有していない場合であっても，グローバル軽課税無形資産所得として合算される可能性があります。要は，かかる超過所得の源泉は無形資産であるという前提を置いていることになります。

　検証対象外国子会社純所得は，⒞項において，各外国子会社の検証対象所得から検証対象損失を控除したものと規定しています。そして，検証対象所得は952⒝条のサブパートF所得，サブパートF所得の決定において考慮される総所得，954条で定義される外国企業から除外される総所得と953条で定義される保険所得，954⒟⑶条で定義される関連者から受け取る配当，907⒞⑴で定義される外国の石油ガス採掘に係る所得から，954⒝⑸の規則に類似した規則により総所得に適正に配賦される控除額を差し引いたものとしています。

　適格事業投資資産は，⒟項において，法人の取引又は事業に使用され，167条で減価償却が認められる特定の有形資産と規定しています。

　グローバル軽課税無形資産所得については，企業の外国子会社無形資産所得以外も対象となり，米国法人は保有する外国子会社の持分の合計により計算することになります。ただし，現行の外国子会社合算税制（CFC税制）における合算対象所得や，軽課税国であるかは18.9％以下の実効税率が基準となっています。

　また，米国法人の株主には，合算対象とされるGILTIの50％相当額の所得控除と外国法人税の80％を上限とした間接税額控除が可能となります。

　すなわち，GILTIについては，合算課税後，50％相当額の所得控除が認められ，

外国法人税の80％が外国税額控除の対象となります。

　上記ルールの理解に資するため，下記の簡易な例における金額を前提にGILTIの計算例を示します。

　　検証対象外国子会社純所得　　　　　　　　$30M
　　外国子会社保有の適格事業用投資資産額　　$300M
　　特定利子支払　　　　　　　　　　　　　　$5M
　　である場合，

　　グローバル軽課税無形資産所得の計算は，
　　みなし有形資産純所得が，　$300M×0.1－$5M＝$25Mとなることから，
$30M－$25M＝$5Mとなります。

　　ここでは，検証対象外国子会社純所得（$30M）のうち，みなし有形資産純所得（$25M）を越える所得が，グローバル軽課税無形資産所得となり，GILTIが適用され，$5Mを追加で合算することになります。

　2018年9月13日，財務省は，グローバル軽課税無形資産所得（GILTI）に係る財務省規則案（Proposed Regulations）を公表しました。本規則案では，検証対象所得（損失）について規定し，有形償却資産の純簿価については通常よりも耐用年数の長い代替的償却法（Alternative Depreciation System）を使用することとし，特定支払利子については各外国子会社の検証所得（損失）での支払利子を合算し受取利子は含みません。米国のパートナーシップについては間接持分が10％以上であれば，間接持分に応じて外国子会社の各項目を取り込み，連結納税のグループ法人については検証損失，有形償却資産の純簿価，外国子会社の支払利子と受取利子を合算し，検証所得を有する法人に配賦するとしています。課税年度中に持分を取得した外国子会社から配賦される検証対象損失は，外国子会社を保有していた期間において控除され，為替レートは平均レートで換算され，外国子会社の検証対象損益はサブパートFでの所得算定に従い，米国株主が課税年度中に当該外国子会社（CFC）を保有していた期間に対応する額に限定されます。また，GILTIにおける合算課税額の算定時に米国の株主において検証対象純所得から控除されるみなし有形資産所得については，米国株主の償却後の有形資産価額の10％から特定支払利子を控除した額となり，特定支払利子には他の外国子会社が受

取利息として認識する金額は含まれません。さらに，特定支払利子については検証対象損失を計上する外国子会社の支払利子も含み，米国のパートナーシップのGILTIはパートナーシップレベルで算定して，パートナーに配賦しますが，パートナーの間接持分が10％以上となる場合には，パートナーは間接持分に準じて他の外国子会社の金額と合算してGILTIを算定し，検証対象損失，償却後有形資産価額及び外国子会社の受払利子について配賦することになります[9]。

2018年11月28日，財務省は，外国税額控除に係る取扱いを定める規則案を公表しました。本規則案では，納税者が求めていたGILTIの税負担を軽減するための外国税額控除の制限（foreign tax credit limitations）からの除外は認めておらず，外国税額控除を適用する場合，国外源泉所得に対する米国法人税額が外国税額控除の上限となり，所得分類ごとにバスケットを設け，外国税額控除の上限を計算するとしています。そして，所得分類ごとのバスケットは，Generalバスケット及びPassiveバスケットがこれまで設けられていましたが，トランプ税制改革により，新たにGILTIバスケット及び国外支店バスケットが設けられています。そのため，GILTIバスケットの範囲までしか外国税額控除が認められない場合，当該範囲を超えるGILTIに係る外国税額が控除できなくなるという問題があります。具体的には，みなし外国税額控除の内国歳入法26条に基づくグロスアップは認められますが，外国税額控除の課税所得をGILTIに基づき合算する場合には，GILTI合算所得に対応する外国法人税全体が対象となり，外国税額控除の対象となる法人税は外国法人税額の80％に限定されるため，控除ができなくなります。また，GILTIに係る特定の資産移転に対する濫用防止として，保有期間が12か月を下回る有形資産の簿価や不適格期間の移転に係る特定有形資産簿価を無視できると規定しています[10]。

2019年3月4日，財務省は，FDII控除及びGILTI控除を定める規則案を公表しました。本規則案では，GILTIの合算が米国法人に加え米国株主にも適用されますが，内国歳入法250条で認められる控除は，外国法人だけに適用され，控除額については，課税所得を上限とし，それを上回る場合には，超過額をGILTIとFDIIの控除に按分し，各控除対象額を減額するとしています[11]。

9　本説明は，EY税理士法人Japan tax alert「米国，GILTI財務省規則案公表」（2018年9月20日）を参照して作成しています。

10　本説明は，EY税理士法人Japan tax alert「米国財務省，FTC規則草案を公表」（2018年12月13日）を参照して作成しています。

そして，2019年6月14日，財務省は，これを最終化し，2018年の規則案には含まれていなかったGILTIの適用対象となる特定外国子会社（CFC）所得に対する高税率免除規定の導入を提案する新規則案も公表しました。

最終規則では，GILTIの算定における検証対象所得について，外国子会社の課税年度終了時の米国株主が年間総額を合算し，課税年度途中で外国子会社株式が譲渡されて米国株主に変更があれば，譲受者のSubpart F所得と検証所得の合算を減額するとし，減額に当たっては配当を二重に減額することは認められず，Subpart F所得と検証対象所得に按分するとしています。そして，GILTI合算額を減額するみなし有形資産純所得の計算における外国子会社の適格事業資産投資の米国株主への配賦は，検証所得の配賦に準じ，各外国子会社の適格事業資産投資の10％が検証所得を超える場合には，適格事業資産投資の米国株主への配賦は，有形資産リターンを検証所得と仮定した配賦比率を採用するとしています。

GILTI適用前に事業に使用されていた資産については，外国子会社のEarnings and Profitsを確定するために代替的償却法の適用が免除されている場合には，代替的償却法の再計算を免除し，外国子会社の財務諸表や米国会計基準に基づく償却の継続適用を認めるとしています。

外国子会社を保有するパートナーシップの持分を譲渡する場合，検証対象所得は譲渡人と譲受人の双方に配賦され，検証対象所得の配賦を受けるパートナーには，相当する適格事業資産投資額が配賦されるとしています。

米国パートナーシップが外国子会社を保有している場合，GILTIの合算においては，米国パートナーシップを米国株主として扱わず，米国株主となるパートナーが外国子会社の間接保有持分に応じて検証対象所得等の属性を取り込み，パートナーが他の外国子会社を保有している場合には，すべての外国子会社の持分を合算してGILTIの合算を行うとしています。

また，検証対象所得の高税率免除については，外国子会社合算税制では，米国外で米国法人税率の90％超の法人税率の対象となっている所得は合算課税の対象外とする高税率免除の規定が存在していますが，GILTIにおいても，米国外で一定以上の高税率で課税されている場合，GILTIの合算から除外する外国子会社合算税制に準じる高税率免除規定が新たに提案されています[12]。

---

11 本説明は，EY税理士法人Japan tax alert「米国，『FDII・GILTI控除』財務省規則草案公表」（2019年3月11日）を参照して作成しています。

🍵【コーヒー・ブレイク】

OECDにおける議論

　デジタル課税に関して公表された2019年2月のパブリック・コンサルテーション・ドキュメントでは，第2の柱（残されたBEPS問題）として，米国のBEAT及びGILTIと類似のルールを導入する旨の提案がなされています。具体的には，①軽課税国に所在する子会社等へ帰属する所得を親会社の所得と合算して課税する課税ルールの提案（an income inclusion rule。米国のGILTIに類似した課税ルール）と，②軽課税国に所在する関連企業への支払い（例：使用料）に対して，損金算入を否定又は租税条約上の特典を否定することにより，支払会社側の国でその支払いに対し課税するルールの提案（a tax on base eroding payment。米国のBEATに類似した課税ルール）がなされています。なお，OECDは，2019年11月8日，上記①に関する公開討議案（Global Anti-Base Erosion Proposal（"GloBE"）-Pillar Two）を公表しました。OECDにおいてこれらの提案に関して合意に至った場合，日本でも合意に基づくルールを国内法に導入することになると考えられるため，引き続きOECDにおける議論を注視する必要があります。

　なお，上記に関連するものとしては，平成29年度税制改正によって，部分合算課税の対象となる受動的所得に，下記「資産，人件費，減価償却費の裏付けのない異常所得」の金額が新たに設けられています（措法66の6⑥十一）。

(5) タックスシェルターの登録・開示制度

　米国は，行き過ぎたタックスシェルター（Abusive Tax Avoidance Transaction: ATAT）の登録・開示制度を有していますが，後述の英国の対応する制度の説明箇所で言及することにします。

2　EU

　上記第2章②9(3)（169頁）で述べたとおり，EUでは，租税回避防止指令（Anti-Tax Avoidance Directive，通称「ATAD」）が2016年7月12日に採択されました。すべてのEU加盟国は，いくつかの規定を除いて，2018年12月31日までに租税回避防止指令を遵守するための立法的措置を講じなければならず，2019年1

12　本説明は，EY税理士法人Japan tax alert「米財務省，GILTIに関する最終財務省規則ならびに新財務省規則草案を公表」（2019年6月27日）を参照して作成しています。

月１日から適用しなければならないとされています（ATAD11条）。

一般的租税回避否認規定については，「適用される租税法の趣旨又は目的に反する租税上の有利な取り扱いを受けることを主要な目的又は主要な目的の一つ（the main purpose or one of the main purposes）として行われた実態のない（not genuine）取決め又は一連の取決めは，法人税額の計算上，無視するものとする。」と規定されており，「実態がない（not genuine）」とされるのは，経済的実質を反映した正当な商業上の理由（Valid commercial reason which reflects economic reality）がない場合であるとされています（ATAD 6条）。

上述のとおり，すべてのEU加盟国は，ATADに規定された租税回避防止措置について，原則として，2018年12月31日までに立法的措置を講じ，2019年１月１日から適用しなければならないとされているため，現時点では，EUの全加盟国が国内法において一般的租税回避否認規定を有していることに留意が必要です。ただし，以下において具体的にいくつかの国の一般的租税回避否認規定を見ていきますが，その具体的な内容は各国の歴史的経緯や判例法理の発展等を反映したものとなっているため，EU加盟国間においても必ずしも同じものとはなっていません。

☕【コーヒー・ブレイク】

State Aid（国家補助）

EUでは，State Aid（国家補助）の一形態として，補助金だけでなく租税補助も行われていますが，2005年に欧州委員会が公表したState Aid Action Planでは，Level Playing Field（公平な競争条件）を目的とすることを明確にしており，多国籍企業に対する個別のルーリングについて，問題となる可能性があります。アップルに対するアイルランドの税制優遇措置が違法なState Aid（国家補助）に該当するかが問題となった事件においては，130億ユーロを追徴せよという欧州委員会の決定に対して，アイルランド政府はこれを受け入れられないとして提訴して争っています。

---

３ 英 国

「英国の裁判所は法的形式を重視する点でわが国と類似していると言われるが，英国GAARは租税回避否認を巡る不確実性や限界を乗り越えるための立法であり，

否認されるべき濫用的なスキームを差別化するための「ダブルリーズナブルテスト」や，課税庁の裁量権の拡大への納税者の懸念に対処するための「GAARアドバイザリーパネル」をはじめとする数々の新しい工夫を租税回避否認の仕組みに持ち込んでおり，わが国でも参考になる点が多いものと考える。」と指摘されています（森信論文3頁）。そこで，以下において，英国GAARを詳細に検討します。

(1) GAAR成文化までの経緯

最初に，裁判所の租税回避の否認に関する判断基準の変遷を説明します。

(i) Westminster事件

英国では，伝統的に租税法律主義に基づき，租税法の創造は立法府の役割であると考えられており，裁判所は立法府の制定した法令を厳格に解釈するという態度を示していました。そのような考え方を確立した裁判例が，1935年に出されたWestminster事件における英国上院（House of Lords，2009年に最高裁判所が設置されるまで英国における最高裁の役割を果たしていました。）判決です。

Westminster事件において，ウェストミンスター公爵は，同人が雇用し，給与を支払っていた使用人との間で，給与の代わりに，それ以前に受け取っていた給与の額と同額になるような一定の金額を年金の形式で支払う旨を合意しました。ウェストミンスター公爵がそのような契約を締結した理由は，当時の付加税（Surtax）の課税標準の算定において，使用人に対する支払いで給与所得に該当するものは控除することができないとされており，付加税の課税標準から控除することのできる支払いに変更するためでした。第一審である高等法院（The High Court）は，形式ではなく実質によれば継続して勤務する者に対する支払いは賃金であるため，付加税の課税標準の算定において使用人に対して支払われる年金を控除することはできないと判断しました。これに対して，控訴審である控訴院（The Court of Appeal）は，実質という曖昧な文言により判断すべきではなく，第一審の判決は法的効果を無視することになるとして，使用人に対して支払われる年金の控除を認めました。これに対して，上院は，4対1で，控訴院の判決を認め，国の上告を棄却しました。上院判決のうち，Tomlin卿は，以下のように判示しており，当該判示が租税法規の文理解釈及び法形式を重視する「Westminster原則」として一般化されました。

「いかなる者も，可能であるならば，手段を講じることによって，関係する法律で求められる税負担をそのような手段を講じなかった場合に比べて軽減させる権利を有している。また，仮に，そのような結果を確保するために手段を講じることに成功するならば，税務当局やその他の納税者が，この手段を講じた者の巧妙さに対して如何に批判的であろうとも，その者は，追加の税を負担することを義務付けられることはない。」

Westminster原則は，経済的実体よりも法的形式を重視したため，当該原則を利用して多数の租税回避スキームが作り出されることとなり，そのような状況で出されたのが，以下のRamsey事件における英国上院判決であり，租税回避を否認する新しいアプローチを採用しました。

(ii)　Ramsey事件

Ramsey事件は，多額の譲渡益を有していたラムゼイ社が，当該譲渡益と相殺するため，金融機関から借入れを行った上で，子会社に対して高い金利及び低い金利によって2つの貸付を行い，両貸付債権を売却したという事案です。低い金利の貸付債権は価値が低くなり，譲渡損失が生じるため，当該譲渡損失を上記の譲渡益と相殺する一方，高い金利の貸付債権の譲渡益については，租税法規上は非課税となるように設計されていました。1981年の上院判決においては，5名の裁判官の全員一致でラムゼイ社の譲渡損失の利用を認めませんでした。当該判決では，あらかじめ定められた一連の取引において，租税回避以外の経済的合理性が存在せず，かつ，実際上発生しないことが想定されていない取引が含まれている場合，裁判所は当該一連の取引を一体のものとして扱った上でその結果に対して課税することができるとする「ラムゼイ原則」が打ち出されました。

(iii)　Ramsey事件後の裁判所判断の不安定

上記のとおり，Ramsey事件における上院判決は，租税回避を一定の限度で否認するラムゼイ原則として一般化されましたが，当該原則をどのように理解すべきかという点については，租税回避の否認が争われた後の多数の裁判例において意見が分かれることになります。ラムゼイ原則については，新たな租税回避否認の法理であるとして，同原則を適用するための要件について裁判例によって議論がされました。例えば，1984年のDawson事件においては，事前に準備された一

連の取引が存在すること，及び複合取引の中に納税義務を回避する以外に商業上の目的を有しない取引が挿入されていることがラムゼイ原則を適用するための要件とされました。やがて裁判所は，ラムゼイ原則は，新たな租税回避否認の法理を定めたものではなく，租税法規の目的論的解釈にすぎないという理解を打ち出します。2003年のArrowtown事件において，香港終審法院判決は，ラムゼイ原則について，「究極の問題は，関係する制定法の規定は，目的的に解釈する場合，現実的に見て，当該取引に適用されることが意図されたものであるかどうかである」と判示されており，当該判示は「アロータウン・テスト」と呼ばれ，後の英国下級審判決においてもたびたび引用されています。

(2) アーロンソン報告書とGAARの制定法化

　上記のような経緯を踏まえ，2010年に誕生した保守党と自由民主党の連立政府はキャメロン首相の下で租税回避対策に取り組むこととし，アーロンソン勅撰弁護士を中心とした研究会が発足しました。2011年11月に導入報告書（GAAR STUDY）が公表され[13]，2012年に議会によるGAAR規定の原案が立案されました。その後の修正を経て，2013年3月に財政法案が提出され，同年7月にGAAR（General Anti Avoidance Ruleではなく，General-Anti Abuse Rule）が2013年財政法（Finance Act 2013 Part 5（第5款）及びSchedule（手続規則）43）に創設されました。

(3) GAARの概要

　第5款の各条文の見出しは次のとおりです。

第206条：包括型濫用対抗規則
第207条：「租税取極め」（tax arrangement）及び「濫用的」の意義
第208条：「租税利益」の意義
第209条：租税利益への対抗
第210条：派生的な調整
第211条：裁判所又は租税審判所における手続き

13　アーロンソン報告書においては，租税回避への「適切な対応は，そのような試みを阻止するための個別の規定を立法府が導入することである。したがって，これは一種の租税を巡るチェスゲームであり，ただし増え続ける指手及び駒の数を伴っている。」と指摘しています（同書113頁）。

228◆　第3章　わが国の租税回避否認規定と諸外国のGAAR

第212条：GAARと従前の優先規則の関係
第213条：派生的な改正
第214条：第5編の解釈
第215条：施行及び経過規定

⑷　主要条項

　以下に主要な条項を引用します。なお，訳文は，岡直樹「英国のアーロンソン報告書とGAAR」（財務省財務総合政策研究所「フィナンシャル・レビュー」平成28年第1号（通巻第126号）2016年3月所収（以下「岡論文」ということがあります。）136〜139頁）によっています。

　　「第206条　包括型濫用対抗規則
　　　⑴　本編は，濫用的な租税取極から生じる租税利益の効力に対抗（counteracting）する目的で効力を有する。（訳注：一般的には「否認」の意味だが，英国のGAARは申告調整型である点に留意。209条⑸，210条⒜⒝）
　　　⑵　本編の規定を全体として「包括型濫用対抗規定」（the general anti-abuse rule）と呼ぶ。
　　　⑶　包括型濫用対抗規定は，次の税に適用される。
　　　　⒜　所得税
　　　　⒝　法人税（同様に取扱われるものを含む）
　　　　⒞　譲渡所得税［筆者注：⒟号以下は省略］」

　アーロンソン報告書は，「きわめて濫用的で仕組まれた技巧的なスキームで，許し難いと多くが考えるものを対象にすべきであり，真っ当なタックスプランニングの大きな"中央部分"に影響を与えるべきではない」（パラ5.1）としていました（岡論文114頁）。上記206条及び下記207条は，当該趣旨を反映しています（下線は筆者によります。）。

　　「第207条「租税取極め」及び「濫用的」の意義
　　　⑴　取極め（arrangements）は，全ての状況について考慮を払った場合，<u>租税利益の獲得が取極めの主たる目的又は主たる目的の一つであると</u>

合理的に結論することができる場合，「租税取極」［筆者注：tax arrangementsのことです。］である。

(2)　租税取極めは，下記を含む全ての状況を考慮した場合に，その締結又は実施が，適用される租税規定との関係において<u>合理的な行動のあり方</u>（合理的な態様。a reasonably course of action）であると<u>合理的に考えることができない場合</u>（cannnot reasonably be regarded）<u>濫用的</u>である。

(a)　当該取極めの実質的な結果が，当該規定が立脚する原則（明示的か黙示的かを問わない）及び当該規定の製作目標と矛盾しないかどうか。

(b)　かかる結果を達成するための手段（means）が，一つまたはそれ以上の仕組まれた（contrived）又は通常と異なる（abnormal）段階を含んでいるかどうか。

(c)　当該取極めが，当該規定の不備を利用することを意図しているかどうか。

(3)　租税取極めが他の取極めの一部をなす場合，当該他の取引についても考慮する。

(4)　以下のそれぞれは，<u>租税取極めが濫用的であることを示すかもしれない事項の例</u>である。

(a)　取極めのもたらす課税上の所得，利益又は譲渡益の金額が，経済目的のそれより相当程度少ないこと。

(b)　取極めのもたらす租税上の控除又は損失の金額が，経済目的のそれより相当程度大きいこと。

(c)　取極めが，支払われていない又は支払われる蓋然性に乏しい税の還付又は控除（外国税を含む）権をもたらすこと

ただし，いずれの場合についても，かかる結果は関連する規定が立法された時点において予想されていなかった結果であると合理的にみなすことができる場合に限る。［筆者注：(5)及び(6)項は省略］」

　　上記207条（特に同条(1)・(2)項）は，いわゆるダブルリーズナブルテストを採用しているとされています。すなわち，「対象となる取引（一連の取引）は，税メリット（「租税利益」）の獲得が主たる目的か主たる目的の一つであると合理的に結

230◆　第3章　わが国の租税回避否認規定と諸外国のGAAR

論できるもの（207条⑴項）であり，適用される租税法の規定との関係において合理的な行動と合理的に考えることが出来ない場合［筆者注：同条⑵項］，濫用的な取引として否認の対象となる。」とされています（岡論文117頁）。

　なお，207条⑴項の「租税利益の獲得が主たる目的か主たる目的の一つである」という表現は，BEPS防止措置実施条約7条（条約の濫用の防止）1項のそれに似ています。

　「第209条　租税利益への対抗（Counteracting）
　　⑴　濫用的な取極めがあった場合，（本編の適用なかりせば）当該取極めから生じたであろう租税利益は，調整を講ずる（making of adjustments）ことにより対抗される。［筆者注：⑵～⑺項は省略］……
　第211条　裁判所又は租税審判所（訳注：租税事件専門の裁判所）における手続
　　⑴　包括的濫用対抗規則に関する裁判所又は審判所の審理において，HMRC［筆者注：Her Majesty's Revenue and Customs，歳入関税庁］は次を示さなければならない。
　　（a）　濫用的な租税取極めが存在すること，及び
　　（b）　租税利益に対抗するために講じられた調整が妥当で合理的なものであること。
　　⑵　包括的濫用対抗規則に関するいかなる事項について決定する場合にも，裁判所又は租税審判所（tribunal）は次を考慮しなければならない（must）。
　　（a）　HMRCによる包括的濫用対抗規則に関するガイダンスで，GAARアドバイザリーパネルにより承認されたものであって，租税取極めが締結された時点におけるもの
　　（b）　GAARアドバイザリーパネルによる意見（別表43　11節参照）［筆者注：⑶項省略］」（下線は筆者によります。）

　アドバイザリーパネルは，2019年6月時点で，9名の委員から構成されます。委員には，英国内国歳入関税庁のコミッショナーが指名した弁護士等の実務家が就任しています。具体的な事案がアドバイザリーパネルに付託された場合，3名の委員からなるサブパネルを構成し，検討の上アドバイザリーパネルの意見を内

国歳入関税庁及び納税者に通知するものとされています（後述の別表43第10条1項）。

アーロンソン報告書は，課税庁の委員の参加を提案していましたが，公聴会を経て，課税庁の代表を排除することになりました。

(5)　別表43

上記別表43「General Anti-Abuse Rule：手続的要件」の下では，以下に定める所定の手続を完了しない限り，歳入関税庁は対抗措置を執ることができないとされています。

①　歳入関税庁の指定された職員による納税者への通知（パラグラフ3）

②　納税者による通知に対する書面による意見表明（パラグラフ4）

③　歳入関税庁の指定された職員によるアドバイザリーパネルへの付託（パラグラフ5～9）

④　アドバイザリーパネルの3名の構成員からなるサブパネルによる決定及び意見通知の送付（パラグラフ10・11）

⑤　歳入関税庁の指定された職員による，アドバイザリーパネルの意見を考慮したうえでの，納税者への通知（パラグラフ12）

(6)　ガイダンス（General Anti Abuse Rule（GAAR）guidance）

上記ガイダンスは，歳入関税庁（HMRC）が作成しますが，アドバイザリーパネルによって定期的に検討されることになっています。そして，上記211条(2)項のとおり，裁判所又は租税審判所は，決定の際にガイダンスを考慮しなければならないとされています。ガイダンスの構成は以下のとおりです。

Part A……Purpose and status of the guidance（ガイダンスの目的及び地位）

Part B……Summary of what the GAAR is designed to achieve and how it operates to achieve it（GAARが何を達成するよう作られているのか及びそれを達成するためどのように運用されるのかについての概要）

Part C……Specific points（特定の論点）

Part D……Examples（具体例）

Part E……GAAR procedure（GAARの手続き）

まずPart Aにおいて，歳入関税庁が本ガイダンスを公表する目的及び本ガイ

ダンスの法的地位を論じています。本ガイダンスの目的は，第一に，専門家ではない人にもわかりやすいような言葉で，GAARが何を達成するよう作られているのか，及びGAARがそれを達成するためにどのように運用されるのかについて概要を説明することにあります（A2）。第二に，GAARの目的を議論し，GAARの特徴を検討し，必要に応じて具体例によってそれらの議論を解説することによって，GAARの解釈及び適用の一助となることにあります。本ガイダンスのうち，Part A〜Dについては，アドバイザリーパネルの承認を得ていることから，裁判所及び租税審判所は，本ガイダンスを考慮しなければならないとされています（A4）。一方Part Eについては，考慮することはできるものの，考慮しなければならないとはされていません（A5）。

　Part Bにおいては，GAARはWestminster事件の上院判決等で示された，納税者は合法的な方法であれば，いかに不自然かつ真の経済的なポジションと異なるものであったとしても租税回避を行う権利を有するという考え方を否定するものであり（B2.1），納税者の取決めが，合理的な行動のあり方であると合理的に考えることができない場合には，そのような行為に立法的な制限を設けるものであるとされています（B2.3）。GAARのターゲットは，濫用的な取決めを用いようとする納税者及びそのような取決めを促進しようとするプロモーターであるとされており，濫用的とは言えない租税回避については，他の租税法の規定によって否認されうることはあるものの，GAARの対象ではないとされています（B3.1）。一方で，多くの状況において，納税者が選択することができる行為は複数認められており，合理的な行動のあり方はGAARの対象外であることを認識することも重要であると指摘しています（B4.1〜4.4。そのような例として，個人で又は法人を通じて事業を行うことの選択や制定法における税務上のインセンティブを利用することを挙げています。）。

　その上で，本ガイダンスは，GAARの適用要件である，対象となる税目（B9），租税取決めの意義（B10，B11），納税者にとってのセーフガード（B12），引き直し計算及び二重課税が生じることを防ぐための二次的調整（B13）などが説明されています。また，英国のGAARの大きな特徴の一つとして，課税当局によるGAARの濫用的な適用を防ぐための様々な手続的な制約を設けているところ，GAARを適用するためには，歳入関税庁が指定した職員によって行われなければならないことやアドバイザリーパネルの審理が必要とされていることが説明され

ています（B14）。Part Cでは，GAARの適用要件について，Finance Act 2013の
GAARに関する規定の要件ごとにその詳細が説明されています。

> ☕【コーヒー・ブレイク】
>
> 　英国は，2017年予算において，2020年4月1日から始まる事業年度の法人税率を
> 現行の19％から17％へ引き下げるとしています。その結果，日本企業の英国子会社
> はわが国の外国子会社合算税制上，租税負担割合による適用免除を受けられない可
> 能性がより大きくなるので，経済活動基準を満たすか，それとも同基準を満たさず
> 「対象外国関係会社」に該当するかどうかを検討することが重要になります。

(7)　迂回利益税（Diverted Profits Tax）

　英国の迂回利益税（Diverted Profits Tax）は，企業が，経済的実体のない取引
又は英国での課税対象となることを人為的に回避する取引を行うことによって，
英国から利益を移転している場合，移転された利益に対して，通常の法人税率
（現行20％）よりも高い25％の租税を課すというもので，2015年4月1日から適
用されています。迂回利益税は，大企業が，①英国での課税対象になるであろう
恒久的施設（PE）の認定を回避すること，又は②グループ内での支出又は所得
の移転を通じて租税上のミスマッチを利用するため経済実体を欠く取引や事業体
を使うことによって，英国から利益を迂回させることを防ぐことを目的としてい
ます。なお，迂回利益税は，法人税とは別の税目であるため，法人税とは別の課
税手続きに関するルールを規定しているとされています。英国財務省は，迂回利
益税により12億ポンドを超える税収予測を立てており，内国歳入関税庁は，2017
年に，迂回利益税を調査するための新チームを創設し専担職員を増員しました。
その結果，2018年度において2億1,900万ポンドの徴税がなされました（企業によ
る自主的なストラクチャーや移転価格ポリシーの変更による税収増等も含めると3億
8,800万ポンドになります。）。

　歳入関税庁は，2015年11月に，迂回利益税に関するガイダンス（Diverted
Profits Tax Guidance）を公表しました。

　具体的には，上記②については，英国法人又は英国にPEを有する外国法人が，
関連者間取引を介在させることによって，租税上のミスマッチを利用することに
よって租税負担の軽減が生じており，かつ，取引が経済的実質に欠ける場合に，
迂回利益税が課されるとされています（Section 80・81。当該要件を以下「ミスマ

ッチ要件」といいます。）。上記①については，外国法人が適用対象とされており，法人税法上英国内で取引を行っているものとみなされないようにするために当該外国法人又は当該外国法人の事業のために英国内で活動している者の活動が設計されており，ミスマッチ要件又は租税回避要件の両方又はいずれかを満たす場合に，迂回利益税が課されるとされています（Section 86(1)）。ミスマッチ要件は，上記②の迂回利益税の課税要件と基本的に同様であり，租税回避要件とは，事業活動に関連して，主たる目的又は主たる目的の一つが法人税の回避又は軽減にある取決めを用いることとされています（Section 86(2)・(3)）。

　ミスマッチ要件は，主として(i)関連者間取引の介在，(ii)租税上のミスマッチの利用による租税負担の軽減及び(iii)経済的実質の欠如からなります。(i)関連者間取引とは，取引の当事者の一方（又は第三者）が直接又は間接に他方当事者（又は両当事者）の経営，支配又は資本に参加していることが要件とされています（Section 106）。(ii)租税上のミスマッチの利用による租税負担の軽減とは，取引によって当該取引の当事者の一方に生じる税額の増加分が，当該取引によって他方当事者に生じる税額の減少分の80％未満である場合（当該一方当事者に生じる税額の増加は，英国の税の増加に限られず，外国税の増加であってもかまわないとされています。）を言うものとされています（Section 107）。(iii)経済的実質の欠如とは，取引が租税の減少を確保することを企図しているものと仮定するのが合理的であること（ただし，租税以外の利益が当該租税の減少分を超える場合には除外するものとされています。）を言うとされています（Section 110）。

　課税のための手続きとしては，迂回利益税は申告課税制度は採用されていないものの，迂回利益税の課税要件を満たす場合には，当該法人は，事業年度終了後3か月以内に，歳入関税庁に対して通知をしなければならないとされています（Section 92）。歳入関税庁の職員は，迂回利益税の課税要件を満たすと信じる理由がある場合には，基本的に，事業年度終了後24か月以内に，法人に対して事前通知をするものとされています（Section 93）。事前通知を受け取った法人は30日以内に意見表明を行うことができるとされており（Section 94），歳入関税庁の職員は，当該意見表明も考慮して，課税通知を発するかどうかを決定するものとされています（Section 95）。

③ 諸外国のGAAR ◆235

【コーヒー・ブレイク】

　英国のEU離脱に伴い，日本企業の英国子会社について，様々な課税問題が生じると考えられます。まず，従来は，欧州親子会社指令，利子使用料指令などが適用される結果，英国子会社と他のEU加盟国に所在する関連会社間での配当，利子，使用料は基本的に源泉所得税が免税とされていましたが，これらの指令はEU離脱後には適用されなくなります。同様に，合併買収指令の適用もなくなるため，今まで課税繰延べとされていた一定のクロスボーダーM&Aについても，課税繰延べを受けられなくなります。消費税（付加価値税）については，現在，EU加盟国は，付加価値税指令に基づき統一された制度を採用していますが，EU離脱後には同指令が適用されなくなることにより，英国とEU加盟国の消費税の制度は異なりうることとなります。また，関税についても，現在EU加盟国間の取引に対して関税は賦課されていなかったところ，EU離脱後には，英国からEU加盟国に輸出される製品に関して，（英国とEUとの間で，英国がEU離脱後も関税同盟に残る旨の合意がない限り）関税が課されることになります。

(8) 開示義務制度

　英国は，いわゆるDOTAS（Disclosure of Tax Avoidance Schemes）制度を有しています。「英国は2004年に租税回避スキームの開示制度の導入を先行させているが，2013年にGAARを制定法に導入したことにより，租税回避への総合的な対応が図られることとなった」[14]とされています（岡論文133頁）。開示義務者は，歳入関税庁が指定したスキーム商品を販売しているプロモーターです。ガイダンスによると，スキームのデザイナーや組成者も含まれています。プロモーターが，オフショア・法的特権を有する法律家等である場合を想定した規定もあります。開示スキームは，①守秘義務条項が付された取引，②成功報酬型取引，③標準化された租税回避取引等です。不履行の場合にはペナルティが科されます。英国の税法は，上記のDOTAS制度とは別に，税務戦略の公表義務を定めています。す

14　増井良啓教授は，租税回避対応について，次のとおり指摘しています（増井良啓『租税法入門（第2版）』56頁）。「文言を離れた法令解釈は，安定性を欠くし，おのずから限度がある。迂遠なようであっても，課税要件の立法的整備こそが，王道である。さらに，アグレッシブな租税回避スキームの義務的開示制度（MDR：Mandatory Disclosure Rules）や，企業会計上の情報開示，租税専門家の倫理と規律など，市場参加者のインセンティブに着目した総合的アプローチが重要というべきであろう。」

236◆ 第3章　わが国の租税回避否認規定と諸外国のGAAR

　なわち，英国の税法は，7億5千万ユーロ超のグループ総売上高，又は，英国の
グループで2億ポンド超の総売上高若しくは20億ポンド超の総資産を満たす多国
籍企業に対し，毎会計年度末までに英国における税務戦略をウェブサイトで公表
することを義務付けています。公表する税務戦略は，英国子会社の取締役会が承
認した事業全体の戦略及び運営方針に沿ったものでなければならず，また毎年見
直しを行い，更新する必要があります。

　なお，上記のとおり，米国は行き過ぎたタックスシェルター（Abusive Tax
Avoidance Transaction: ATAT）の登録・開示制度を有しています。英米の義務的
開示制度の概要は，次のとおりです。

	米国	英国
開示対象税目	所得税（個人，法人），遺産・相続税，その他の連邦税	所得税，法人税，譲渡収益税，土地印紙税，相続税等 ※付加価値税については本制度とは別途に開示制度あり
開示義務者	プロモーター及び納税者 ※一定以上の収入を得るプロモーターに限る	プロモーター（又は納税者） ※プロモーターが国外にいる等の場合に，納税者に開示義務が課される
開示対象取決め	以下の基準のいずれかに該当する取決め ・税務当局が指定した取決め ・守秘義務を伴う取決め ・契約上の保護を伴う取決め ・損失を生み出す取決め ・税務当局が関心を有する取決め	税の軽減が主要な便益である，以下の基準のいずれかに該当する取決め ○一般基準 ・守秘義務を伴う取決め ・成功報酬を伴う取決め ・標準化された取決め ○特別基準 ・損失を生み出す取決め ・リースに関連する取決め ・給与所得に関する取決め ・居住用不動産税に関する取決め

③ 諸外国のGAAR ◆237

開示期限等	・プロモーターは，開示義務者になった暦年四半期末の翌月末までに税務当局にプロモーター登録書を提出 ・納税者は，開示説明書を税務申告書に添付して提出	・プロモーターは，取決めが納税者に利用可能となった日から5日以内に，税務当局に開示
顧客リストの作成・提出義務	あり（プロモーターは，税務当局からの要求があった日から20営業日以内に提出）	あり（プロモーターは，四半期ごとに税務当局へ提出）
不開示に対するペナルティ	あり	あり

（出典：政府税制調査会の平成29年11月1日付け説明資料［総14-1］〔国際課税について〕より）

4 ドイツ

ドイツの租税回避否認規定については，金子宏『租税法（第23版）』において，「租税回避行為の否認を一般的に認めた有名な例」として説明されており，次のとおり，1977年のドイツ租税通則法42条及び2007年の改正後の同条文が引用されています（135・136頁）。

(i) 1977年ドイツ租税通則法42条

「(1) 租税法律は，法の形成可能性の濫用によって回避することはできない。濫用が存在する場合には，租税請求権は，経済事象に適合した法的形成（einder den wirtschaftlichen Vörgangen angemessenen rechtlichen Gestaltung）の場合に成立するのと同じく成立する。

(2) 前項の規定は，その適用可能性が法律上明文で排除されていない場合に適用することができる。」

(ii) 2007年改正後42条

「(1) 租税法律は，法の形成可能性の濫用によって回避することはできない。租税回避の防止のための個別租税法律の規定の要件が充足される場合には，当該規定によって法効果が決定される。それ以外の場合において，第2項に規定する濫用が存在するときは，租税請求権は，経済事象に適

合する法的形成をした場合に成立するのと同じく成立する。

(2) 濫用は，不相当な法的形成が選択され，相当な形成と比較して，納税
義務者または第三者に法律上想定されていない租税利益［税負担の軽減
ないし排除］がもたらされる場合に，納税義務者が，その選択した当該
法的形成について状況の全体像から見て租税外の相当な理由があること
を証明した場合には，存在しないものとする。」

上記の2007年の改正は，裁判所によるGAARの適用に関する判例に対する課税
当局の不満が要因になったものの，最初に出された法案は明文の濫用要件を定め
ていなかったため，各方面から厳しい批判を受け大幅な修正を余儀なくされた結
果，法案に修正が重ねられ，結局「空騒ぎだったのか（Viel Lärm um nichts?）」
と評される結果に終わったと評価されています（谷口勢津夫『租税回避論―税法の
解釈適用と租税回避の試み―』「第4章　ドイツ租税基本法42条の意義と展開」参照）。

(1) GAAR適用の規準

濫用は，以下の要件を満たす場合であるとされています（GAARs – A Key
Element of Tax Systems in the Post-BEPS Tax Worldの14章「ドイツ」参照）。

---

① 納税者により選択された取引が，納税者自身又は第三者に対して，意図されな
い租税上の利益をもたらすような取引であること。租税を減少させるためだけに
実行されたのであり，それ以外の理由（経済的合理性）が存在しない場合，当該
取引は不適切であるとされる。
② 納税者に租税法の濫用の意図があること。
③ 租税法の濫用が，租税の減少，そして，納税者自身又は第三者の租税上の利益
をもたらすこと。

以上から，対象となる取引が上記の3要件を満たす場合，ドイツ租税通則法
（Abgaben ordnung：AO）42条が適用となります。GAARの適用に関する立証責
任としては，まず，課税当局が，納税者の選択した法形式が濫用であることにつ
いての立証責任を負います。課税当局が当該立証に成功した場合，次に，納税者
は，選択した法形式に租税以外の動機が存在することについて立証することにな
り，当該立証に成功すればGAARは適用されないことになります。

(2) ドイツ課税当局によるGAAR適用のガイドライン

ドイツの課税当局は，GAARの適用を決定するガイドラインを公表しています。当該ガイドラインでは，まず，個別的否認規定とGAARの関係について論じており，個別的否認規定の要件が充足される場合には当該個別的否認規定に基づき課税関係を決定することとなり，個別的否認規定の要件が充足されない場合に初めてGAARの適用が検討されることとされています。

また，以下の4要件を満たす場合には，ドイツ租税通則法42条2項における「濫用」が存在するとされています。

① 経済効果を達成するのに適切ではない法形式が選択されていること
② 選択された法形式が，適切な法形式に比べて，納税者や第三者に租税上の便益をもたらすものであること
③ 当該租税上の便益が法律によって規定されたものでないこと，かつ，
④ 事案の全体像に照らして，納税義務者が，選択された法形式に対して租税以外の理由に関する証拠を示すことができないこと

税負担を軽減しようとしているという事実や通常ではない特徴を有しているという事実のみをもって選択された法形式が不適切とされることはありませんが，法形式が，意図された税効果を考慮しないと，非経済的，複雑，不自然，過剰，非効果的又は不条理なものである場合には不適切であるとされています。

5 フランス

フランスでは，1941年に，租税手続法L64条に一般的租税回避否認規定が定められ，2008年に改正されています。改正後の条文は以下のとおりです（和訳は今村隆『現代税制の現状と課題 租税回避否認規定編』234・235頁を参照しています。）。

「国税庁は，当該行為が虚偽であるか，又は，納税者が通常は生じるであろう租税負担を免れたり減少させることのみを目的とし，立法者の意図に反する利便益を得ようとしていて，法の濫用を構成する場合，当該行為の真実の性質を再構成したり，否認することができる。

本条に基づき通知された更正に関し見解の不一致が存在する場合，納税義務者の申立てに基づき，係争事案は権利濫用禁圧諮問委員会の答申に委ねられる。租税行政庁も，また，その下された答申が年間報告の対象となる当該委員会の

答申に係争事案を委ねることができる。

　租税行政庁が，当該委員会の答申に従わない場合，当該租税行政庁が，その更正の適法性を立証しなければならない。」

　フランスの租税回避否認規定の特徴の一つとして，課税庁による租税回避否認規定の適用について，第三者委員会の答申の手続きを設けていることにあります。当該委員会の答申は当事者や裁判所を拘束するものではないものの，答申の効果として，課税庁が当該答申に従わない場合，その更正の適法性を立証しなければならないとされています。また，GAARが適用される場合，80％の加算税が課されるとされている一方，納税者が法の濫用について主導権を有していなかった場合や法の濫用の受益者であることが認められなかった場合には，加算税は40％になるとされています（フランス一般租税法1729条）。

　上記第三者委員会は，毎年当該委員会に諮問された案件についてアニュアルレポートを公表しており，2017年では，諮問された件数としては44件，答申が出された件数が43件とされています。答申が出された案件のうち，19件についてはGAARの適用に賛成する答申であり，24件はGAARの適用に反対する答申となっています（comité de l'abus de droit fiscal「Rapport annuel 2017」）。

　以上の一般的租税回避否認規定に加えて，EUのATADを実施するため，フランスは，2019年予算案において，「適用される租税法の趣旨又は目的に反する租税上の有利な取り扱いを受けることを主要な目的又は主要な目的の一つとして行われた，全ての事実及び状況を考慮した上で，実態のない取決め又は一連の取決めは，法人税額の計算上，無視するものとする。取決め又は一連の取決めは，経済的実質を反映した正当な商業上の理由がない場合には実体のないものとされる。」との規定をフランス一般租税法205A条として追加しました。当該規定は2019年1月1日以後の事業年度から適用されています。また，当該規定が追加された後も，上記フランス租税手続法L64条は削除されないため，2019年1月1日以降は，フランスには，2種類の異なる一般的租税回避否認規定が併存することになります。

6　オランダ

　オランダには，制定法における一般的租税回避否認規定及び判例法理における租税回避の否認の2種類の一般的租税回避否認が存在します。

　まず，オランダ一般租税法31条は，一般的租税回避否認規定を定めていますが，同条は直接税のみを対象にしており，付加価値税等は対象にしていません。また，課税当局は財務大臣の承認が得られた場合にのみ上記の租税回避否認規定を適用できるところ，1987年8月1日以降，財務大臣は上記承認を与えていないとされています。その理由としては，下記の判例法理を用いた租税回避否認と一般租税法典31条の租税回避否認の課税要件は実質的に同じであるところ，判例法理を用いた租税回避否認の方が手続きが簡素であるため，こちらが用いられているからのようです（GAARs — A Key Element of Tax Systems in the Post-BEPS Tax World の21章「オランダ」参照）。

　現在適用されている租税回避否認のアプローチである判例法理は，ローマ法における法の濫用（fraus legis）の考え方に由来するものであり，1926年のオランダ最高裁判決によって租税法分野において初めて用いられ，1984年のオランダ最高裁判決によって，一般租税法31条と課税要件が同じであることが示されました。現在では，判例法理を適用するための要件として，①取引を行う決定的な理由が租税回避であるという主観的要件，及び②当該取引が法の趣旨及び目的に反するという客観的要件の2つの要件を満たす場合には，その取引を実質的な観点から引き直すことができると考えられています。また，当該法理は，所得税，法人税，源泉税や相続税など広範な範囲の税に対して適用され，2012年のオランダ最高裁判決によって付加価値税についても適用することができるとされています。

　なお，上述のとおり，EUでは，すべてのEU加盟国は，一部の規定を除き，租税回避防止指令（ATAD）に定められた内容の国内法を2019年1月1日から適用しなければならないとされており，ATADの中には一般的租税回避否認規定が含まれています。しかし，オランダは，Fraus legisという租税回避否認の判例法理を既に有しているため，新たな制定法の規定を設ける必要はないとして，特段の立法措置を行っていません。

7 スペイン

スペインでは，一般租税法15条及び16条に一般的租税回避否認規定が定められています。15条においては，「租税法規の適用における不一致」に関する否認が定められており，具体的には，①取引が実際に生じた結果を達成する方法として不自然又は不適切であり，②租税上の利益以外の，通常の行為又は取決めによって得られるであろう法的・経済的な結果又は便益をもたらさないような取引によって，納税者が課税事由を回避し，課税標準又は税額を減少させる場合，「不一致」があるとされています（同条①）。課税当局が同条を適用して否認するためには，同法に定める特別委員会による課税当局の見解を支持する答申結果を得る必要があるとされています（同条②）。そして，GAAR適用の効果として，通常の行為又は取決めに対して適用されるであろう租税法規によって課税され，また，得られた租税上の便益を除去するとされています（同条③）。また，16条においては，「架空取引」に関する否認が定められており，具体的には，取引の背後に隠された目的がある場合に「架空取引」があるとされており，その適用の効果として真実の取引に基づいて課税されるとされています。なお，スペインにおいては，国際課税の分野を中心として，多数の個別的租税回避否認規定が定められているため，GAARは実際にはそれほど適用されておらず，代わりに個別の規定を当該規定の趣旨に基づいて広範に適用する傾向にあるとも言われています（クリフォード・チャンス「Tackling tax avoidance: a comparative study of general anti-abuse rules across Europe」2013年6月15頁参照）。

なお，上述のとおり，EUでは，すべてのEU加盟国は，一部の規定を除き，租税回避防止指令（ATAD）に定められた内容の国内法を2019年1月1日から適用しなければならないとされており，ATADの中には一般的租税回避否認規定が含まれています。しかし，スペインは，ATADに準拠した一般的租税回避否認規定を既に有しており，新たな制定法の規定を設ける必要はないとして，特段の立法措置を行っていません。

☕【コーヒー・ブレイク】

2018年10月に締結されたわが国とスペインとの租税条約24条の仲裁手続について，12項(c)のスペインの一般租税法15，16条に規定する一般的に濫用を防止する規則の適用の場合，又は同規則に実質的に類似する日本の法令の規定の適用の場合（同項

（c)），伸裁の対象とはならないとしています（同項(d)）。同規定に実質的に類似する日本の法令の規定については，GAARのような規定を想定しており，現行法上はこれに該当するものはないと解されているようです。

8　オーストラリア

(1)　2015年改正前のGAAR

オーストラリアは，多国籍企業向け租税回避防止法（Multinational Anti Avoidance Law。以下において"MAAL"といいます。）を一般租税回避防止法の改正として導入していました（Section 177DA, Income Tax Assessment Act 1936）。2015年改正前は次のような内容でした。

納税者の行った「スキーム」が，「税法上の利益（租税負担の減少額）を得ることを唯一又は主な目的〔注："the sole or dominant purpose"〕であると「8つのテスト」により客観的に判断されるならば，課税庁はその「スキーム」を無視又は再構成して，納税者の「租税上の利益」を否認することができます。

ここで，租税上の利益とは，Section 177Cにより，課税所得金額が減少した場合，控除，純損失，繰戻損失，外国税額控除及び源泉徴収税額控除が認容された場合をいいます。

また，「スキーム」（scheme）とは，合意（agreement），取決め（arrangement），理解（understanding），契約，約束（promise）又は履行（undertaking）を包括する非常に広い概念で定義されており，計画（plan），提案（proposal）又は行動（action）等の一連のステップも含まれます（177A）。

① 当該スキームが行われた方法（態様）
② 当該スキームの形式と実質
③ 当該スキームが行われた時期及び期間
④ 当該スキームによって達成されうる所得税賦課の結果
⑤ 当該スキームによって，納税者に生じた，生じうる又は合理的に生じると見込まれるあらゆる財務ポジションの変化
⑥ 当該スキームによって，納税者と関係を持つ又は持っていた関連者に対して，生じた，生じうる又は合理的に生じると見込まれるあらゆる財務ポジションの変化
⑦ 当該スキームを行った納税者又は関連者が得た他のあらゆる成果

⑧　納税者と関連者との関係の性質

⑵　2015年改正

　オーストラリアは，OECDのBEPSプロジェクトに沿い，多国籍企業による租税回避に対抗するため，2015年に一般租税回避防止法の第Ⅳ編Aに177条DAを新たに挿入しました。これは，MAALに基づく改正となります。

　具体的には，一定規模以上の世界規模事業体（significant global entities，以下「SGE」といいます。）が，オーストラリアに恒久的施設（以下「PE」といいます。）を有さず，同国に所在する子会社に製品のサポートサービスなどをさせるなどして販売した場合には，製品の販売益自体はSGEに帰属させ，SGEがオーストラリアにPEを有するとみなして課税するというものです。これは，BEPS行動計画1において，電子経済への対応が間接税の領域のみで議論されたことに対するオーストラリアの不満を表すものであり，直接税についてPEを置かないでなされるPE課税回避取引に対応するものと考えられます。

　ここで特徴的なのは，第Ⅳ編Aは，dominant purpose test（同A5項）を少し緩和してprincipal purpose test（主要目的テスト）として立法したことであり，OECDにおけるBEPSプロジェクトでの議論と平仄を合わせたものと考えられます。

　改正後のMAAL規定は通称「グーグル・タックス」と呼ばれ，非居住者がオーストラリア国内にPEが発生することを意図的に回避している場合，PEがあるとみなし課税対象とされ，2016年1月1日以降の取引から適用されています。

⑶　2016年改正
ア　迂回利益税（Diverted Profits Tax）

　2017年3月27日，オーストラリアでは，MAALをさらに強化するため，迂回利益税（Diverted Profits Tax: DPT）を導入し，主要なグローバル企業に対して，オーストラリアを迂回した取引による利益に対して40％の課税を行うことを可能としました。国外関連者がオーストラリアでの適用税率の80％を下回る軽課税国を迂回してサプライ・チェーンが構築されている場合に対象となり，オーストラリアの居住者である子会社等が課税対象となります。

イ　オーストラリアのPE anti-avoidance rule

PEを通じた事業活動の利益が，独立企業間の利益よりも小さい場合に，独立企業間の水準に課税するため，MAALにより国外からオーストラリアへ財貨サービス等が提供された場合に，大規模多国籍企業へ適用される租税回避否認規定が適用範囲を拡大してPEにも適用されるようになっています。

(4)　BEPS防止措置実施条約

オーストラリアは，わが国との租税条約をBEPS防止措置実施条約の適用対象として選択しており，2019年1月1日から適用となっています。同条約では，7条の条約濫用制限がMandatory Articleとなっており，2015年改正で導入された主要目的テストがOECDのBEPSミニマム・スタンダードを実現するDefault Optionであることをオーストラリア国税庁は表明しており，PE租税回避による税負担の軽減が主要な目的（支配的な目的でなくとも）であれば，適用されることになります[15]。

9　インド

(1)　GAAR導入の沿革

2012年財政法案において，所得税法にGAARを導入することが提案され，当初案では，2012年4月1日から施行する予定でした。その後，GAARの適用開始は何度か延期され，結局，2017年4月から適用されています。

(2)　GAARの規定の概要

2012年財政法（Finance Act, 2012: Act No. 23 of 2012）に規定されたGAARは，第10A章の95条から102条に規定されました。

総則的規定である95条は，納税者の所定の取極めは，第10A章の規定により許容されない租税回避取極めとみなされ，その課税が決定される旨規定しています。次に，96条は，主観的及び客観的要件に基づき，許容されない租税回避の取極めを定めています。

15　オーストラリア国税庁の多国間条約に関するホームページ（https://www.ato.gov.au/General/International-tax-agreements/In-detail/Multilateral-Instrument/#Article 7 Preventionoftreatyabusemandatory）。

すなわち，前者の要件として，租税上の恩典を得ることが主たる目的である場合が規定され，後者の要件としては，次に掲げる4つの要素のいずれかに合致する場合が規定されています。

① 一連の取極めが第三者間では通常生じない権利又は義務を創設すること
② 所得税法の規定の不正使用又は濫用を行うこと
③ 商業上の実体を欠くか又は95条の下で商業上の実質を欠いているとみなされること
④ 通常であれば採用されない手段又は方法により，取極めが実行されること

(3) GAARに係る適正な執行を担保する方法

税務当局がGAARを適用した恣意的な課税処分を行わないように，インドでは，GAAR適用の適正性を審査する委員会（Approving Panel：以下「パネル」といいます。）が設けられています。

パネルは3名から構成され，長は裁判官経験者，他の2名は経験豊富な税務署長クラスの職員と税務に詳しい学者です。税務当局は，納税者の見解に承服できずGAARを発動すべきであると判断した場合には，事案をパネルに付託しなければなりません。パネルは，付託後6か月以内に決定を行わなければなりません。法律上許容されない取極めであるという内容の決定の場合，税務当局は，当該決定内容に従った課税処分を行わなければなりません。

🍵【コーヒー・ブレイク】

　下記2012年税制改正前の株式の間接譲渡が否認対象となったのが，いわゆるボーダフォン事件です。

　インドで携帯電話事業を行っているインド法人Hutchison Essar Ltd.（HEL）の株式の約67％を直接又はモーリシャス法人等の複数の中間持株会社等を通じて保有しているケイマン法人であるCGP Investments（Holdings）Limited（CGP）の株式を，Vodafone International Holdings B.V.（ボーダフォン・グループのオランダ法人であるVIH）がCGPの親会社であるケイマン法人のHutchison Telecommunications International（HTIL）から約111億米ドルで購入したところ（次頁の図参照），インド税務当局は，買主に約26億米ドルの源泉徴収義務があるとして課税処分を行いました。インド最高裁は，2012年1月20日，課税処分を支持したボンベイ高等裁判所の原判決を破棄して，上記株式の譲渡益に対してインドの課税権は及ばない旨判

断しました。具体的には、インド最高裁は、取引の法的性質を判断する際に取引全体を相対的に観察すべきであるとしました。その上で、会社法及び税法（特に法人課税）は、個別事業体原則（separate entity principle）に基づいているため、経済的な実質に基づいて別個の法人格を否認して課税を行うためには、税務当局が、その取引に関するすべての事実と状況に基づいて、その取引が法人格を濫用し、合理的な事業目的を有しないことを立証する必要があるとした上で、本件取引がHEL株式の売却ではなく、CGP株式の売却によって行われたことについて、事業上の合理性が認められるため、税務当局の主張は認められないとしました。

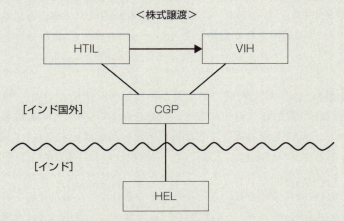

なお、インドでは、本件の最高裁判決が出された後、本件取引と同様の間接譲渡について、外国法人株式の重大な価値がインドに所在する資産に由来する場合、インドの課税権に服するとする2012年度の税制改正が成立しています。さらに、同税制改正の「重大な価値」を明確化する2017年の税制改正[16]の結果、インド孫会社の資産価値が1億ルピー超であり、中間法人の総資産に占めるインド孫会社の資産価値の割合が50％を超えているならば、間接譲渡による譲渡益がインドの課税対象となります（所得税法9①）。

10　中　国

中国は、2007年の企業所得税創設の際にGAARを導入しました。

16　インドでは毎年2月末頃に予算案（Budjet）が公表され、その中に税制改正案も含まれています。

企業所得税法は，第6章［特別納税調査］において，移転価格税制（41条～44条），外国子会社合算税制（CFC税制，45条）及び過少資本税制（46条）を定め，その後ろの47条に，次のとおりGAARを規定しています。

「企業がその他の合理的な事業目的のない計画を実施し，課税収入又は所得額を減少させた場合，税務当局は合理的な方法により調整を行う権限を有する。」

中国のGAARについては，下記のような説明がされています（青山慶二「途上国の一般的租税回避否認規定（GAAR）の過大とわが国への示唆―新興国を中心に―」（財務省財務総合政策研究所「フィナンシャル・レビュー」平成28年第1号（通巻第126号）2016年3月59頁）。すなわち，GAARは，租税回避取引が個別否認規定では否認できないときに適用される最終手段（the last report）と位置付けられています。

「移転価格税制，CFC税制，過少資本税制等のSAARsが41条～46条に規定された直後に，GAARは同法47条として規定されており，その配置場所からは，前置されたSAARを潜り抜けてきた租税回避行為を補足するいわゆる"Catch All"条項と位置づけられ，さらには，中国税法におけるGAARが国境を越えた取引を念頭に置いたものであることをうかがわせている。すなわち，47条は，納税者が課税所得金額を減少させる結果となる合理的な事業目的を有しない取引でかつSAARがカバーしない取引を行った場合に，課税当局は合理的な方法で構成できると規定している。ここには，合理的と非合理的な事業目的という区分があるが，司法による法解釈の実績が少ない中国では，その最終判定権者は実質的に行政機関に任されることが多い。」

企業所得税法施行令120条において，上記の「合理的な事業目的の欠如とは，主たる目的が納付すべき税額を減少，回避又は繰り延べることをいう。」と定義されています。そして，「合理的な事業目的」を欠く取引の類型について，多くの公告等が発遣されています。

例えば，2015年制定の「非居住企業による財産の間接譲渡に係る企業所得税の若干の問題に関する公告」（国家税務総局公告［2015］7号）及び2017年制定の「非居住企業の所得税の源泉徴収に関する問題についての公告」（国家税務総局公告［2017］37号）の下で，非居住企業が軽課税国等に持株会社を設立し，その持株会

社が中国居住企業の出資持分を所有しているという状況で，非居住企業が中国国外（軽課税国等）の持株会社の出資持分を他の会社に譲渡（中国居住企業持分の間接譲渡）した場合には，当該間接譲渡が組織形態の濫用等を通じて行われ合理的な事業目的を持たずに中国の企業所得税の納税義務を回避したと認められる場合には，その国外持株会社の存在が否認され，非居住企業が中国居住企業の出資持分を直接譲渡したものとみなされて，譲渡所得課税が行われることになります。中国に進出する日本企業には，持分譲渡の容易さ等を考慮し香港等に持株会社を設ける場合が多いと思われますが，このように，形式的には中国国外（例えば香港）の法人の持分譲渡であっても，中国の課税に服する場合があるので特に注意が必要です。

④ 義務的開示制度

1 行動12（義務的開示制度）最終報告書の概要

OECDの行動12最終報告書は，各国間の税制の隙間を利用した過度又は濫用的なタックス・プランニング（aggressive or abusive tax planning）を未然に防止するための義務的開示制度（Mandatory Disclosure Rules）を提案しています。

財務省作成の「国際課税関係資料」（平成30年9月，53頁）は，行動12（義務的開示制度）の概要を，次頁のとおりわかりやすくまとめています。

行動12の最終報告書は，タックス・プランニングに関する(i)報告義務者，(ii)報告対象取引，(iii)報告時期，(iv)報告内容，(v)罰則規定等を検討しています。なお，同報告書は，特定の義務的開示制度の採用を義務付けてはおらず，それぞれの構成要素について複数の選択肢が示され，導入を希望する国ごとにふさわしい制度設計を認めるというモジュラー方式が採用されています。

2 義務的開示制度の具体的内容

(1) 義務的開示制度の主要目的

行動12の最終報告書は，義務的開示制度の主要目的を251頁のように記載しています（なお，以下の訳文は本庄資「BEPSプロジェクト2015最終報告書行動12（仮訳）義務的開示ルール」（租税研究2016年12月号289頁以下）によっています。）。

行動12　義務的開示制度

背景及び行動計画の概要

○租税回避を抑制するとともに出現した租税回避スキームに速やかに対処するため，プロモーター及び利用者が租税回避スキームを税務当局に報告する制度（義務的開示制度）の策定について検討。

報告書の概要

○現在，米国，英国，カナダ，アイルランド，イスラエル，韓国，ポルトガル，南アにおいて，義務的開示制度が導入されていることから，これらの国の知見を踏まえた勧告を作成。
○勧告では，開示義務者，開示内容，開示手続等の主な項目について複数の選択肢を用意し，各国が自国の法体系のもとで最適な様式を選択することを認める形（モジュラー方式）を採用。
○義務的開示制度は，事前照会制度や自発的情報開示制度等の情報開示制度及び一般的租税回避否認規定と相互補完関係にあるところ，義務的開示制度の導入を検討する際には，それらの制度・規定との関係性についても精査する必要。

【義務的開示制度の一例】

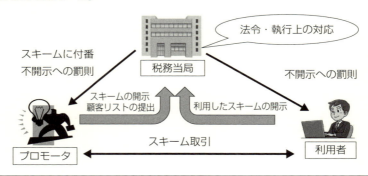

今後の対応

○各国が勧告を踏まえて，所用の措置を講ずる。我が国においても，勧告の内容を踏まえ，義務的開示制度の導入の必要性を検討する。

「義務的開示制度の主要な目的は，過度又は濫用的になり得るタックス・プランニング策に関する情報を早期に提供し，当該タックス・プランニング策のプロモーターと利用者を確認することである。迅速かつ適正な情報収集による早期探知によって，税務当局は，法令遵守の施行を強化できる。……さらに，早期情報によって，税務当局は，納税者の営業方針，法規の変更を通じた納税者の行動の変化に迅速に対応することができる。」（パラグラフ12）

　なお，義務的開示制度と一般的租税回避防止ルール（GAAR）は，「相互に補完的である。」とされています。ただし，「開示目的上「報告すべきスキーム」の定義は，一般に，GAARの対象とされる租税回避の定義より広く，タックス・プランニングの観点から，アグレッシブ又は高リスクと認められる取引も対象とすべきである。」とされています（パラグラフ35）。

(2)　プロモーターの意味

　上記の「プロモーター」とは，タックス・プランニング策を立案，販売等を行って助言を行う者を意味します。税理士，公認会計士，弁護士等が含まれます（パラグラフ17）。そして，「利用者」とは，タックス・プランニング策を利用する納税者です（パラグラフ71）。

(3)　報告義務者

　最終報告書においては，プロモーターと利用者双方に報告義務を負わせるオプションと，プロモーター又は利用者のいずれかに報告義務を負わせるオプションが提案されています（パラグラフ61・62）。前者のオプション方式は米国及びカナダが採用し，後者のオプション方式は英国，南アフリカ等が採用しています。後者の方式において，プロモーターが海外に居住しているような場合には，納税者が主たる報告義務を負うことが勧告されています。

(4)　報告対象取引

　租税回避スキームや過度なタックス・プランニングスキームと結び付く特定の指定事項（hallmarks）に該当する場合には，報告義務が課されることになります。指定事項には，一般的なものと特別のものの2種類があるとされています。一般的な指定事項には，守秘義務を伴う取決めや成功報酬を伴う取決めが含まれます。

252◆ 第3章　わが国の租税回避否認規定と諸外国のGAAR

特別の指定事項には，損失を生み出す取決めやリースに関連する取決め等が含まれます（パラグラフ91・92・118）。

(5)　報告期限

租税回避策の報告期限は，国によって異なります。例えば，前述のとおり，英国の制度の下では，プロモーターは租税回避スキームが納税者に利用可能となった日から5営業日以内に開示しなければならないとされています。最終報告書は，数日以内，数か月以内，あるいはそれより長い期間を定めることができるとしています（パラグラフ138・142・143）。

(6)　ペナルティ

義務的開示を遵守しなかった場合には，罰金が科せられるのが一般的です。国によってはその他の処分が行われる場合があります。例えば，カナダの制度においては，義務的開示を遵守しなかった場合には，租税回避スキームの有効性が停止され，当該策から生じる利用者のいかなる有利な税効果も否認されます（パラグラフ182・195）。

3　わが国の対応

(1)　政府税制調査会の説明資料

政府税制調査会の平成29年11月1日付け説明資料［総12-15］〔国際課税〕は，「「BEPSプロジェクト」の勧告を踏まえた国際課税のあり方に関する論点整理（平成28年11月14日）」を再掲して，「タックス・プランニングの義務的開示制度」について，対象範囲や罰則の内容等について諸外国の制度も参照し，制度のさらなる改善に活かしていくことが必要としていました（17頁）。

そして，26頁以下で，「BEPSプロジェクト」「行動計画　12」最終報告書の内容を253頁～254頁のとおり，要領よくまとめています。

④　義務的開示制度　◆253

【BEPS行動12】義務的開示制度の制度設計における項目ごとのオプション・勧告⑴

開示対象の範囲

○主に二つのアプローチを提示
・主要便宜テストを設けた上で，一般・個別報告基準により開示対象の範囲を特定するアプローチ
・主要便宜テストを設けず，一般・個別報告基準のみにより開示対象の範囲を特定するアプローチ

前提条件

○租税回避に着目
・主な便益が税務上の利益を得ることか（主要便宜テスト）等

＋

一般基準

○販売活動に着目
・守秘義務（納税者）
・成功報酬　等

＋

個別基準

○高リスク分野に着目
・損出しスキーム
・リースバック取引　等
※デミニマス（金額）基準も採用可

（いずれか一つを満たせば報告対象）

開示対象義務者

○プロモーター及び納税者
又は
○プロモーター又は納税者
（原則，プロモーターのみ）

開示時期及びスキームを利用した納税者の特定方法

開示義務者	開示時期	スキームを利用した納税者の特定方法
プロモーター	スキームが利用可能となって一定期間内	スキーム参照番号及び顧客リスト又は顧客リストのみ
納税者	スキームを実行してから一定期間内	スキーム参照番号

254◆　第3章　わが国の租税回避否認規定と諸外国のGAAR

【BEPS行動12】義務的開示制度の制度設計における項目ごとのオプション・勧告⑵

コンプライアンス

遵守の効果

○開示対象取引に該当すること
→必ずしも租税回避を意味しない
○当局からの指摘がないこと
→取引の有効性・容認を意味しない

不遵守の効果（金銭的ペナルティ）

○スキーム開示，顧客リスト提出等の義務に違反した場合，
→早期開示を促す観点から，日々定額のペナルティを賦課
→税務上の利益・受取報酬額に応じたペナルティを賦課

開示すべき情報

○プロモーター及びスキームを利用した納税者の詳細，スキームの詳細，該当する開示基準・関係租税法令，予想される税務上の利益，顧客リスト（プロモーターの場合のみ）等

クロスボーダースキーム

国際的な租税スキームに対応するためには，上記の制度は以下のとおり修正が必要
○クロスボーダースキームに焦点を当てた開示基準を設定
○自身がスキームの一因であり，自国に重大な税務上の影響が及ぶ場合に開示義務が発生（その場合，主要便宜テスト等の前提条件は不要）
○開示義務者が不十分な情報しか有していない場合，その開示義務者は，不足している情報を有していると考えられる者を特定すべき

(2) 平成29年度税制改正大綱以降の動向

ア 平成29年度税制改正大綱

平成29年度税制改正大綱は，義務的開示について，「租税法律主義に基づくわが国の税法体系との関係」を検討事由の一つとして明記した上で，「わが国での制度導入の可否を検討する」と述べていました（同書139頁）。

そして，平成29年度税制改正大綱［補論］「今後の国際課税のあり方についての基本的考え方［骨子］」は，「中期的に取り組むべき事項」として，「過大支払利子税制」の見直し等に並べて，「タックス・プランニングの義務的開示制度」の導入の可否を挙げていました。すなわち，「「BEPSプロジェクト」の最終報告書，諸外国の制度や運用実態及び租税法律主義に基づくわが国の税法体系との関係等も踏まえ，わが国での制度導入の可否を検討」と記載していました。

イ 国税庁の平成30年度税制改正要望

国税庁は，平成30年度税制改正要望として，次の意見を述べていました。

「租税回避に利用されるおそれのある一定の取引に関与したプロモーターやその取引を行った納税者に対して，当局への報告及び関連資料の保存を義務付ける。報告義務違反等には罰則を設ける。」

そして，そのような「租税回避スキーム報告制度の導入」を要望する理由を次のように説明していました。

「国際的租税回避スキームを的確に把握するための制度が整備されていないため，スキームの把握が困難である。我が国も諸外国の制度を参考に同様の制度を導入することにより，限られた人員での効率的な調査や納税者へのけん制効果が期待できる。」（「週刊税務通信」平成30年3月26日14頁）

ウ 令和元年度税制改正大綱

義務的開示制度の導入は，令和元年度税制改正の対象とはされず，また，今後の検討事項としても挙げられていません。ただし，国税庁は，平成30年度税制改正要望と同様に，租税回避スキーム報告制度の導入を要望しています（「週刊税

務通信」平成31年 3 月25日14頁)。

エ　将来の検討課題

　わが国が義務的開示制度を将来導入する場合，基本的には上記のBEPS行動12の最終報告書の内容に基づいて制度が設計されるものと思われます。しかし，最終報告書においても特定の制度の採用が勧告されたわけではなく，複数の選択肢が示されており，具体的な制度設計は導入を希望する国が決めるとされているため，様々な検討課題が存在するように思われます。具体的には，次のような点があるように思われます。

　まず，開示をすべき者としては，租税回避スキームのプロモーター及び/又は利用者とされていますが，その範囲をどのように定めるかが問題になります。特に，プロモーターについては，欧米などでは租税回避スキームを開発及び販売するための専門家集団であるプロモーターが多数存在する一方，日本ではそのようなプロモーターによって国際的租税回避スキームが開発されているという事実はあまりないと推測されます。制度設計にあたっては，このような日本における現状を正確に把握した上で立法措置を講じる必要があるように思います。

　また，開示の対象となる租税回避スキームの具体的な範囲も問題となります。財務省主税局国際租税総合調整官（当時）の細田修一氏は，開示の対象については「2つの考え方があって，1つは租税回避スキーム自体なかなか特定できませんので，租税回避リスクが高いもの，例えば守秘義務がかかっている，もしくは成功報酬制になっているというものについて報告対象とするものです。もう1つはよく租税回避スキームで使われるような損出しのスキームであるとか，取引の内容に着目したものについて報告対象とするものです。この2つの報告基準を組み合わせることによって，ある程度報告の対象を絞った上でプロモーターないし納税者の方に開示・申告いただく，報告を頂くというようなことになってくるのだろうと思います。」と述べています（「税・財政及び国際課税を巡る現状と課題」日本租税研究協会第69回税研究大会記録）。この点，対象が狭すぎると制度の実効性が失われるおそれがある一方で，対象が広すぎる又は不明確であると納税者に過度の負担を負わせることになってしまいますので，両者を衡量した上でその範囲を定める必要があります。

　さらには，制度の実効性を確保するためには，義務の不遵守に対して一定のペナルティを科す必要があるところ，具体的にどのようなペナルティを科すべきか

についても検討が必要です。

5 わが国における国際的租税回避否認

1 総論

(1) 租税回避否認に関する裁判所の基本的判断基準

上記のとおり，わが国は，租税回避に対するGAARを有していません。そのような状況下で，最高裁補足意見は，租税法律主義の下での租税回避の否認に関する基本的解釈論について，次のように明確かつわかりやすく説示しています（武富士事件最判補足意見（平成23年2月18日（判決20））須藤裁判官補足意見）。

「憲法30条は，国民は法律の定めるところによってのみ納税の義務を負うと規定し，同法84条は，課税の要件は法律に定められなければならないことを規定する。納税は国民に義務を課するものであるところからして，この租税法律主義の下で課税要件は明確なものでなければならず，これを規定する条文は厳格な解釈が要求されるのである。明確な根拠が認められないのに，安易に拡張解釈ないし類推解釈，権利濫用法理の適用などの特別の法解釈や特別の事実認定を行って，租税回避の否認をして課税することは許されないというべきである。そして，厳格な法条の解釈が求められる以上，解釈論にはおのずから限界があり，法解釈によっては不当な結論が不可避であるならば，立法によって解決を図るのが筋であ」る。

(2) 租税回避目的と否認

裁判所は，次のとおり，租税回避目的があったとしても，それだけで否認されるべきではないと判示しています。

まず，東京高裁はいわゆるガイダント事件において，次のように判示して，国の控訴を棄却しました（平成19年6月28日判決（判決21）。下線は筆者によります。）。

「被控訴人が，本件契約締結前において，日本の法人税の課税対象にならないように検討を重ねたことが認められるから，租税回避の目的があったことは

認められる。一般論として，租税回避という目的が認定された場合には，その選択された手段，態様によっては，違法という認定がされることはありうるが，そのような目的自体，自由主義経済体制の下，企業又は個人の合理的な要求・欲求として是認される場合もある。そして，税負担を回避するという目的から，本件資金を日本ガイダントに提供する方法としてGIBVと日本ガイダントとの間において匿名組合を組成するという方法を採用することが許されないとする法的根拠はないといわざるを得ないことは，原判決が判示するとおりである。」

　また，減価償却費と借入利子がリース事業の収益よりも多額となるために生じる損失の配分を受けた出資者が，損益通算により税負担の軽減を図るスキームが租税回避か否かが問題となった国際的な航空機リース取引事件において，名古屋高判平成17年10月27日（判決23）は，「租税負担を伴わないかあるいはそれが軽減されることなどを動機ないしは目的として，何らかの契約を締結する場合には，その目的等がより達成可能な私法上の契約類型を選択し，その効果意思を持つことは，合理的経済人の通常の行動で，当該当事者が作出した契約等の形式について，これと異なる効果意思の存在を推認することは，当事者の意思（私法上選択された契約類型）を離れて，その動機等の主観的要素のみに着目して課税することになり，当事者が行った法律行為を法的根拠なく否定する結果になる。」と説示しました。

(3)　国際的租税回避の有無を判断する際の特徴

　国際的租税回避の有無を判断する対象となるものは，国際的な取引であったり，また，国際的取引に関与する外国の事業体です。純粋な国内取引であれば，内国法人（又は個人の居住者）間の和文で締結された日本法を準拠法とする契約条項の権利・義務等の内容が検討対象となります。ところが，国際的な取引の場合であれば，例えば，内国法人（又は個人の居住者）と外国法人との間で締結された外国法を準拠法とする英文等の契約条項の権利・義務等の内容が検討対象となります。そこでは，わが国の租税法令の下で国際的租税回避の有無を判断する際に，外国法が準拠法とされた契約について，私法上の解釈の場合と同様，指定された準拠法である当該外国法の下での解釈を前提とすべきか，それとも日本法を準拠法とした解釈が許されるのかといった問題も生じます。

　次に，例えば，外国法の下で設立されたわが国には存在しない事業体と出資者

である内国法人（又は個人の居住者）との関係が検討対象となっている場合に，外国事業体の属性（例えば，出資者とは別個の法人格を有する権利・義務の主体か否か）について，どのような判断基準の下で検討を行うべきかという問題もあります。

　以下(4)において，最初に前者の契約（準拠法）の解釈問題を採り上げ，次に(5)において，後者の外国事業体の属性判断の問題を採り上げます。

(4)　外国法を準拠法とする契約に基づく取引のわが国租税法上の契約解釈（準拠法）の問題

ア　2つの解釈論

　外国法を準拠法とする契約に基づく取引を，わが国の租税法上どのように解釈すべきかという点について，次のとおり異なる2つの考え方があります。

　第一に，納税者が行った私法上の取引について課税要件を充足しているか否かを検討するための前提として，当該取引の私法上の性質を検討する際には，納税者が取引について選択する準拠法の下でいかなる経済的成果を生み出すのかを認定すべきであるとし，当事者の意思どおりの準拠法（外国法）が適用されるとの見解があります。

　第二に，対象となる契約の準拠法が外国法であったとしても，わが国の租税法上の解釈においては日本法を適用すべきであるとの見解もあります。当該見解は，準拠法の選択に関する定めは，あくまで当事者間の私法的な関係を規律するものであり，当事者間の準拠法の指定いかんにより課税の有無が影響を受けるとすれば，課税の公平の見地から大きな問題が生ずることを根拠としています。

　なお，上記に関して，渕圭吾神戸大学教授は，①取引の前提としての私法と②租税法の解釈に際して参照される私法とを区別した上で，租税法の適用にあたっての課税要件事実の認定は上記①に該当するところ，上記①では，納税者の行った個々の行為を認定し，それが納税者の選択する準拠法（ないし取引慣行）のもとでいかなる経済的成果を生み出すのかを認定することになり，上記②については，日本の租税法は課税要件を定めるにあたって，従来から存在していた私法上の概念あるいは枠組みを利用しており，そのような概念あるいは枠組みは，通常，日本の私法のそれであると考えられると論じています（『所得課税の国際的側面』309頁以下。また，横溝大「渉外判例研究　ニューヨーク州法を準拠法とする国際契約と法人税法上の「取得」」ジュリスト1511号150頁も参照）。

イ　当事者が合意した準拠法である外国法を適用すべきとする判決

　液晶ディスプレイ用ガラス基板の製造及び販売を業とする会社である原告による，その製造に用いるプラチナ（減価償却資産以外の固定資産に該当するものとされています。）の調達に関して，法人税法上の固定資産の「取得」の意義及び時期について争われた東京地判平成28年7月19日（判決24）は，原告のプラチナの取得の時期を判断する前提として，当事者の契約の解釈に関する準拠法について，以下のとおり判示しています。

　　「法人税に係る法的規律の枠組み及び関係法令上の「取得価額」の位置付けに照らすと，法人税法及び同法施行令における法人による固定資産の「取得」の意義については，法人がその事業活動を行うに当たって準拠される私法法規及びこれに基づく私法上の法律関係を前提とした上で，租税法規における固定資産の取得の根拠となる経済事象としての実体を備えた行為として，所有権移転の原因となる私法上の法律行為がこれに当たるものと解するのが相当であり，上記「取得」の時期はその原因行為による所有権移転の時期がこれに当たるものと解される。

　　しかるところ，本件において，原告とミツイ社及びBBK社とは，本件各契約の準拠法としてニューヨーク州法を指定する旨の合意をしており（ミツイ基本契約12条，BBK基本契約15条），同州法が本件各契約の準拠法とされている（法適用通則法7条）ので，本件各契約における法人（原告）による固定資産（本件各プラチナ）の「取得」の時期，すなわち私法上の法律行為としての本件各契約による所有権移転の時期については，本件各契約の準拠法である同州法に基づく法律関係の規律を前提とした上で，我が国の租税法規における固定資産の取得の根拠となる経済事象としての実体を備えた行為として，我が国の民法上の所有権移転に相当する実質を備えた私法上の法律行為が行われたと認められる時期がこれに当たるものと解するのが相当である。」

　上記の判示は，①取引の前提としての私法と②租税法の解釈に際して参照される私法とを区別した上で，①については当事者の合意した準拠法によって検討し，②については日本法によって判断すべきであるとする上述の渕教授の見解と整合性があり，本件においては①が問題となっていると理解しているように思われます。次のウの判決も，上記①と②を区分していますが，租税回避行為の有無が争

点となる事案については，特に②を重視すべきであるとしています。

ウ　外国法の適用を排除し日本法を適用すべきとする解釈

　ファイナイト再保険事件の控訴審である東京高判平成22年5月27日（判決25）は，まず，租税回避行為の否認と準拠法について，次の判断基準を示しました。

　「租税法は，経済活動（経済現象）を課税の対象としているところ，経済活動は，第一次的には私法によって規律されているものであるから，租税法律主義の目的である法的安定性を確保するためにも，課税は，私法上の法律関係に即して行われるべきである。すなわち，法人税の課税物件である所得が国際取引（契約）によって生み出される場合でも，その課税は，それが私法上の法律関係としてどのような内容で成立し，いかなる効力を生じているかに即して行われるべきである。すると，準拠法の問題が生じる。そして，本件では，本件ELC再保険契約の内容及び効力については，日本法を準拠法とする指定がされ，また本件ファイナイト再保険契約の内容と効力については，イングランド法（英国法）を準拠法とする指定がされているから，前者は日本の私法によるが，本件ファイナイト契約の法律関係は指定されたイングランド法（英国法）によって検討すべきとも考えられる。しかし，契約に関する準拠法は，当事者の指定により決定されるが（法の適用に関する通則法7条），本件のような租税回避行為の有無が争点となる事案においては，適用する法律を当事者の自由な選択によって決定させるならば，当事者間の合意によって日本の課税権を制限することが可能となり，著しく課税の公平の原則に反するという看過し難い事態が生ずることになるから，同法42条の適用によって，外国法の適用を排除し，国内公序である日本の私法を適用すべきである。すると，本件ファイナイト再保険契約に関する法人税の課税は，日本の私法によって法的性質を決定された上で課税物件の有無が判断されることになる。」

☕【コーヒー・ブレイク】
　法の適用に関する通則法7条及び42条は，次のとおり規定しています。
「（当事者による準拠法の選択）
　第7条　法律行為の成立及び効力は，当事者が当該法律行為の当時に選択した
　　　　地の法による。」

> 「（公序）
> 　第42条　外国法によるべき場合において，その規定の適用が公の秩序又は善良
> 　の風俗に反するときは，これを適用しない。」

　上記控訴審判決は，法の適用に関する通則法42条を根拠として同法7条の適用
を否定しました。しかし，通則法42条は，外国法を準拠法としたのでは，当該外
国法の適用がわが国の公の秩序又は善良の風俗に反する場合には，当該外国法を
準拠法とすることを認めないものであり，直接的には，外国法の内容が日本の公
序に反することを理由として外国法の適用を否定するものであると考えられてい
ます。わかりやすい例としては，離婚を禁止する法律が離婚の準拠法となった場
合において，当該法律は公序に反するとして離婚を認めた例などが挙げられます
（澤木敬郎＝道垣内正人『国際私法入門（第8版）』61頁）。しかし，本判決では，準
拠法とされた英国法の内容そのものではなく，英国法を準拠法として選択したこ
と自体が日本において租税回避になるような場合に，通則法42条の公序違反に該
当するとして英国法を準拠法とすることを否定するものであり，通則法42条の本
来的に想定されている適用場面ではありません。したがって，上記控訴審判決は
この点において疑問があります。

(5)　外国において設立された事業体のわが国租税法上の属性決定

　以下において，外国において設立された事業体がわが国の租税法上どのような
属性を有するものとして取り扱われるのかについて解説します。

ア　デラウェア州LPS事件

　従来，米国デラウェア州等のリミテッド・パートナーシップ（以下「LPS」と
いいます。）は，わが国から米国の不動産等に投資するための投資ヴィークルと
して実務上多く用いられてきていました。そして，わが国の税実務の取扱いとし
ては，LPSで稼得された所得はパススルーして構成員に帰属するとされていまし
た。したがって，LPSで生じた損失についても，一定の配分割合に応じて，わが
国の構成員（投資家）に直接帰属するものと扱われ，節税効果をあげることが可
能でした。ところが，下記の事案において，デラウェア州LPSが，わが国の税法
上，任意組合のようにパススルー扱いを認められるものか，それとも法人かが争
われ，最高裁は，当該デラウェア州LPSは，わが国の税法上パススルー扱いが認

められるものではなく，法人に該当する旨判断しました（最判平成27年7月17日（判決26））。

　すなわち，最高裁判決は，次のとおり，本件のデラウェアLPSは，わが国の所得税法2条1項7号等に定める外国法人に該当するので，損失のパススルーは認められない旨判断しました。

　「我が国においては，ある組織体が権利義務の帰属主体とされることが法人の最も本質的な属性であり，そのような属性を有することは我が国の租税法において法人が独立して事業を行い得るものとしてその構成員とは別個に納税義務者とされていることの主たる根拠であると考えられる上，納税義務者とされる者の範囲は客観的に明確な基準により決せられるべきであること等を考慮すると，外国法に基づいて設立された組織体が所得税法2条1項7号等に定める外国法人に該当するか否かについては，上記の属性の有無に即して，当該組織体が権利義務の帰属主体とされているか否かを基準として判断することが相当であると解される。
　その一方で，……外国法に基づいて設立された組織体につき，設立根拠法令の規定の文言や法制の仕組みから，日本法上の法人に相当する法的地位が付与されていること又は付与されていないことが疑義のない程度に明白である場合には，そのことをもって当該組織体が所得税法2条1項7号等に定める外国法人に該当する旨又は該当しない旨の判断をすることが相当であると解される。……
　以上に鑑みると，外国法に基づいて設立された組織体が所得税法2条1項7号等に定める外国法人に該当するか否かを判断するに当たっては，まず，より客観的かつ一義的な判定が可能である後者の観点として，〔1〕当該組織体に係る設立根拠法令の規定の文言や法制の仕組みから，当該組織体が当該外国の法令において日本法上の法人に相当する法的地位を付与されていること又は付与されていないことが疑義のない程度に明白であるか否かを検討することとなり，これができない場合には，次に，当該組織体の属性に係る前者の観点として，〔2〕当該組織体が権利義務の帰属主体であると認められるか否かを検討して判断すべきものであり，具体的には，当該組織体の設立根拠法令の規定の内容や趣旨等から，当該組織体が自ら法律行為の当事者となることができ，かつ，そ

の法律効果が当該組織体に帰属すると認められるか否かという点を検討することとなるものと解される。」

そして，本件について，まず上記〔1〕の観点から検討を行い，「州LPS法や関連法令の他の規定の文言等を参照しても本件各LPSがデラウェア州法において日本法上の法人に相当する法的地位を付与されていること又は付与されていないことが疑義のない程度に明白であるとはいい難い。」と判断しました。最高裁は，次に，上記〔2〕の観点から以下のような検討を行いました。

「そこで，本件各LPSが法人該当性の実質的根拠となる権利義務の帰属主体とされているか否かについて検討するに，州LPS法は，リミテッド・パートナーシップにつき，営利目的か否かを問わず，一定の例外を除き，いかなる合法的な事業，目的又は活動をも実施することができる旨を定めるとともに（106条(a)項），同法若しくはその他の法律又は当該リミテッド・パートナーシップのパートナーシップ契約により付与された全ての権限及び特権並びにこれらに付随するあらゆる権限を保有し，それを行使することができる旨を定めている（同条(b)項）。このような州LPS法の定めに照らせば，同法は，リミテッド・パートナーシップにその名義で法律行為をする権利又は権限を付与するとともに，リミテッド・パートナーシップ名義でされた法律行為の効果がリミテッド・パートナーシップ自身に帰属することを前提とするものと解される。

上記のような州LPS法の定め等に鑑みると，本件各LPSは，自ら法律行為の当事者となることができ，かつ，その法律効果が本件各LPSに帰属するものということができるから，権利義務の帰属主体であると認められる。」

☕【コーヒー・ブレイク】

上記のとおり，最高裁は，デラウェア州LPSは，わが国の税法上法人に該当する旨判断しました。その後，国税庁は米国LPSについて，法人該当性を否定する処理を英文で表明しました。

下記は筆者仮訳です。

「日本の居住者であるパートナーが米国リミテッド・パートナーシップを通じて取得する所得項目に関する日本法に基づく税務上の取扱い

国税庁は，日本の年金基金などの日本の居住者が米国リミテッド・パートナーシップ（以下「米国LPS」）を通じて得た所得の項目について，日本法に基づく税務

上の取扱いに関して明確性を求めていることを認識している。

日本の最高裁判所が平成27年7月17日に下した判決（判決26）は，一般的に，米国LPSは，税務上，不透明な主体として扱われるべきであり，透明な主体とは扱われないことになるという懸念を一部の納税者に対して抱かせたことから，納税者は税務上の取扱いに関して明確性を求めている。

国税庁は，平成17年度の税制改正（新たに導入された外国パートナーシップの損失制限ルール）を踏まえ，米国LPSを通じて得られる所得項目について，透明な事業体とする取扱いに対して異議を述べない所存である。

国税庁は，日本人居住者（パートナー）が米国LPSに生じ，又は米国LPSを通じて得た所得を，米国LPSからの分配の有無にかかわらず，日本居住パートナーが現に獲得した課税所得として取り扱い，当該パートナーの所得の性質及び源泉は，米国LPSが源泉から直接実現したものとして決定される。ただし，米国LPSが，米国連邦所得税上，法人課税団体として分類される選択を行っていないことを条件とする。

したがって，日米租税条約（「条約」）の適用上，米国LPSを通じて所得項目を取得し，条約に基づく他のすべての要件を満たす日本居住者は，条約の特典を享受する資格を有する。」

国税庁の上記取扱い表明は，前記最高裁判決の内容がそれ以前の実務上の取扱い（パススルーの取扱い）とは異なるものであったことから，日本の居住者がデラウェア州LPS等の米国LPSを通じて投資を行った場合に，果たして，税法上どのように取り扱われることになるのかという疑問が生じていたので，そのような疑問，懸念に対処するために，国税庁は，米国LPSについて米国税法上パススルー扱いがなされているものについては，米国LPSを通じて得る所得（及び損失）に関するパススルー扱いについて一切異議を述べない旨を表明したものです。

国税庁は上記取扱い表明において日米租税条約上の取扱いに言及するなどして前記最高裁判決の適用場面との違いを強調しているようにも推測できますが，最高裁の前記事案も，また，国税庁の上記表明も，日本国によるわが国居住者に対する課税上の取扱いの問題（セービング・クローズがあてはまる問題）なので，国税庁の上記取扱い表明は最高裁判決の内容と不整合であるように思われます。

なお，国税庁の上記見解において言及されている平成17年度税制改正とは，租税特別措置法41条の4の2及び同法67条の12を指しています。

前者が個人についての個別否認規定で，後者が法人についての個別否認規定です。

イ 米国ワシントン州LPS事件

上記のデラウェア州LPSに関する最高裁判決が出された後に，米国ワシントン州のLPSが保有する不動産の減価償却費について，当該LPSの持分を有する法人及び個人の所得金額の計算上損金の額に算入することができるかが争われた事例として，東京地判平成28年12月22日があります（判決27）。

当該事案において，東京地裁は，ワシントン州LPSがわが国の所得税法2条1項7号等に定める外国法人に該当するか否かについては，上記デラウェア州LPS事件最高裁判決と同様，「まず，より客観的かつ一義的な判定が可能である後者の観点として，①当該組織体に係る設立根拠法令の規定の文言や法制の仕組みから，当該組織体が当該外国の法令において日本法上の法人に相当する法的地位を付与されていること又は付与されていないことが疑義のない程度に明白であるか否かを検討することとなり（判断基準1），これにより判断できない場合には，次に，当該組織体の属性に係る前者の観点として，②当該組織体が権利義務の帰属主体であると認められるか否かを検討して判断すべきものであり，具体的には，当該組織体の設立根拠法令の規定の内容や趣旨等から，当該組織体が自ら法律行為の当事者となることができ，かつ，その法律効果が当該組織体に帰属すると認められるか否かという点を検討することとなる（判断基準2）」と判示しました。

その上で，当該事案における当てはめに関しては，まず，上記判断基準1について，ワシントン州のLPS法等の「規定の文言や法制の仕組みに照らしても，本件各LPSがワシントン州法において日本法上の法人に相当する法的地位を付与されていること又は付与されていないことが疑義のない程度に明白であるとはいい難い」としました。次に，判断基準2については，ワシントン州のLPS法やLPS契約の内容等から，「本件各LPSは，改正州LPS法の適用の前後を通じて，自ら法律行為の当事者となることができ，かつ，その法律効果が本件各LPSに帰属するものということができるから，権利義務の帰属主体であると認められ」，本件各LPSは，「我が国の租税法上の法人に該当し，所得税法2条1項7号等に定める外国法人に該当するものというべきである。」と判示し，ワシントン州LPSの法人該当性を認めました。

ウ 英国領バミューダ諸島LPS事件

英国領バミューダ諸島の法律に基づいて組成されたLPSのうち特例パートナー

シップが，わが国の法人に該当するかどうかが争われたのが東京高判平成26年2月5日です（判決28）。当該事案は，本件特例パートナーシップである原告が，国内源泉所得である匿名組合契約に基づく利益分配金について法人税の申告書を提出しなかったとして，法人税の決定処分等を受けたことに対して，原告は，法人税法上の納税義務者に該当せず，国内源泉所得である匿名組合契約に基づく利益分配金を受領した事実はないとして争った事案です。同判決は，外国の事業体の法人該当性の判断枠組みについて，原判決東京地判平成24年8月30日（判決29）の判断を支持して次のとおり判示し，当該特例パートナーシップの法人該当性を否定しました。

「①　原則として，当該外国の法令の規定内容から，その準拠法である当該外国の法令によって法人とする（法人格を付与する）旨を規定されていると認められるか否かによるべきであり，諸外国の法制・法体系の多様性（特にいわゆる大陸法系と英米法系との法制・法体系の本質的な相違），我が国の「法人」概念に相当する概念が諸外国において形成されるに至った沿革，歴史的経緯，背景事情等の多様性に鑑み，当該外国の法令の規定内容をその文言に従って形式的に見た場合に，当該外国の法令において当該事業体を法人とする（当該事業体に法人格を付与する）旨を規定されているかどうかという点に加え，②当該事業体を当該外国法の法令が規定するその設立，組織，運営及び管理等の内容に着目して経済的，実質的に見れば，明らかに我が国の法人と同様に損益の帰属すべき主体（その構成員に直接その損益が帰属することが予定されない主体）として設立が認められたものといえるかどうかを検討し，②の点が肯定される場合に，我が国の租税法上の法人に該当すると解するのが相当であると考える。」

なお，控訴人（国）がデラウェア州LPSの法人該当性が争われた東京高判平成25年3月13日における法人該当性の判断枠組みと対比させた主張を行ったのに対して，東京高裁は，本件とは事案を異にするとした上で，デラウェアLPSと本件バミューダのLPSとの次のような違いも指摘しました。

「デラウェア州LPS法に基づき設立されたLPSが「separate legal entity」となる旨の規定（同法201条(b)）に相当する定めはバミューダ法にはないのである。」

東京高裁は，本件バミューダLPSはわが国の租税法上の法人に該当しない旨判示し，処分の取消しを認めた東京地裁判決を維持したため，控訴人（国）は，上記判決を不服として，最高裁に対して上告受理申立てを行いましたが，最高裁は，上記アの判決言渡日と同じ平成27年7月17日に不受理の決定を行いました。

エ　英国領ケイマン諸島LPS事件（船舶リース事件）

上記アのデラウェア州LPS事件最高裁判決が出される前の事案として，英国領ケイマン諸島の法律に基づき組成されたLPSについて，「ケイマンにおける特例リミテッド・パートナーシップを含むパートナーシップは，法人格を有せず，構成員間の契約関係という性質を有するものと認められる」ことを前提として，控訴人たる国が，当該組合の組合員らが締結した組合参加契約は，利益配当契約にすぎず，組合として行った船舶賃貸事業に係る収益は雑所得であって損益通算は許されない旨主張したのに対して，裁判所は，当該組合参加契約は組合契約の要件を充足し，組合の事業による収益は組合員にとっての不動産所得になるとした事案として，名古屋高判平成19年3月8日（判決30）があります（最高裁の平成20年3月27日付けの上告受理申立ての不受理決定により確定しています。）。同事案においては，英国領ケイマン諸島LPSが民法上の組合に該当することを前提としていますが，上記デラウェア州LPS事件最高裁判決が出される前の事案であること，組合参加契約が民法上の組合契約又は利益配当契約のいずれに該当するかが争われたものであり，法人該当性が主たる争点となったものではないことに留意する必要があります。

オ　ニューヨーク州LLC事件

ニューヨーク州のLLC法に基づいて設立されたLLCが外国法人に該当するか否かが争われた例として，東京高判平成19年10月10日（判決31）があります。当該事案においては，本件LLCが不動産賃貸業を営んでいたところ，本件LLCのパートナーである原告が，当該不動産賃貸業に係る収支及び本件LLC名義の預金利息収入を原告の不動産所得及び雑所得として所得税の確定申告をしたところ，被告である国は，本件LLCが行う不動産賃貸業により生じた損益は法人としての本件LLCに帰属するとして更正処分等を行いました。同判決は，「外国の法令に準拠して設立された社団や財団の法人格の有無の判定に当たっては，基本的に当該外国の法令の内容と団体の実質に従って判断するのが相当であり，本件LLCは，米

国のニューヨーク州法（NYLLC法）に準拠して設立され，その事業の本拠を同州に置いているのであるから，本件LLCが法人格を有するか否かについては，米国ニューヨーク州法の内容と本件LLCの実質に基づき判断するのが相当である」とした上で，「本件LLCは，NYLLC法上，法人格を有する団体として規定されており，自然人とは異なる人格を認められた上で，実際，自己の名において契約をするなど，原告及びB［注：本件LLCのパートナー］からは独立した法的実在として存在していることが認められる」から，「本件LLCは，米国ニューヨーク州法上法人格を有する団体であり，我が国の私法上（租税法上）の法人に該当すると解するのが相当である」とする原審（さいたま地判平成19年5月16日（<u>判決32</u>））の判断を是認しました。

　国税庁も，米国各州が制定するLLC法に基づいて設立されるLLCは，次のとおり，原則として外国法人に該当するものとしています[17]。

　「LLC法に準拠して設立された米国LLCについては，以下のことを踏まえると，原則的には我が国の私法上，外国法人に該当するものと取り扱われます。
　①　LLCは，商行為をなす目的で米国の各州のLLC法に準拠して設立された事業体であること。
　②　事業体の設立に伴いその商号等の登録（登記）等が行われること。
　③　事業体自らが訴訟の当事者等になれるといった法的主体となることが認められていること。
　④　統一LLC法においては，「LLCは構成員（member）と別個の法的主体（a legal entity）である。」，「LLCは事業活動を行うための必要かつ十分な，個人と同等の権利能力を有する。」と規定されていること。
　したがって，LLCが米国の税務上，法人課税又はパス・スルー課税のいずれの選択を行ったかにかかわらず，原則的には我が国の税務上，「外国法人（内国法人以外の法人）」として取り扱うのが相当です。
　ただし，米国のLLC法は個別の州において独自に制定され，その規定振りは個々に異なることから，個々のLLCが外国法人に該当するか否かの判断は，個々のLLC法の規定等に照らして，個別に判断する必要があります。」

17　国税庁「米国LLCに係る税務上の取扱い」（https://www.nta.go.jp/shiraberu/zeiho-kaishaku/shitsugi/hojin/31/03.htm）

2　各　論

(1)　はじめに

前述の否認分類を再掲します。

(i)　　事実認定による否認—仮装行為

(ii)a.　税法の個別規定（課税要件規定）の解釈

(ii)b.　課税減免規定の縮小・限定解釈（制度濫用論）

(iii)a.　個別否認規定（実質所得者課税，移転価格税制，タックス・ヘイブン対策税制，過少資本税制，過大支払利子税制等）

(iii)b.　特定の場面における包括否認規定：法人税法132条（同族会社の行為計算否認規定），132条の2（組織再編成の行為計算否認規定），132条の3（連結法人の行為計算否認規定），147条の2（恒久的施設帰属所得の行為計算否認規定）

(iv)　　明文なき租税回避行為の否認の可否

　上記否認分類(iii)a.の過大利子支払税制，過少資本税制及び移転価格税制については既に第2章（101頁以下）において論じました。タックス・ヘイブン対策税制（外国子会社合算税制）の詳細については，本書の姉妹本である前著『タックス・ヘイブン対策税制の実務詳解』をご覧ください。(iii)a.の最初に記載されている実質所得者課税は，法人税法11条に次のとおり規定されています。

　　「資産又は事業から生じる収益の法律上帰属するとみられる者が単なる名義人であって，その収益を享受せず，その者以外の法人がその収益を享受する場合には，その収益は，これを享受する法人に帰属するものとして，この法律の規定を適用する。」

また，所得税法12条にも，次のとおり同様の規定が設けられています。

　　「資産又は事業から生ずる収益の法律上帰属するとみられる者が単なる名義人であって，その収益を享受せず，その者以外の者がその収益を享受する場合には，その収益は，これを享受する者に帰属するものとして，この法律の規定を適用する。」

上記条文，特に所得税法12条の適用をめぐっては，資産性所得及び事業所得等様々な所得類型に係る多くの裁判例があります。例えば，事業の収益が名義人ではあるが実態の乏しい法人に帰属するのか，それとも，実質的に支配している個人に帰属するのかという形態の紛争事案についても複数の判決があります。かかる事案の判決の一つである東京地判平成23年１月21日（判決33）は，その場合の判断基準について，次のとおり説示しています。

「例えば，ある事業がAの名義において行われる場合であっても，Bが専ら自己のために当該事業活動を行い，その成果を直接Bに帰属させているときは，当該事業による収益を実質的に支配している者はBであり，その収益はBに帰属するというべきである。そして，上記の判断に当たっては，具体的には，当該事業に関する名義人であるAと名義人以外の者であるBの能力，関与の程度，収益の管理状況等を総合勘案して，AとBのいずれが当該事業の内容や収益等につき支配的影響力を有しているかによって決するのが相当である。」

なお，タックス・ヘイブン対策税制の創設前は，タックス・ヘイブンを利用する租税回避に対しては，上記法人税法11条によって対応がなされていたようですが，租税法律主義の観点から疑義があるため，タックス・ヘイブン対策税制が明文規定として租税特別措置法に盛り込まれたという経緯があります（『改正税法のすべて（昭和53年版）』157頁）。

次に，上記(iii)b.についても，前述（2 2）のとおり，該当条文を引用して関連の判決の解説を行いました。

そこで，以下においては，上記(iii)a.及び(iii)b.以外の否認分類について解説します。最初に，便宜上，(iv)の否認分類を解説し，その後(i)，(ii)a.及び(ii)b.の順番で解説します。

(2) 明文なき租税回避行為の否認の可否（否認分類(iv)）

ア 具体的否認規定がない場合でも租税回避行為の否認を行うことの可否

上記東京高判平成22年５月27日（判決25）は，この論点について，次の判断基準を示しました。

「課税は，私法上の法律関係に即して行われるべきことになるが，私的自治

の原則からすれば，いかなる法形式（契約類型）を用いるかは当事者の自由であり，一般に経済活動は税負担の多寡をコストの一つとして考慮して行われるのが通例であることに照らせば，当該契約が税負担の軽い法形式（契約類型）で締結されたとの一事をもってそれを否認して，当事者が選択した法形式（契約類型）をそれと異なる法形式（契約類型）に引き直して課税することは許されない。しかしながら，法形式（契約類型）を濫用して，課税の公平の原則に反する場合，所得税法157条，法人税法132条，相続税法64条のような具体的否認規定がないからといって，租税回避行為として否認することが一切許されないというわけではない。租税回避を目的として，当事者の選択した契約が不存在と認定される場合又は当事者の真の効果意思が欠缺し若しくは虚偽表示により契約が無効と認定される場合には，当事者の選択した契約類型を租税回避行為として否認することが許されるというべきである。」

ただし，「ここにいう否認は，私法上の真の法律関係ないし事実関係に即した課税の別称であるように思われる。」という指摘がされています（金子宏『租税法（第23版）』143頁）。

イ　私法上の法律構成による否認
㋐　私法上の法律構成による否認概念の提唱と反対説
　明文なき租税回避行為の否認を根拠付けるものとして「私法上の法律構成による否認」という概念があります。これは，「租税回避の事案を考えるに当たり，そもそも当事者の主張する契約形式が真実の契約内容であるかの疑問が生ずる事案があり，そのような場合に，民法の契約解釈の方法によって契約の真実の法的性質決定をした上で，課税要件に当てはめると，結果として租税回避行為を否認したのと同様の効果が生ずる場合」があり，このような法的評価のことを「私法上の法律構成による否認」というと説明されています（今村隆「譲渡所得課税における契約解釈の意義」中里実＝神田秀樹編著『ビジネス・タックス』158頁）。

　上記の「私法上の法律構成による否認」に対しては，多くの税法学者が批判的な見解を唱えています。まず，岡村教授は，次のとおり厳しく批判しています（岡村忠生「批判」（「税研」148号36頁））。

「私法上全く争いのない法形式を課税関係のみにおいて別のものに引き直すのであるから，その本質は伝統的な租税回避の否認と何ら変わるところがない。ただ，租税回避の否認には立法が必要だとする通説や裁判例を「回避」するため，引き直しを私法の段階で行う工夫が施されているにすぎない。」

次に，金子名誉教授は，「私法上の法律構成による否認」の概念自体は認めるものの，次のとおり，その安易な適用には強く異を唱えています（金子宏『租税法（第23版）』141・142頁。なお，括弧内は省略）。

「何が私法上の真実の法律関係または事実関係であるかの認定は，取引当事者の効果意思に即して，きわめて慎重に行われるべきであって，「私法上の法律構成」の名のもとに，仮にも真実の法律関係または事実関係から離れて，法律関係または事実関係を構成しなおすようなことは許されないと考える。映画フィルムリース事件についていえば，組合が映画フィルムの所有権を取得したとしても，それは事業の用に供されていない資産であるから減価償却は認められないと解する最高裁の判決の考え方が，租税法律主義の観点からは妥当であると考える。」

㈣　私法上の法律構成による否認を認めるかどうかが争点となった判決

私法上の法律構成による否認を認めるかどうかが争点となった判決は下記のとおり少なからずありますが，これを明確に認めた判決は次の(i)の判決などそれほど多くはないように思われます。しかも，同判決の上告審である最高裁は，上記のとおり，対象の映画フィルムは，事業の用に供されていない資産であるから減価償却は認められないとして，私法上の法律構成による否認ではなく，後述(4)の「税法の個別規定（課税要件規定）の解釈」によって対応しました。

(i)　映画フイルムリース事件

「私法上の法律構成による否認」を認めたと評価される判決としては，次頁の図の映画フイルムリース事件に関する控訴審判決があります。

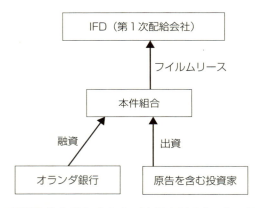

同判決は，次の判断基準を示しました（大阪高判平成12年1月18日（判決34）。下線及び傍点は筆者によります。）。

「課税は，私法上の行為によって現実に発生している経済効果に即してされるものであるから，第一義的には私法の適用を受ける経済取引の存在を前提として行われるが，課税の前提となる私法上の当事者の意思を，当事者の合意の単なる表面的・形式的な意味によってではなく，経済実体を考慮した実質的な合意内容に従って認定し，その真に意図している私法上の事実関係を前提として法律構成をして課税要件への当てはめを行うべきである。したがって，課税庁が租税回避否認を行うためには，原則的には，法文中に租税回避の否認に関する明文の規定が存する必要があるが，仮に法文中に明文の規定が存しない場合であっても，租税回避を目的としてなされた行為に対しては，当事者が真に意図した私法上の法律構成による合意内容に基づいて課税が行われるべきである。」

大阪高裁は，上記判断基準に基づく事実認定の結果，本件取引は，組合を通じて映画フィルムの所有権及び配給権等を購入した上で，それらを映画配給会社にリースした取引ではなく，次のとおり融資取引であると構成しました。

「本件取引は，その実質において，X社［筆者注：原告のこと］が本件組合を通じ，C社［筆者注：IFDのこと］による本件映画の興行に対する融資を行ったものであって，本件組合ないしその組合員であるX社は，本件取引により本件

映画に関する所有権その他の権利を真実取得したものではなく,本件各契約書上,単にX社ら組合員の租税負担を回避する目的のもとに,本件組合が本件映画の所有権を取得するという形式,文言が用いられたにすぎないものと解するのが相当である」。

(ii) 航空機リース事件

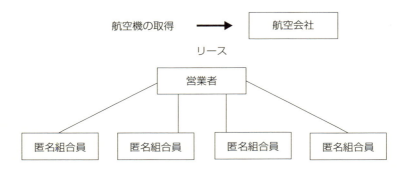

　国際的な航空機リース取引に関連して,個人の匿名組合員が営業者から分配を受ける利益が雑所得か否かが争点となった事案において,最高裁は,以下のとおり,個別具体的な事実次第では,匿名組合契約という形式にもかかわらず,営業者との共同事業を営む契約と認定され得る場合もあると説示しています(最判平成27年6月12日(判決35))。

> 「ア　……営業者の営む事業に対する出資者としての地位を有するにとどまるものといえるから,匿名組合契約に基づき匿名組合員が営業者から受ける利益の分配は,基本的に,営業者の営む事業への投資に対する一種の配当としての性質を有するものと解される。
> 　イ　もっとも,……当該契約において,匿名組合員に営業者の営む事業に係る重要な意思決定に関与するなどの権限が付与されており,匿名組合員がそのような権限の行使を通じて実質的に営業者と共同してその事業を営む者としての地位を有するものと認められる場合には,このような地位を有する匿名組合員が当該契約に基づき営業者から受ける利益の分配は,実質的に営業者と匿名組合員との共同事業によって生じた利益の分配としての性質を有するものというべきである。

ウ　そうすると，匿名組合契約に基づき匿名組合員が営業者から受ける利
益の分配に係る所得区分は，上記イのように匿名組合員が実質的に営業
者と共同して事業を営む者としての地位を有するものと認められる場合
には，営業者の営む事業の内容に従って判断されるべきものと解され，
他方，匿名組合員がこのような地位を有するものと認められない場合に
は，営業者の営む事業の内容にかかわらず，匿名組合員にとってその所
得が有する性質に従って判断されるべきものと解される。」

　次に，国際的な航空機リース取引の投資ヴィークルが匿名組合ではなく任意組
合であった案件において，組合員が航空機リース事業による所得は損益通算可能
な不動産所得であるとして申告したところ，課税庁は損益通算のできない利益配
当契約に該当するとして行った課税処分の取消しを求めて納税者が争った別の事
件もあります。前記名古屋高裁は，課税処分を取り消した原判決（名古屋地判平
成16年10月28日（判決36））を支持して，次のとおり判示しました（名古屋高判平成
17年10月27日（判決23））。

　「法律行為の解釈は，当事者の意思を探求するものではあるが，その意思表
示は専ら表示行為を介してなされるものであるから，Xらが締結した契約がい
かなるものであったかを判断するに当たり，まず「民法上の契約類型を選択し
たこと」を前提として表示行為の解釈を行うのは当然で，その結果，仮に，X
らの達成しようとする法的ないしは経済的目的に照らして，本件の「民法上の
組合契約」類型の選択が著しく不合理である場合には，真実は民法上の組合契
約を締結する意思ではなく，同契約は不成立であると判断される余地があるに
すぎず，選択した民法上の組合契約を前提に表示行為の解釈をしたとしても，
外形的資料のみに拘泥し，実体ないし実質による判断を放棄するものではない。
　租税負担を伴わないかあるいはそれが軽減されることなどを動機ないしは目
的として，何らかの契約を締結する場合には，その目的等がより達成可能な私
法上の契約類型を選択し，その効果意思を持つことは，合理的経済人の通常の
行動で，当該当事者が作出した契約等の形式について，これと異なる効果意思
の存在を推認することは，当事者の意思（私法上選択された契約類型）を離れ
て，その動機等の主観的要素のみに着目して課税することになり，当事者が行
った法律行為を法的根拠なく否定する結果になる。」

(iii) 船舶リース事件

　控訴人たる国が，組合の組合員らが締結した組合参加契約は，利益配当契約にすぎず，組合として行った船舶賃貸事業に係る収益は雑所得であって損益通算は許されない旨主張したのに対して，裁判所は，当該組合参加契約は組合契約の要件を充足し，組合の事業による収益は組合員にとっての不動産所得になるとした事案があります。同事件は，英国領ケイマン諸島LPS事件として紹介した船舶リース事件（名古屋高判平成19年3月8日（判決30））ですが，そこにおいては投資対象が航空機から船舶に変わっただけで，上記の航空機リース事件と基本的な取引の形態は同様です。船舶リース事件においては，組合として行った船舶賃貸事業に係る減価償却費と借入利子が同事業の収益よりも多額となるため，同組合の組合員が当該損益減価償却費等を損益通算して所得税の確定申告を行ったところ，原処分庁は，組合員らが締結した組合参加契約は利益配当契約にすぎず，同収益は雑所得に該当するため損益通算は認められないとして更正処分等をしました。原審である名古屋地判平成17年12月21日（判決37）は，組合員らの締結した組合参加契約は民法上の組合契約の要件を充足していると判断した上で，「本件各組合が行う本件賃貸事業による収益が，原告ら一般組合員についても，不動産所得として区分されるべきことはあきらかである」と判示し，原処分を取り消しました。

　これに対して，控訴審において，控訴人である国は，仮に本件組合が民法上の組合であったとしても，船舶賃貸事業に関する減価償却等について，組合員において損益通算をすることが認められないとして，様々な主張をしましたが，控訴審判決は，これらの主張をすべて退けて，原判決を支持しました。まず，国は，本件の取引に関連して締結された譲渡担保契約などから，「被控訴人ら一般組合員は船舶に係る共有持分権を有していない」と主張しましたが，控訴審判決は「本件各船舶は本件各パートナーシップのパートナーシップ財産と認められ，そのリミテッド・パートナーである本件各組合員である被控訴人らは，本件各船舶の共有持分権を有するものと認められる」と判断しました。また，本件各船舶は被控訴人ら一般組合員において収益を生む源泉とされていないから減価償却資産に該当しないとする主張に対しては，「被控訴人らは，本件各船舶の共有持分権を有し，かつ，これを収益を上げる可能性が相当程度存在する本件賃貸事業に出資していると認められるのであるから，……本件各船舶が減価償却資産に当たら

ないということはできない」と判断しました。さらに，控訴人である国が，本件各組合の事業は減価償却制度を濫用するものであると主張したのに対しては，「被控訴人ら組合員は本件各船舶に係る減価償却の利益を得ることを主目的として本件各組合に参加しているとする点についても，合理的経済人が，減価償却費と損益通算による所得の減少を考慮して事業計画を策定することは，ごく自然なことと考えられる上，現実の納税額が減少するのは，所得税法が採っている累進課税制度，長期譲渡所得の優遇措置などを適用した結果であり，税法自体が容認している範囲内のものにすぎない。……その他に，本件各組合の事業が減価償却制度を濫用するものであると認めるに足りる主張立証はなく，……控訴人らの主張は採用できない」と判示しました。

(ⅳ) ガイダント事件

ガイダント事件における関係会社図は次頁のとおりです。

この事件においては，日本ガイダントとオランダ法人GBV間で当初締結されオランダ法人GNBV（原告）がその契約上の地位（匿名組合員の地位）を承継した匿名組合契約は，商法535条に規定する匿名組合契約であるか，あるいは，民法667条1項の適用のある組合契約に該当するかが主要な争点でした。課税処分は民法上の組合契約に該当すると認定してなされました。上記のとおり，オランダ法人GBVの究極の親会社は医療機器事業を営む米国法人である米国ガイダントであり，また，日本ガイダントも日本において医療機器販売事業を営むものの，オランダ法人である原告も，また，日本ガイダントの親会社であるGIBVも医療機器事業は全く営んでいなかったようです[18]。

ガイダント事件において，東京地裁は，本件匿名組合契約の個別条項を検討した上で典型契約としての匿名組合契約に該当すると認定しました。すなわち，民法上の組合契約であるとする被告国の主張を退け，次のように判示して，原告の上記主張を是認しました（東京地判平成17年9月30日（判決22）。下線は筆者により

18　当初，GBVが匿名組合員の地位も日本ガイダントの株主も兼ねていましたが，不自然であると指摘されるリスクを減らすために，別法人である原告が匿名組合員の地位を承継したものと推測されます。もし親会社が匿名組合契約を締結していた場合（株主でもあり，また匿名組合員でもある場合）には，日本ガイダントが必要とする事業資金は増資又は貸付によっても供与できるのに，どうしてわざわざ匿名組合契約を締結したのかという疑問を惹起させる可能性があるように思われます。

5　わが国における国際的租税回避否認　◆279

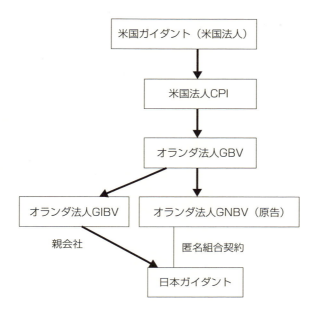

ます。)。

　「当事者間に匿名組合契約を締結するという真の合意がある場合には，それにもかかわらず，匿名組合契約を締結する主な目的が税負担を回避することにあるという理由により当該匿名組合契約の成立を否定するには，その旨の明文の規定が必要であるところ，法人税を課するに当たってそのような措置を認めた規定は存しない。したがって，当事者間に匿名組合契約を締結するという真の合意がある場合には，税負担を回避するという目的が併存することから，直ちに当該匿名組合契約の成立を否定することはできない。」

☕【コーヒー・ブレイク】

契約に係る事実認定

　平成28年7月6日付け国税不服審判所裁決（裁決8）においては，(1)検討対象の契約（「本件契約」）が民法上の組合契約か否か，また，(2)組合契約であるとして，当事者は請求人かそれともその子会社か，という2つの事実認定が主要な争点でし

た。まず，(1)については，審判所は，「組合契約が有効に成立するためには，①2人以上の当事者の存在，②各当事者が出資をすることを合意したこと，③各当事者が共同の事業を営むことについて合意したことの各要件が必要である」とした上で，本件契約は，上記①～③のすべての要件を満たすことから組合契約に該当すると判断しました。次に，(2)については，審判所は，本件契約書は，「いわゆる処分証書に該当し，作成の真正に争いがないことからすると，他に特段の事情がない限り，作成者によって記載どおりの行為がなされたものと認めるべきである（最高裁昭和45年11月26日第1小法廷判決・民集101号565頁，最高裁昭和32年10月31日判決・民集11巻10号1779頁参照）。」とした上で，同契約書の当事者とされている子会社は「実体のある法人であることが認められ，その法人格を否認する特段の事情は認められない。」などとして，当事者は請求人ではなく，その子会社であると認定しました。そして，請求人は，組合契約に基づいて行う事業から生ずる利益について，他の非居住者である組合員に配分する際の源泉徴収義務を負わないとして，原処分庁の行った課税処分を取り消しました。

なお，上記(2)の争点の判断において言及された「処分証書」の意味については，次の解説がなされています。「意思表示その他の法律的行為が行われたことを示す文書であり，行為としては，私法上の行為に限らず，公法上の行為も含まれる。その例としては，判決書，行政処分の告知書，契約書，手形，遺言書，解約通知書などがある。」（伊藤眞『民事訴訟法（第6版）』422頁）

国際取引ではありませんが，民法上の組合である旨が規約に定められている投資クラブについて，納税者は共同事業者としての実態がなく，単なる出資者にとどまるとして，同クラブが匿名組合であると認定された事件があります（東京地判平成19年6月22日（判決38））。また，不動産の売買契約を締結したところ，課税庁が，真の意図は交換契約であったとして課税処分がなされ，納税者が同処分の取消しを求めて争い，同課税処分が取り消された前述の土地相互売買［岩瀬］事件もあります（判決12）。上記と同様不動産の売買契約か交換契約かが争われた別の事案について，東京高裁は次のとおり説示しました（東京高判平成14年3月20日（判決39），最高裁不受理決定平成15年6月13日税資254順号9306で確定）。

「私法上の取引行為は，私的自治の原則上，取引の内容，契約類型の選択等につき，それが公序良俗に反していたり，不当な目的を実現するために濫用されるものでない限り，当事者の自由な意思にゆだねられているものである。したがって，譲渡所得に対する課税は，原則として，当事者の自由な意思によって成立した契約内容，契約類型等を前提として，これに即して行われるべきであり，租税法律主義の

下においては，当事者の合意内容や当事者の選択した契約類型を他の契約類型に引き直して，これを前提として課税することは，特に法律の根拠がない限り許されないものというべきである。ただし，当事者によって用いられた契約文言や契約類型が不当に課税を回避すること等を目的としてされた，当事者の真の意図を隠蔽する仮装のものである場合には，当事者の真の意図による取引が存在するものとして扱われるべきことは，意思表示の合理的解釈の見地からも，また実質課税の原則からも，当然のことである。」

ウ 公正処理基準による否認

上記イにおいて，明文なき租税回避行為の否認として，私法上の法律構成による否認が認められるかどうかを解説しました。ここでは，「公正処理基準による否認」の問題点を採り上げます。この問題については，岡村忠生教授が次のとおり指摘しています（『法人税法講義（第3版）』38・39頁）。

「注意を要するのは，課税庁や裁判所が，公平負担や税収確保の目的を背後に，「公正妥当な会計処理の基準」という文言を利用して，別段の定めとして立法されていないルールを作りだそうとする試みである。そこでは，本来の会計的な公正さが，法や社会通念の観点からの公正さにすり替えられている。たとえば，みずほ銀行事件東京高裁判決は，「[22条4項]が単なる会計処理の基準に従うとはせず，それが一般に公正妥当であることを要するとしている趣旨は，当該会計処理の基準が一般社会通念に照らして公正で妥当であると評価され得るものでなければならないとしたものであるが，法人税法が適正かつ公平な課税の実現を求めていることとも無縁ではなく，法人が行った収益及び損益の額の算入に関する計算が公正妥当と認められる公正処理の基準に従って行われたか否かは，その結果によって課税の公平を害することになるか否かの見地から検討されなければならない問題というべきである。」

渡辺徹也教授も，「仮に今後，公正処理基準該当性の判断を法人税法の独自の観点から行うという傾向が裁判例の主流となっていくとしても，そこでいう「法人税法の独自の観点」や「法人税法固有の観点」の具体的な内容が何かということについては，事例ごとに検証される必要性があろう。これらの内容が明確でなければ22条4項に，一般的否認規定として機能する危険性が潜むことにもなる。」と指摘しています（『スタンダード法人税法（第2版）』47頁）。

国際取引について，上記の「公正処理基準による否認」が問題となった事例はこれまでのところ存在しないように思われます。

　なお，国際的租税回避の問題ではありませんが，法人税法22条４項の公正妥当な会計処理の基準との関係では，平成30年度税制改正による法人税法22条の２の創設が注目に値するものです。これは，企業会計基準委員会が，収益認識に関する包括的な会計基準として，平成30年３月30日に企業会計基準第29号「収益認識に関する会計基準」及び企業会計基準適用指針第30号「収益認識に関する会計基準の適用指針」を公表したことを契機としています。当該基準に対して，法人税法の対応として，資産の販売等に係る収益の額は，資産の販売等により受け取る対価の額ではなく，販売等をした資産の価額をもって認識すべきとの考え方を明確化するとともに，収益認識に関する会計基準のうち，法人税の所得金額の計算として認めるべきではない部分についてその適用を排除するため，22条の２に収益の額として益金の額に算入する金額に関する通則的な規定が設けられました。また，収益の額を益金の額に算入する時期についても併せて22条の２に通則的な規定が設けられることとなりました（『改正税法のすべて（平成30年版）』270・271頁）。具体的な条文としては，法人税法22条の２第１項～３項が収益の額を益金の額に算入する時期について定めており，同条４項及び５項が益金の額に算入する金額について定めています。なお，22条の２の規定は「別段の定めがあるものを除き」適用されるとされていますが，当該別段の定めからは，法人税法22条４項は除外されています。このような企業会計と税法のルールとの関係を明確化する法改正が適宜行われていくならば，「公正妥当な会計処理の基準」という文言を利用して，別段の定めとして立法されていないルールを作りだそうとする上記試みを抑制できることになります。

⑶　事実認定による否認―仮装行為（否認分類(ⅰ)）
ア　基本的考え方
　仮装行為がなされた場合，課税上はどのように取り扱われるべきかについて，金子名誉教授は，「仮装行為というのは，意図的に真の事実や法律関係を隠蔽ないし隠匿して，みせかけの事実や法律関係を仮装することであって，通謀虚偽表示（民94条）がその典型的な例である。仮装行為が存在する場合には，仮装された事実や法律関係に従って課税が行われなければならない。これは，特段の規定

をまつまでもなく、課税要件事実は外観や形式に従ってではなく、実体や実質に従って認定されなければならないことの、当然の論理的帰結である。」と述べています（『租税法（第23版）』142〜143頁）。

イ　具体的事例
(i)　バージン・エンターテイメント事件

事実認定による否認が認められた事案として、バージン・エンターテイメント事件控訴審判決（東京高判平成21年7月30日（判決40））があります。

同事案では、下図のとおり、内国法人X社が、債務超過にあるグループ会社のスイス法人B社に保有株式を売却し、B社が同株式を第三者であるC社に転売したことを前提に確定申告したところ、X社からB社への株式譲渡は譲渡益課税回避のための仮装行為であるとして更正処分がされたため、納税者（X社）が同処分の取消しを求めたものです。

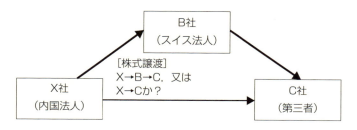

同事案において、原告は、X社とB社間の株式譲渡契約書（第1契約書）及びB社とC社間の株式譲渡契約書（第2契約書）が作成されており、原告は、株式はまずX社からB社へ譲渡され（第1譲渡）、次にB社からC社へと株式が譲渡された（第2譲渡）と主張しました。具体的には、X社は、上記第1譲渡と第2譲渡は、全く別の時期に、異なる当事者間で、担当者や目的を異にして行われた別個独立の取引である旨主張しました。

しかし、裁判所は、①第1譲渡及び第2譲渡の担当者は異なっていたものの、両者間で意思の連絡なく進行していたとは言えないこと、②第1譲渡の時点でX社の企業グループはC社に高値で譲渡することになる可能性が極めて高いとの認識を有していたこと、③X社は譲渡益課税を逃れる目的で第1譲渡を行ったこと、④第1譲渡及び第2譲渡の契約の履行は実体を伴わないものであったこと、⑤C社はX社が売主であることを当然の前提として交渉していたこと、及びX社が最

終提案後にC社に対してB社が譲渡の当事者になる旨を要請したことなどについて詳細に認定した上で、X社とB社との間及びB社とC社との間で、真実、譲渡対象株式を順次譲渡する意思があったとは認められず、第1譲渡及び第2譲渡は、別個独立のものではなく、X社が譲渡益課税を免れるための仮装行為にすぎないと認めるのが相当であるとして、納税者の請求を棄却しました。

> 【コーヒー・ブレイク】
>
> いわゆるPL農場事件（大阪高判昭和59年6月29日（判決41））において、訴外ミキ観光、X農場（原告・控訴人）及び訴外F社の3社は、いずれも関連会社であるところ、後2社の繰越欠損金を消滅させること、並びに、ミキ観光から直接K社（第三者）に土地を売却する場合よりもグループ全体の法人税額を減少させることを目的として、下図のように価格を段階的に引き上げながら、ミキ観光からX農場へ、X農場からF社へ、さらにF社からK社へと、ミキ観光所有の土地（「本件土地」）を順次転売しました。

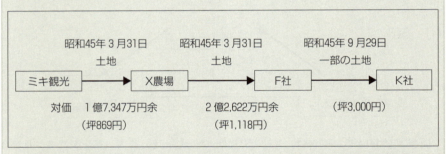

> すなわち、上記転売の目的は、ミキ観光、X農場、F社がそれぞれ少額の譲渡益を得ることにより、ミキ観光のみならず、他の2社についても繰越欠損金を消滅させること、ミキ観光がK社に時価で直接本件土地を売却した場合に納付すべき法人税額に比して、同会社が納付すべき法人税額をも減少させ、全体としての法人税納付を回避することの2点にありました。
>
> 裁判所は、「租税回避の目的で行われた取引行為であっても、どの限度でこれを否認できるかは、法の明文の規定、租税法の一般原則や解釈に従って行われるべきもので、租税回避行為であるだけの理由でその効果を全て否定できるものではない。低額譲渡があった場合には、その差額部分にも収益があり、それが譲受人に実質的に贈与されたものとする法人税法22条2項、37条6項［筆者注：現8項］は、譲受人が譲渡価額よりもより高価に譲渡できるのに、経済人としては不合理にも、それ

よりも低額に譲渡した場合に適用されるのであって，譲渡価額よりも高額に譲渡できる利益，権利，地位を有していなかったときは，より高額に譲渡しなかったからといって，自己の有していたところを不当にも低く譲渡したとして同法37条6項［筆者注：現8項］を適用することはできない。」と判示しました。

(ii) ファイナイト再保険事件

ファイナイト再保険事件の取引関係は，次の図のとおりです。

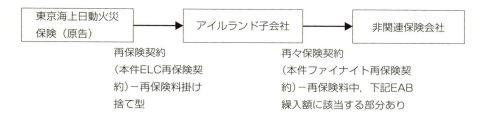

上図のとおり，損害保険業等を営む原告がそのアイルランド子会社との間で締結した再保険契約（本件ELC再保険契約）に基づき支払った再保険料を損金の額に算入して法人税の確定申告を行ったところ，処分行政庁が，同再保険料には預け金に当たる部分（本件ファイナイト再保険契約の再保険料のうちの一定額（いわゆるEAB繰入額）に相当する部分）があるとして当該部分について損金算入を認めない課税処分を行ったことから，納税者（原告）が同処分の取消しを求めた事案です。

東京地判平成20年11月27日（判決42）は，まず，租税回避と否認について，次の判断基準を設定しました。

「税負担を回避ないし軽減することを目的として行われる行為が，たとえば仮装行為であったり通謀虚偽表示であって，外形上存在するようにみえる意思の合致が実際には存在しないと判断されるような場合などには，その行為が不存在又は無効であることを前提として課税が行われるべきであり，そのような場合には，税負担の回避ないし軽減の効果は生じないことになる。
　この点につき，被告は，本件ELC再保険契約と本件ファイナイト再保険契約は，相互に密接に関連した不可分一体のものとして，原告の税負担の繰延べや

回避等を目的として行われたものであり，アイルランド子会社は，原告が直接に本件ファイナイト再保険契約を締結せずにメリットを享受するための「受け皿」又は「導管」にほかならないと主張する。この受け皿ないし導管ということの法的な意味は必ずしも明らかではないが，仮に，本件ELC再保険契約及び本件ファイナイト再保険契約が，経済的取引としての合理性を欠くものであって，専ら租税回避等の目的によって作出されたものであるならば，その法形式による真の合意の存在や有効性には疑問が生じ得るが，それらの契約に経済的取引としての合理性が肯認できるのであれば，そのような法形式を選択した当事者の意思に基づく法律関係を前提として課税がなされるべきことになる。」

東京地裁は，上記判断基準に基づき，具体的事実認定を踏まえて，次のとおり判断を下しました。

　「以上によれば，原告とアイルランド子会社との間の本件ELC再保険契約及びアイルランド子会社と≪省略≫［筆者注：上図の非関連保険会社のこと］との間の本件ファイナイト再保険契約は，それぞれ異なる法人間の異なる内容の契約であるところ，これらの契約内容にはそれぞれ経済的な合理性が認められるのであって，これらの契約が，専ら租税回避等の目的で法的な外形を作出したものであると認めることはできないから，当事者が選択した当該法形式に基づく法律関係を前提として課税がされるべきことになる。」

控訴審である前記東京高判平成22年5月27日（判決25）は，まず，租税回避行為の否認と準拠法について，前述のとおり，次の判断基準を示しました。

　「法形式（契約類型）を濫用して，課税の公平の原則に反する場合，所得税法157条，法人税法132条，相続税法64条のような具体的否認規定がないからといって，租税回避行為として否認することが一切許されないというわけではない。租税回避を目的として，当事者の選択した契約が不存在と認定される場合又は当事者の真の効果意思が欠缺し若しくは虚偽表示により契約が無効と認定される場合には，当事者の選択した契約類型を租税回避行為として否認することが許されるというべきである。また，本件に即していうならば，本件ファイナイト再保険契約中のEAB繰入額に関する取決めが租税回避を目的としたも

のであって，真の意図が外形（法形式）と異なると認められるならば，当事者の真に意図した法形式に基づき課税を行うことが許されるというべきである。」

東京高裁は，具体的事実認定を踏まえて，次のとおり判断を下して国の控訴を棄却しました。

「以上によれば，本件ファイナイト再保険契約のEAB繰入額相当部分を租税回避を目的としたものであって，真の意図が再保険料とする外形と異なり預け金であると認めることはできず，また，本件ELC再保険契約と本件ファイナイト再保険契約が不可分一体であるとも認めることもできないのであるから，本件ELC再保険契約に基づきアイルランド子会社に支払った掛捨ての再保険料は，個別的対応関係はないものの，当該事業年度の保険事故の発生に伴い受け取るべき保険金という収益獲得のために費消された財貨として法人税法22条3項柱書にいう「損金」に算入される「費用」（同項2号）に該当する。」

上記控訴審判決に対して国は上告をしなかったために同判決は確定しました。

(ⅲ) アルゼ事件

パチスロ機のメイン基板の販売が，次の図のとおり，A社からB社，B社からC社へなされていました。B社は原告の関係会社であり，多額の債務超過の状態でしたが，本件取引の利益によって債務超過を解消することができ，原告もB社に対する債権の回収をすることができました。

これに対して，原処分庁は，上記取引は仮装であり，真実の取引は，次の図のとおり，A社から原告，原告からC社への販売取引であるとして，原告からB社への寄附金認定及び重加算税の賦課決定処分を行いました。同課税処分の適法性が争われたのがアルゼ事件です。

　東京地裁は，上記のA社・B社間及びB社・C社間に，それぞれメイン基板の売買取引を行う意思が認められ，売買契約が真正に成立していると認定し，原処分庁の課税処分を取り消しました（東京地判平成14年4月24日（判決43））。
　そして，控訴審判決も，当該判決を支持しました（東京高判平成15年1月29日（判決44））。一見不自然なA社（内国法人）→B社（米国法人）→C社（外資系内国法人）間の売買取引が行われていたのは，外資系パチスロ業者は海外で製造された輸入機械の販売しか行えないという当時のパチスロ業界の事実上の購入規制があったためとされています。

ⅳ　一条工務店事件

　近年，日本企業が，製造・販売拠点のみならず研究開発拠点も国外に設置する例が増加しています。そして，研究開発の結果無形資産が創り出された場合，当該資産が，元々の研究開発が行われていた日本の本社に帰属すると解すべきか，それとも国外で研究開発を行う子会社又は関連会社に帰属すると解すべきかが争われることも少なくありません。この点について裁判で争われたのが株式会社一条工務店に関する事案です（東京高判平成18年3月15日（判決45），原判決は東京地判平成17年7月21日（判決46））。同事案においては，研究開発を行うシンガポールの関連会社に日本本社（一条工務店）が支払ったノウハウ等の使用料が寄附金に該当するか否かが争点でした。もし同ノウハウ等がシンガポールの関連会社ではなく日本本社に帰属するのであれば，日本本社は支払う必要のない対価をシンガポールの関連会社に支払ったこととなり，原処分庁が主張するように，寄附金に該当することになります。なお，上記事案においては，寄附金に該当するものを使用料に仮装して支払ったとして原処分庁の行った重加算税の賦課決定処分の適法性も争われました。
　東京高裁は，関連する諸事実の認定の結果，上記ノウハウ等はシンガポールの関連会社に帰属するので，一条工務店からシンガポールの関連会社への使用料の支払いは寄附金には該当しないと判断して，課税処分を取り消した原判決の判断を支持しました。

(4) 税法の個別規定（課税要件規定）の解釈（否認分類(ii)a）

上記解釈が争われたものとしては，例えば，次のようなものがあります。

ア 映画フイルムリース事件最高裁判決

裁判例の中には，税法の個別規定の解釈によって租税回避事案の解決を図った事案もあります。前記映画フイルムリース事件の最高裁判決（最判平成18年1月24日（判決47））は，民法上の組合又はその組合員が，映画に関する所有権を取得するという形式，文言が使用されたにすぎないとして，処分行政庁により，納税者が申告した当該映画に関する減価償却費の損金算入が否認された事案です。前述のとおり，原審の大阪高裁は，本件取引は，組合を通じて映画フィルムの所有権及び配給権等を購入した上でそれらを映画配給会社にリースする取引ではなく，融資取引であるとして課税処分を支持しました。

これに対して，最高裁は，「本件組合は，本件売買契約により本件映画に関する所有権その他の権利を取得したとしても，本件映画に関する権利のほとんどは，本件売買契約と同じ日付で締結された本件配給契約によりD社〔筆者注：前述の図のIFDのこと（274頁）〕に移転しているのであって，実質的には，本件映画についての使用収益権限及び処分権限を失っているというべきである。このことに，本件組合は本件映画の購入資金の約4分の3を占める本件借入金の返済について実質的な危険を負担しない地位にあり，本件組合に出資した組合員は，本件映画の配給事業がもたらす収益についてその出資額に相応する関心を抱いていたとはうかがわれないことも併せて考慮すれば，本件映画は，本件組合の事業において収益を生む源泉であるとみることはできず，本件組合の事業の用に供しているものということはできないから，法人税法（平成13年法律第6号による改正前のもの）31条1項にいう減価償却資産に当たるとは認められない。」と判示して，上告を棄却しました。

このように，最高裁は，法人税法31条1項所定の「減価償却資産」該当するか否かの解釈により，上記事案の解決を行いました。

イ 武富士事件最高裁判決等

(ｱ) 武富士事件最高裁判決

いわゆる武富士事件において，最高裁は，課税要件である日本国内の「住所」の有無の解釈により，事案の解決を行いました。すなわち，同事件においては，

290◆ 第3章 わが国の租税回避否認規定と諸外国のGAAR

受贈者が国外資産（具体的にはオランダ法人の株式）の贈与を受けた時において日本国内に住所を有しているかどうかが争われ，最高裁は，住所の判定について，次のように説示しました（最判平成23年2月18日（判決20））。

「(1) 法［筆者注：当時の相続税法］1条の2によれば，贈与により取得した財産が国外にあるものである場合には，受贈者が当該贈与を受けた時において国内に住所を有することが，当該贈与についての贈与税の課税要件とされている（同条1号）ところ，ここにいう住所とは，反対の解釈をすべき特段の事由はない以上，生活の本拠，すなわち，その者の生活に最も関係の深い一般的生活，全生活の中心を指すものであり，一定の場所がある者の住所であるか否かは，客観的に生活の本拠たる実体を具備しているか否かにより決すべきものと解するのが相当である（最高裁昭和29年（オ）第412号同年10月20日大法廷判決・民集8巻10号1907頁，最高裁昭和32年（オ）第552号同年9月13日第二小法廷判決・裁判集民事27号801頁，最高裁昭和35年（オ）第84号同年3月22日第三小法廷判決・民集14巻4号551頁参照）。

(2) これを本件についてみるに，前記事実関係等によれば，上告人は，本件贈与を受けた当時，本件会社の香港駐在役員及び本件各現地法人の役員として香港に赴任しつつ国内にも相応の日数滞在していたところ，本件贈与を受けたのは上記赴任の開始から約2年後のことであり，香港に出国するに当たり住民登録につき香港への転出の届出をするなどした上，通算約3年半にわたる赴任期間である本件期間中，その約3分の2の日数を2年単位（合計4年）で賃借した本件香港居宅に滞在して過ごし，その間に現地において本件会社又は本件各現地法人の業務として関係者との面談等の業務に従事しており，これが贈与税回避の目的で仮想された実体のないものとはうかがわれないのに対して，国内においては，本件期間中の約4分の1の日数を本件杉並居宅に滞在して過ごし，その間に本件会社の業務に従事していたにとどまるというのであるから，本件贈与を受けた時において，本件香港居宅は生活の本拠たる実体を有していたものというべきであり，本件杉並居宅が生活の本拠たる実体を有していたということはできない。」

最高裁は，納税者に贈与税回避の目的があったとしても，相続税法上の「住所」の概念は民法上のそれと同じ借用概念であると捉えて，客観的な観点から解釈を行い，租税回避の目的を重視して日本に住所があると認定して課税処分を支持した原判決を破棄しました。

㈠　所得税法上の住所等に関する判決

個人の株式譲渡に係る課税処分が適法か否かが当該納税者の住所，居所に関連して争われた事案について判断を下したのが東京地判平成19年9月14日（判決48）です。

同判決も，武富士判決が言及した上記の最高裁昭和29年10月20日大法廷判決・民集8巻10号1907頁を同様に言及して，「およそ法令において人の住所につき法律上の効果を規定している場合，反対の解釈をなすべき特段の事由のない限り，その住所とは各人の生活の本拠を指すものと解するのを相当とする」と判示しました。そして，住所がどこかについては客観的に判断すべきであるとして，シンガポールに転出した原告の住所は，日本ではなくシンガポールにあると認定しました。

これに対して，国は，控訴審において，日本国内に住所がないとしても，日本国内に引き続き1年以上居所を有していたので所得税法上の「居住者」に該当するという予備的主張を行いましたが，東京高裁は，当該主張も退けました（東京高判平成20年2月28日（判決49））。

ウ　デラウェア州LPS事件

前述の米国デラウェア州等のリミテッド・パートナーシップ事件判決（最判平成27年7月17日（判決26））においては，最高裁は，租税法上の「法人」該当性の解釈により，同パートナーシップを通じて不動産投資を行ったわが国居住者の損金計上が認められるかどうかという事案の解決を行いました。

エ　オウブンシャホールディング事件

次頁の図のオウブンシャホールディング事件においては，最高裁は法人税法22条2項に規定された「取引」の該当性の解釈により，事案の解決を行いました。

内国法人の外国子会社が国外関連者に対して著しく低価格の新株発行を行った結果，内国法人の保有する当該子会社株式の価値が国外関連者に移転した事実が，

法人税法22条2項の「資産の譲渡」又は「その他の取引」に該当するかどうかが争われたのが、いわゆるオウブンシャホールディング事件です。

関係者の持株関係は下図のとおりです。

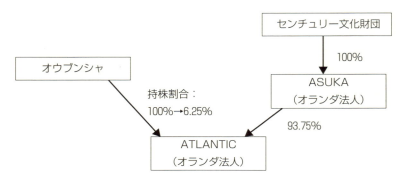

最高裁は、次のとおり、法人税法22条2項の「取引」に該当すると判示しました（最判平成18年1月24日（判決50））。

　　オウブンシャホールディング（「オウブンシャ」）は、「A社［筆者注：OBUNSHA ATLANTIC B.V.（以下「ATLANTIC」）］の唯一の株主であったというのであるから、第三者割当により同社の新株の発行を行うかどうか、だれに対してどのような条件で新株発行を行うかを自由に決定することができる立場にあり、著しく有利な価額による第三者割当増資を同社に行わせることによって、その保有する同社株式に表章された同社の資産価値を、同株式から切り離して、対価を得ることなく第三者に移転させることができたものということができる。そして、オウブンシャがATLANTICの唯一の株主の立場において、同社に発行済株式総数の15倍の新株を著しく有利な価額で発行させたのは、オウブンシャのATLANTICに対する持株割合を100％から6.25％に減少させ、F社［筆者注：ASUKA FUND B.V.（以下「ASUKA」）］の持株割合を93.75％とすることによって、ATLANTIC株式200（株）に表章されていた同社の資産価値の相当部分を対価を得ることなくASUKAに移転させることを意図したものということができる。また、前記事実関係等によれば、上記の新株発行は、オウブンシャ、ATLANTIC、ASUKA及び財団法人C［筆者注：センチュリー文化財団］の各役員が意思を相通じて行ったというのであるから、ASUKAにおいても上記の事情を十分に了解した上で、上記の資産価値の移転を受けたものと

いうことができる。

　以上によれば，オウブンシャの保有するATLANTIC株式に表章された同社の資産価値については，オウブンシャが支配し，処分することができる利益として明確に認めることができるところ，オウブンシャは，このような利益をASUKAとの合意に基づいて同社に移転したというべきである。したがって，この資産価値の移転は，オウブンシャの支配の及ばない外的要因によって生じたものではなく，オウブンシャにおいて意図し，かつ，ASUKAにおいて了解したところが実現したものということができるから，法人税法22条2項にいう取引に当たるというべきである。」

　上記のとおり，最高裁は，法人税法22条2項にいう「取引」に該当するか否かを論じました。被告国は，第一審の当初は法人税法132条の適用を主張していました。その後，被告国は，同法22条2項の適用を主位的主張，132条の適用を予備的主張とする主張の変更を行いましたが，東京地裁はいずれの主張も認めず，課税処分を取り消しました（東京地判平成13年11月9日判時1784号45頁）。控訴審においては，法人税法22条2項の主張が認められ国が逆転勝訴し（東京高判平成16年1月28日判時1913号51頁），敗訴した納税者が最高裁に上告したという経緯があります。

☕【コーヒー・ブレイク】

　オウブンシャホールディング事件では，オウブンシャからASUKAに対して移転した資産価値を算定するに当たって，ATLANTIC株式及び同社が保有する各株式の評価方法も争点となっています。原審である東京高裁平成16年1月28日判決は，各株式について法人税基本通達9-1-14(4)（現在の同通達9-1-13(4)）に基づき，時価純資産価額方式によるべきであるとしたうえで，日本法人の各株式については法人税額等相当額を控除せずに評価しました。それに対して，上記最高裁判決は，1株当たりの純資産価額の算定に当たり法人税額等相当額を控除すべきであるとし，また，原審は持株比率や課税上の弊害について何ら審理判断することなく，法人税基本通達9-1-14(4)に基づき時価純資産価額方式により評価すべきであるという結論を導いている点が違法であるとし，東京高裁に差し戻しています（差戻審，東京高判平成19年1月30日）。

オ　タイ子会社事件

　本事案においては，タイ連結子会社の新株を時価よりも低い額面で引き受けた内国法人（控訴人）について，時価と払込価額との差額が法人税法22条2項の「益金の額」に含まれるかどうかが争点でした。具体的な事実関係は，次頁の図のとおりです。

　総合商社である納税者（控訴人）は，タイにおいて主に連結子会社であるタイ法人2社（同図のP2・P3社，「本件2社」と総称）を通じて事業を行っていました。本件2社の出資形態を変更する過程で，控訴人が本件2社の発行した新株を額面で引き受けました。税務当局は，本件株式の発行は当時の法人税法施行令119条1項3号［筆者注：現行法令119条1項4号］所定の有利発行に該当し，時価と払込価額との差額相当分の利益が納税者に生じたとして，法人税の更正処分等を行ったのに対し，納税者が更正処分等の取消しを求めて提訴しました。

　原審判決（東京地判平成22年3月5日（判決51））は，税務当局の主張どおりの判断を行ったので，これを不服として納税者は東京高裁に対して控訴しました。上記争点に関する東京高裁の判旨は次のとおりです（東京高判平成22年12月15日（判決52））。

　「本件のような新株の発行においては，そもそも控訴人による現金の払込みと，その金額を超える時価の新株の取得という『取引』が存在しているのであり，法人税法22条2項が，『取引に係る収益の額』と規定し，『取引による収益の額』としていないのは，取引自体から生ずる収益だけでなく，取引に関係した基因から生ずる収益を含む意味であるから，発行会社と新株主との間に経済的利益の移転がない場合であっても，有利発行により経済的利益を得ていれば，当該収益が益金を構成することになる。そうすると，控訴人が本件2社株を取得する取引によって，控訴人に対し当該取引に関係した基因から収益が生じていれば，当該収益は控訴人の益金の額を構成することになる。」

　本判決は，「法人税法22条2項が，『取引に係る収益の額』と規定し，『取引による収益の額』としていないのは，取引自体から生ずる収益だけでなく，取引に関係した基因から生ずる収益を含む意味であ」り，「発行会社と新株主との間に経済的利益の移転がない場合であっても，有利発行により経済的利益を得ていれば，当該収益が益金を構成する」として，発行会社から新株主に経済的利益が直

P3の新株発行

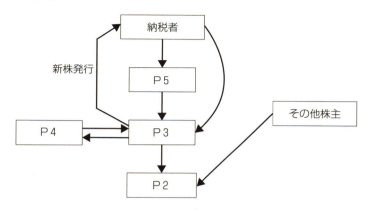

P2の新株発行

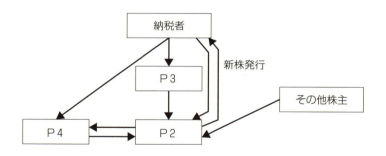

接移転したかどうかを問うことは重要ではなく，新株引受「取引に関係した基因から収益」を新株主が得ていれば足りると判断しました。上記判示は，発行会社から株主に経済的利益が直接移転したことを課税の根拠としていないため，オウブンシャホールディング事件においても議論されたように，新株式の低価発行によって，既存株主の経済的価値が新株式の株主へと移転することを意識したものと推測されます。ただし，その一方で，「本件においては，控訴人が，その子会社等から新株を引き受けたものであるところ，控訴人の取得価額が株式の適正価額より低額であったことから，株式を引き受けた旧株主である控訴人と発行会社との間の取引に関係した基因により，控訴人について受贈益課税の対象となる利益が生じているか否かが問題となっているのに対し，最高裁平成18年判決の事案

296◆　第3章　わが国の租税回避否認規定と諸外国のGAAR

［注：オウブンシャホールディング事件］は，株式を引き受けていない旧株主に寄附金課税をする上で，当該旧株主と発行会社との関係においてではなく，当該旧株主と新株主との間の関係における資産価値の移転を問題とした事案であるから，両者の事案は異なっており，本件においても，株式を引き受けていない旧株主と発行会社との関係において取引を構成しなければならない必要は全くない。」と述べ，新株主の受贈益課税を認めるための法的構成（法形式）については，あくまでオウブンシャホールディング事件とは異なると理解しているものと思われます。

　上記のように，払込価額と時価との差額が収益になるとして，次の問題は，株式の時価をどのように算定すべきかです。

　非公開子会社等の株式の時価は，まず，近接した時点において行われた適切な売買価額を検討し，次に，事業の種類，規模，収益状況等が類似する他の法人の株式の価額を検討します。それらが見つからなかった場合には，直近の「１株当たりの純資産価額等を参酌して通常取引されると認められる価額」を求めることとされています（法人税基本通達２−３−９・４−１−５・４−１−６参照）。本件においては，控訴人は，本件２社のうち１社の株式については，株式を額面価額で売却した事例が存在するので，時価の算定に際しては，かかる取引価格を考慮すべきであるという主張を行いました。しかし，その購入者は同社創設時からのパートナーであり，また，同人の実質的な出損なしに取得されたという事実も認定したうえで，額面価額での取引価額は，不特定多数の独立した当事者間で通常成立する時価とは認めることはできないという原審判決の判断をそのまま維持しました。なお，本件判決は，事業の種類，規模，収益状況等が類似する他の法人の株式の価額について判断を示していないので，恐らく，控訴人がそのような主張を行わなかったものと推測されます。適切な売買事例や類似法人の株式の価額が見つからない場合には，純資産価額を基準に時価を算定することになりますが，株式の時価を財務諸表の総資産額の数値に基づいて算定する場合には，本件判決判示のとおり，原則として，発行価額の決定日直近の財務諸表の数値を使用することになります。

5 わが国における国際的租税回避否認 ◆297

☕【コーヒー・ブレイク】

海外子会社の株式の売却に当たって株式の評価額が争いになった案件として，パナソニック社が北米に所在する子会社の株式をオランダ関連会社に譲渡した際の売却価格について，大阪国税局が当該売却価格は不当に安かったと認定し，差額について寄附金課税を行ったことが新聞等により報道されています（平成30年9月12日付け日本経済新聞記事等）。当該処分に対して，パナソニック社は，「当該株式の譲渡価格は客観的な評価に基づく適正な時価であり，国外関連者への寄附金ではない」として当該処分を争うことを表明しています（パナソニックの2018年9月11日付けプレスリリース「大阪国税局から更正通知書の受領と当社の対応について」）。

カ　商船三井事件

本件は，海運業を営む内国法人（請求人）が貨物の協働輸送の提携先であるAグループのグループ会社Bから提供を受けた輸送業務について，当該内国法人は国外関連者である子会社Cを通じてその輸送料金を支払っていたところ，子会社Cに対して支払われた料金が，当該子会社CからBに対して支払われた料金を上回っていることから，その差額について，内国法人から子会社Cに対する寄附金（法人税法37条）に該当するとして更正処分等がされた事案です（国税不服審判所平成26年11月11日裁決「裁決9」）。

国税不服審判所は，子会社CからBに対して支払う料金（レシプロ価格）は，変動費用相当額のみをカバーする水準の価格に設定されており，固定費用水準や利益水準を含むフルコスト水準の価格とはされていなかったものの，それは，請求人グループとAグループの間の利益の移転を排除することができるという点で一定の合理性があると認めました。その一方で，他のグループ会社からレシプロ価格という安価な価格で輸送業務の提供を受けることができるグループ内の会社は利益を受ける一方，安価な価格によって他のグループ会社の貨物の輸送業務を提供しなければならないグループ内の子会社（請求人グループでは子会社C）は不利益を受けることになり，グループ内において利益の移転が生じることになってしまうため，請求人が子会社Cに対して支払った料金と子会社CがBに対して支払ったレシプロ価格の差額（本件支払差額）は，そのようなグループ内における利益の移転を解消するために支払われた金員であったと評価することが相当であると判断しています。その上で，本件支払差額は，請求人がBから受けた輸送業務の提供に対する対価ということができるのであり，子会社Cに対して支払った本

件支払差額に対価性がないとまではいえないし，グループ内における利益の移転を解消することは経済的に合理性があると認められると判断しました。

このように，本件において，課税当局は，取引の一部のみを切り取った上で本件支払差額が生じているため本件支払差額は寄附金に該当すると判断して更正処分等を行っている一方，国税不服審判所は，取引全体を検討した上で，本件支払差額については対価性がないとまでは言えず，かつ，その支払に経済的合理性が認められる旨判断しています。

キ　塩野義製薬事件

外国子会社に移転する現物出資が適格現物出資に該当するかどうかが争われたのが下記の塩野義製薬事件です（国税不服審判所平成28年2月23日裁決「裁決10」）。

本件は，塩野義製薬（請求人）が，英国法人との間で医薬品の開発に関するパートナーシップ契約を締結していたところ，請求人の完全子会社である英国法人に対して当該パートナーシップの持分を現物出資したという事案です。

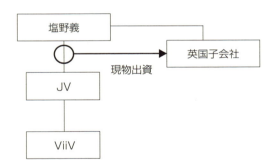

請求人は，当該パートナーシップに属する財産は，国内にある事業所に属する資産に該当しないため，法人税法2条12号の14に定める適格現物出資に該当し，譲渡損益の計上が繰り延べられると主張したのに対して，国税不服審判所は，次のとおり判断し，請求人の主張を認めませんでした。

「法人税法第62条の4第1項は，適格現物出資に係る移転資産の譲渡損益の計上を繰り延べる旨規定しているところ，……法人税法第2条第12号の14及び同法施行令第4条の3第9項が，国内にある事業所に属する資産の外国法人への移転を適格現物出資の対象から除いた趣旨は，含み益のある資産を国外へ移

転させることによりこれに対する我が国の課税の機会が失われるのを防止することにあるものと解される。……法人税法第2条第12号の14及び同法施行令第4条の3第9項は，文理上，現物出資取引ごとに適格現物出資か否かの検討を行うことを前提としているものと解され，上記の各規定の趣旨を併せ考慮すれば，当該現物出資の対象資産の中に一部でも国内にある事業所に属する資産が含まれている場合には，当該現物出資は，外国法人に国内にある事業所に属する資産の移転を行うものとして，その全体が適格現物出資に当たらないものと解するのが相当である。」

　本件における当てはめとしては，「本件現物出資の対象資産のうち，……本件■■持分それ自体が国内にある事業所に属する資産に該当することに加え，……本件無形資産についても，その相当部分が国内にある事業所に属する資産に該当するものと認めることができる。……現物出資の対象資産の中に一部でも国内にある事業所に属する資産が含まれている場合には，当該現物出資は，外国法人に国内にある事業所に属する資産の移転を行うものとして，その全体が適格現物出資に当たらないものと解されるから，結局，本件現物出資は，適格現物出資に該当しないものというべきである」と判示しました。
　塩野義製薬は，上記裁決結果を不服として，課税処分の取消請求訴訟を東京地裁に提起しました。

(5) 課税減免規定の縮小・限定解釈（制度濫用論）（否認分類(ii)b.）

　課税減免規定の縮小・限定解釈（制度濫用論）が争われた事例としては，例えば，次のようなものがあります。

　まず，前述のりそな銀行事件（判決10）と同様の事件であるUFJ銀行事件最判平成18年2月23日（判決11）は，外国税額控除制度の趣旨とその濫用について，次のとおり説示しました。りそな銀行事件の内容とほぼ同様です。

　「法人税法69条の定める外国税額控除の制度は，内国法人が外国法人税を納付することとなる場合に，一定の限度で，その外国法人税の額を我が国の法人税の額から控除するという制度であり，我が国の企業の海外における経済活動の振興を図るという政策的要請の下に，国際的二重課税を防止し，海外取引に

対する課税の公平と税制の中立性を維持することを目的として設けられたものである。

　ところが，本件各取引は，これを全体として見ると，本来は内国法人が負担すべきでない外国法人税について，内国法人である本件銀行が対価を得て引き受け，これを自らの外国税額控除の余裕枠を利用して我が国において納付されるべき法人税額を減らすことによって回収することを内容とするものであることは明らかである。これは，我が国の外国税額控除の制度をその本来の趣旨及び目的から著しく逸脱する態様で利用することにより納税を免れ，我が国において納付されるべき法人税額を減少させた上，この免れた税額を原資とする利益を取引関係者が分け合うために，本件銀行にとっては外国法人税を負担することにより損失が生ずるだけの取引をあえて行うものというべきであって，我が国ひいては我が国の納税者の負担の下に取引関係者の利益を図るものにほかならない。そうすると，<u>本件各取引は，外国税額控除の制度を濫用するものであり，</u>これに基づいて生じた所得に対する外国法人税を法人税法69条の定める外国税額控除の対象とすることはできないというべきである。」（下線は筆者によります。）

☕【コーヒー・ブレイク】

　わが国の外国税額控除の控除限度額は次のとおり定められています（法人税法施行令142条1項）。

$$\text{内国法人の各事業年度の所得に対する法人税の額} \times \frac{\text{当該事業年度の国外所得金額}}{\text{当該事業年度の所得金額}}$$

　外国税額控除の方式について，米国が所得の種類に応じたバスケット方式を採用し，また，ドイツが国別方式を採用するなど，立法例は分かれていますが，わが国の上記算式は，一括限度方式を採用したことを示しています。したがって，わが国よりも税率が低い国で国外所得を得たような場合には，上記の外国税額控除の控除限度額に「余裕枠」が生まれることになります。

　また，組織再編における未処理欠損金額引継規定の要件具備の有無が主要な争点となったヤフー事件判決（判決17）も，「課税減免規定の縮小・限定解釈（制度濫用論）」の分類に属すると整理することも可能です。

　　　　　　　　　　　　　　　　５　わが国における国際的租税回避否認　◆301

> ☕【コーヒー・ブレイク】
>
> 　りそな銀行事件判決とヤフー事件判決の判断基準について，次のような指摘があります（渡辺徹也『スタンダード　法人税法（第2版）』274頁）。
>
> 　「りそな外税控除事件判決とヤフー事件判決との大きな違いは，前者が一般的否認規定のない状況で濫用を課税の根拠としたのに対し，後者は一般的否認規定の解釈において濫用該当性を判断しているという点である。換言すれば，前者は69条という外税控除に関する個別の規定（個別的課税要件規定）の解釈，後者は132条の2という一般的否認規定の解釈を行っているという点である。
>
> 　したがって，それぞれの最高裁の見解において，種類の異なる濫用基準の存在を肯定するとしても，当然，前者の場合（一般的否認規定の存在しない場合）の濫用の方が，厳しく判断されるべきである。すなわち，濫用基準によって納税者の行為が否認されるべき領域は，前者の場合の方が，後者に比べてさらに制限されるべきである。そうでなければ，租税回避の領域においてわざわざ一般的否認規定を創設した意義も薄れることになろう。」

3　裁判所の判決と個別否認規定の追加

　通説は，一般否認規定を設けるのではなく，次のとおり，新しい租税回避の類型が生み出されるごとに，個別の否認規定を設けて対応すべきであるとしています。

> 　「法律の根拠がない限り租税回避行為の否認は認められないと解するのが，理論上も実務上も妥当であろう。もちろん，このことは租税回避行為が立法上も容認されるべきことを意味しない。新しい租税回避の類型が生み出されるごとに，立法府は迅速にこれに対応し，個別の否認規定を設けて問題の解決を図るべきであろう。」（金子宏『租税法（第23版）』130頁）

　そして，実際に裁判所の判決を受けて，新しい立法によって個別の否認規定が導入された例として，具体的に以下のものを挙げることができます。

(1)　航空機リース取引事件

　上記の名古屋地判平成16年10月28日判タ1204号224頁（控訴審，名古屋高判平成17年10月27日（判決23），同旨，名古屋地判平成17年12月21日（判決37））において，

民法上の組合を用いて航空機のリースを行い，当該航空機の減価償却費等を組合員が利用するというスキームについて，納税者の請求が認められたため，平成17年度税制改正において，上記のようなスキームを利用した税負担の軽減ないし回避に対処するための改正が行われました。上記改正では，租税特別措置法41条の4の2及び67条の12第1項が設けられ，民法上の組合等の組合員のうち，当該組合の業務の執行に関与しない組合員については，当該組合事業から生じる不動産所得の損失については，他の所得との損益通算が否定されることになりました。

(2) りそな銀行事件

　平成13年度税制改正により，法人税法69条1項括弧書及び同法施行令141条4項・5項（現在の同令142条の2⑤・⑥）が定められ，「内国法人が通常行われる取引と認められないものとして政令で定める取引に基因して生じた所得に対する外国法人税を納付することとなる場合」には外国税額控除は認められないとされました。そして，「通常行われる取引と認められないものとして政令で定める取引」として，①内国法人が，当該内国法人が金銭の借入れをしている者又は預入を受けている者と特殊の関係のある者に対し，その借り入れられ，又は預入を受けた金銭の額に相当する額の金銭の貸付けをする取引のうち，特に有利な条件であるもの，②貸付債権その他これに類する債権を譲り受けた内国法人が，当該債権に係る債務者から当該債権に係る利子の支払を受ける一定の取引が規定されています。これは，上記のりそな銀行事件など，「平成10年代のはじめに，わが国の金融機関等が，この類型の取引を用いて譲渡者の負担した源泉税を引き受け，外国税額の控除余裕枠を利用して租税回避を図る例が増加したため，平成13年度改正でそれに対する個別的否認規定として設けられたものである」と説明されています（金子宏『租税法（第23版）』571頁）。

(3) IBM事件

　平成22年度税制改正により，法人税法23条3項が定められ，自己株式として取得されることを予定して取得した株式については，その後に実際に自己株式の取得が行われ，同法24条の規定によりみなし配当が生じた場合であっても，当該みなし配当には，同法23条1項の受取配当等の益金不算入の規定は適用されないとされました。これは，「自己株式として取得されることが予定されている株式について，通常の投資利益を目的とせずに，税務上の譲渡損失の計上を行うことを

目的として取得し，これが予定どおり取得されることによりその目的を達成するといったことを典型とする，みなし配当と譲渡損益の構造を租税回避的に利用した行為を防止するための措置」であると財務省の立案担当者は説明しています（『改正税法のすべて（平成22年版）』338頁）。

　また，同年の税制改正において，完全支配関係がある内国法人の間で自己株式の取得等が行われた場合，譲渡損益が生じないこととされました（現在の法人税法61条の2第17項，当時は16項）。これは，いわゆるグループ法人税制の導入に伴い規定された措置であり，「グループ法人が一体的に経営されている実態に鑑み，発行法人に対する株式の譲渡及びこれと同様のみなし配当の発生の基因となる事由の発生もグループ内法人に対する資産の譲渡に変わりないことから，前述「(2) 100％グループ内の法人間の資産の譲渡取引等」（192ページ）と同様の考え方により，譲渡損益を計上しないこととされたものです。」と説明されています（『改正税法のすべて（平成22年版）』234頁）。

　なお，自己株式取得によって生じた株式譲渡損失を，課税当局が法人税法132条1項の同族会社の行為計算否認規定によって否認する更正処分を行ったものの，裁判所によって当該更正処分が取り消された事案として，前記（208頁）のIBM事件があります。

(4)　武富士事件

　平成12年度税制改正前は，日本国内に住所を有している場合には贈与によって取得したすべての財産について贈与税の納税義務を負い，日本国内に住所を有していない場合には贈与によって取得した財産で日本国内にあるものについてのみ，贈与税の納税義務を負うものとされていました。しかし，そのような規定の場合，上記武富士事件で問題になったように，住所を日本国外に移した上で国外にある財産の贈与を行うことで贈与税を回避するような事案に対処することができません。そこで，平成12年度税制改正によって，贈与によって国外にある財産を取得した者が，取得時に，日本国内に住所を有していない場合であっても，日本国籍を有しており，かつ，取得から過去5年以内のいずれかの時点において日本国内に住所を有していた場合には，日本国外に所在する財産についても贈与税の納税義務を負うこととされました（相続税法1の4）。贈与税（相続税も基本的には同じ。）の納税義務を負う者の範囲は平成25年，27年，30年の税制改正でもそれぞれ拡大されており，住所を日本国外に移すことによる贈与税及び相続税の回避に

304◆　第3章　わが国の租税回避否認規定と諸外国のGAAR

対して，立法者は厳しい態度で臨んでいることがわかります。

(5)　ガイダント事件

　ガイダント事件（<u>判決21</u>及び<u>判決22</u>）では，匿名組合契約に基づいて支払われた利益配当の租税条約における分類が問題になり，東京高裁は，「その他所得」に該当するため，源泉地国である日本は課税権を有しない旨判示しました。これを受けて，最近の租税条約では，匿名組合契約に基づいて支払われた利益配当について，源泉地国としての日本に課税権を認める規定を定めるものが増えてきています（日米租税条約2003年議定書13(b)，日英租税条約20，日独租税条約議定書4(a)(iii)，日蘭租税条約議定書9等）。

4　諸外国のGAARとわが国の租税回避否認制度の比較

(1)　GAARを有しないことのデメリットの有無

　国内法にGAARを有しないことのデメリットとしてよく主張されるのが，個別否認規定や既存の否認法理で多様な租税回避行為に対応することには限界があるため，租税回避行為を包括的に課税対象に捉え得るGAARを導入する必要があるというものです。加えて，近年では，OECDのBEPS対抗計画との関連を強調し，諸外国ではBEPSで問題とされているような租税回避行為防止のためにGAARを導入する動きがあり，国際的な課税の公平という観点からも，日本もそのような動きに取り残されることがあってはならないという主張がされることもあります。

　しかし，前記②1(7)で長戸准教授の文献を引用したとおり，わが国の租税法は，同族会社等の行為計算否認規定をはじめとして，すでに適用範囲が相当広汎な多数の個別的租税回避否認規定を有しており，実体面に関する解釈のレベルでは諸外国と方向性を同じくする部分も相当にあると考えられるため，GAARの規定を有していないとの一事をもって，わが国の租税法が遅れていると評価することは適切ではないように思われます。また，BEPSとの関連での主張については，下記(2)(i)のとおり，わが国では近年の税制改正によってBEPS対抗措置の導入・強化を積極的に行っているため，まずは，そのようなBEPS対抗措置の実効性を検証することを第一にすべきであると考えられ，直ちにBEPSで問題とされているような租税回避行為を防止するためにわが国でもGAARを導入すべきであるという議論にはつながらないように思います。

⑵　わが国の対応

　国税庁や，国税当局者（元財務省当局者を含む。）を中心として，GAARを国内法に導入すべきであるとの議論がされている一方，学会からはGAARの国内法への導入は慎重であるべきとの主張がされていることは前記**2**1(7)のとおりです。しかし，以下に述べる点から，現時点において，GAARを国内法において導入する必要性は必ずしも高くないように思われます。

(i)　BEPS対抗措置の導入・強化

　GAARの導入を主張する際の根拠の一つとしてあげられているのが，わが国ではBEPSで問題とされているような租税回避に十分に対抗できないというものです。しかしながら，わが国は，BEPS最終報告書が2015（平成27）年に公表されてから，これらの最終報告書で勧告された内容を積極的に国内法に導入してきています。具体的には，平成28年度税制改正では移転価格税制に係る文書化，平成29年度税制改正では外国子会社合算税制の改正，平成30年度税制改正では恒久的施設関連規定の改正，令和元年度税制改正では過大支払利子税制の改正及び移転価格税制の改正（独立企業間価格算定方法としてのDCF法の追加，評価困難な無形資産取引に係る価格調整措置の導入）などが挙げられますし，また，日本はBEPS防止措置実施条約にも平成29年6月に署名し平成30年9月に批准しその結果，平成31年1月に発効しています。これらの改正によって，BEPSで問題とされているような租税回避に対して一定の措置が講じられていますので，まずはこれらの改正がどの程度の成果をあげているのかを検証する必要があります。これらの措置によっては租税回避行為を十分に対処できないと結論付けられた場合には，その際に初めてGAARの導入を検討すべきでしょう。また，さらに言えば，日本の多国籍企業が実際にどの程度BEPSで問題とされているような租税回避を行っており，上記のBEPSへの対抗措置の他にGAARを導入する必要がどの程度存在するのかという検証が十分にされていないようにも思われるため，この点を十分に検証することも必要であると思います。

(ii)　SAARが多くの分野に設けられている

　また，日本の租税法においては，SAARに属する多くの個別的租税回避否認規定が定められていますので，それらに加えて，GAARを導入する必要がどの程度あるのかも検証する必要があります。特に，同族会社等の行為計算否認（法人税

法132，所得税法157，相続税法64），組織再編成に係る行為計算否認（法人税法132
の２），連結法人に係る行為計算否認（同法132の３）などは，その適用対象はか
なり広範なものとされています。したがって，GAARによって対処すべきことが
想定されている租税回避行為のかなりの部分は，これらの個別的租税回避否認規
定によって既にカバーされているものと思われます。GAARには後述するような
弊害があると考えられるため，これらの規定によっては租税回避行為に十分に対
処することができない場合に初めてGAARを導入すべきです。

(iii)　GAARを規定することによる弊害

　GAARは，課税要件を包括的な形で規定し，具体的かつ明確な要件を設けない
ため，実際にどのような場合にGAARが発動されるかについて納税者の予測可能
性は著しく欠けることとなると思われます。その結果，納税者が新規の取引等を
行う際に，税務的な観点も考慮して実施するスキームを決定した場合（企業が取
引の形態や契約書の内容等を決める際に税負担を考慮することは当然のことであり，そ
のこと自体は非難されるべきものではないと考えられます。），常にGAARが適用され
る可能性を想定しなければならず，納税者に対する萎縮効果が生じることも想定
されるところです。また，GAARの課税要件が明確でないということは，法令の
最終的な解釈権限を有する裁判所にとっても大きな問題を生じさせます。法令に
課税要件が明確に規定されていない場合，GAARは裁判規範として有効に機能し
ない可能性が小さくなく，その結果，裁判所ごとにGAARの要件に関する解釈，
具体的案件への適用についての判断が大きくぶれる可能性が生じます。

　以上のとおり，わが国においては，現時点において，GAARを国内法において
導入しなければならない必要性は必ずしも高くないように思われます。ただし，
納税者の予測可能性を確保した上で，新たに出現する租税回避行為に随時適切に
対処するため，適宜個別的租税回避否認規定を追加的に規定することは必要であ
ると考えられます。今後の課題としては，例えば，消費税法には現在規定されて
いない同族会社等の行為計算否認規定の同法への追加を検討すること，及び，国
際的な租税回避に対抗するために必要と考えられる場合，英国で導入された迂回
利益税に相当するような個別的租税回避否認規定の追加を検討することが考えら
れます。

なお，酒井教授は，次のような提案を行っています（酒井論文171・173頁）。

「一案としては，現行の同族会社等の行為計算の否認等の規定は租税法律主義の要請する課税要件明確主義の観点から不安も残るため，同規定をベースとしつつ，現行制度よりも具体的な明確性を持った否認規定とすべく議論を行うべきではないかと考える。……

議会において法律の趣旨をあらかじめ明らかにすることによって，納税者の予測可能性が担保されるべきである。濫用か否かを論じる際に，同法の趣旨に照らし合わせた議論が必要なのはいうまでもない。そもそも，我が国における議会での立法に係る趣旨説明は極めて形式的であり，その内容は概括的かつ簡素なものである。およそ各条項の趣旨・目的をそこから抽出することは困難であるといわざるを得ない。この点，例えばドイツの立法制度が参考になるであろう。ドイツでは法案提出に当たり，当該法律案の各条項の趣旨・目的を具体的に説明した理由書を付すこととされており，法解釈において議会意思を検討する際の手掛かりの一つとなり得る。これは，我が国における極めて抽象的な法案提出理由とは大きく異なるところである。よって，法案の趣旨説明が実質的な意味で明示されているとは到底いえない状況下において，議会決定を尊重すべきとの租税法律主義の民主主義的理念を実現させるためにも，議会における趣旨説明を充実した内容の伴うものとする必要があると思われる。」

6 租税条約の特典の否認

1 はじめに

租税法において一般否認規定と個別否認規定があるように，租税条約においてもこれらに相当する規定があります。前者は租税条約の濫用を防止するために条約上の特典享受を認めない一般的な規定であり，後者は特定の種類の取引による租税回避を念頭に置いて，関連の条約上の特典享受を認めない個別的な否認規定です。最初に前者の一般的規定の解説をし，後で後者に属するいくつかの個別的規定の解説をします。

BEPS防止措置実施条約の下記7条は，租税条約の濫用を防止する手段として，(i)主要目的テスト（「PPT」ということがあります。），又は，(ii)簡易な特典制限条

項によって補完される主要目的テスト（両者の組合せ）のいずれかの選択を認めています（同条⑧～⑬）。なお，(iii)詳細な特典制限条項をBEPS防止措置実施条約は定めていませんが，租税条約の当事者が上記(i)又は(ii)に代えて，詳細な特典制限条項を二国間で交渉し合意することも可能であるとしています（同条約解説（Explanatory Statement To Multilateral Convention To Implement Tax Treaty Related Measures To Prevent Base Erosion and Profit Shifting）パラグラフ90）。わが国は，主要目的テスト（PPT）を選択しました。

2　条文と解説

ア　条　文

第7条
1　対象租税協定のいかなる規定にもかかわらず，全ての関連する事実及び状況を考慮して，当該対象租税協定に基づく<u>特典を受けること</u>が当該特典を直接又は間接に得ることとなる仕組み又は取引の<u>主たる目的の一つ</u>であったと判断することが妥当である場合には，そのような場合においても当該特典が当該対象租税協定の関連する規定の目的に適合することが立証されるときを除くほか，その所得又は財産については，当該特典は，与えられない。
2　1の規定は，仕組み若しくは取引若しくは仕組み若しくは取引に関与する者の主たる目的若しくは主たる目的の一つが対象租税協定に基づいて与えられる特典を得ることであった場合に当該特典の全部若しくは一部を与えないことを規定する当該対象租税協定の規定に代えて，又は当該規定がない対象租税協定について，適用する。
［3～17省略］（下線は筆者によります。）

イ　条文の解説
(i)　主要目的テスト

上記と同様の条文は，次のとおり，2017年版OECDモデル条約29条9項にも規定されています。

「この条約の他の規定にかかわらず，全ての関連する事実及び状況を考慮して，この条約に基づく<u>特典を受けること</u>が当該特典を直接又は間接に得ることとなる仕組み又は取引の<u>主たる目的の一つ</u>であったと判断することが妥当であ

る場合には，そのような場合においても当該特典を与えることがこの条約の関連する規定の目的に適合することが立証されるときを除くほか，その所得又は財産については，当該特典は，与えられない。」

2017年のOECDモデル条約改正前においては，主要目的テストは，同条約の条文本体においてではなく，コメンタリーにおいて採り上げられていたにすぎませんでした。そして，条約特典最終報告書の勧告の結果，いわば"格上げ"され，OECDモデル条約の条文（29）においても主要目的テストは，設けられることになりました

(ii) 主要目的テストの趣旨及び目的

主要目的テスト（PPT）は，「英国における租税回避否認規定として生成した。」と評されています（矢内一好『解説BEPS防止措置実施条約』67頁）。

OECDモデル条約（2017年）のコメンタリーは，主要目的テストの趣旨及び目的を次のように説明しています（パラグラフ169）。

> 「1．パラグラフ9は，第1条のコメンタリーのパラグラフ61及び76乃至80のガイダンスを反映する。当該ガイダンスに従い，一定の取引又はアレンジメントの主要目的の一つが租税条約に基づく特典を確保することであり，これらの状況で当該特典を得ることが租税条約の関連規定の目的に反する場合，租税条約の特典は利用できないものとすべきである。」

上記コメンタリーは，租税条約の特典利用を否認する国内法の存在に言及しています。これは，前述の一般否認規定（GAAR）とのことです。

上記に言及された1条のコメンタリーのパラグラフ61は，主要目的テストについて，次のように述べています。

> 「基準となる考え方は，二重課税条約の特典は，一定の取引又は取極を行う主要目的がより有利な課税上の立場を確保することである場合には利用することはできず，かつ，これらの状況におけるより有利な扱いは関連する規定の意義と目的に反する，というものである。」

(iii) 主要目的テストの具体例

以下において，主要目的テストの具体例を言及して説明します。

主要目的テストが適用される例

OECDモデル租税条約コメンタリーは，上記の主要目的テストの適用例を示しています。

① 例 1

例えば，次のような契約の人為的分割の場合には，主要目的テストが適用され，条約に基づく特典は享受できないとしています（パラグラフ182　例J（水野忠恒監訳『OECDモデル租税条約』（2017年版）577・578頁）参照）。

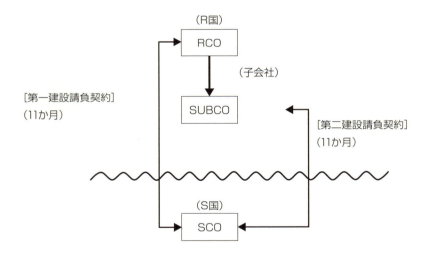

「RCOは，R国の法人居住者である。RCOは首尾よくS国の独立居住法人であるSCOの発電所の建設に入札した。この建設プロジェクトは，22か月続く予定である。契約の交渉中に，プロジェクトは2つの異なる契約に分割され，それぞれ11か月続く。最初の契約は，RCOと締結され，二つ目の契約は，SUBCOと締結された。SUBCOは，最近設立したR国に居住するRCO完全内国子会社である。2つの契約の履行に関してRCOが契約上責任を負うことを確実にしたいというSCOの要請に基づき，SUBCO-SCO契約におけるSUBCOの契約上の義務の履行に関して，RCOは連帯して責任を負う。

　この例では，他の事実や状況が他に示されていない場合，SUBCOが建設プ

ロジェクトの一部を実行することに合意した別契約の締結の主要目的の1つが，RCOおよびSUBCOにとってR-S国間の租税条約第5条パラグラフ3の規則の特典を受けること［にあると考えること］は合理的である。このような状況で規則の特典を与えることは，当該パラグラフの制限［筆者注：12か月を超えれば恒久的施設に該当するというルールのこと］がなければ無意味であるため，パラグラフの趣旨および目的に反している。」

OECDモデル租税条約コメンタリーは，次のとおり，主要目的テスト条項が適用される別の例も示しています（パラグラフ182）。

② **例2**

S国居住者である法人SCoは，T国居住者である法人TCoの子会社です。T国は，S国との間で租税条約を有しておらず，SCoがTCoに支払う配当は，S国国内法に基づき25％の源泉所得税が課されます。

そこで，TCoは，適格のR国居住者である法人RCoと締結した契約に基づき，SCoが発行した無議決権優先新株の3年間の優先配当受領権を，RCoに譲渡しました。RCoがこの権利を取得するために支払った金額は，当該優先株について3年間に支払われる配当の現在価値に相当する金額です。R国とS国間の租税条約の下では，S国の法人がR国の居住者に支払う配当に適用される源泉税率は5％に軽減されています（パラグラフ182例B）。

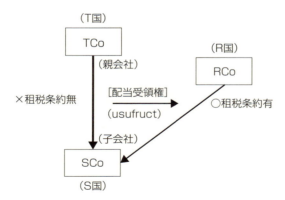

この例では，別段のことを示す他の事実及び状況がなければ，TCoとRCo間の上記契約の主要な目的の1つは，租税条約の5％の軽減税率の適用を受けることにあると結論付けることが合理的です。そして，そのような条約の特典を与える

ことは、同条約の目的に反することになるとされています。

主要目的テストが適用されない例

OECDモデル租税条約コメンタリーは、次のとおり、上記の主要目的テストが適用されない例も示しています（パラグラフ182）。

① 例 1

R国の居住法人であるRCoは、人件費等低コストでの電子部品製造を企図し、工場設置の候補地として複数の国（S、T及びU国）を選定したが、その中でS国のみがR国と租税条約を締結していることが判明したので、その点も考慮してS国への進出を決定しました。この事例の場合には、投資の主要目的は事業の拡大と低コストでの製造にあり、租税条約上の特典を得ることが主要な目的とは考えられないので、主要目的テスト条項は適用されません（パラグラフ182例C）。

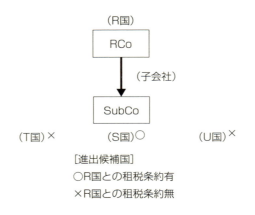

② 例 2

T国居住者である法人TCoは、様々な国に多数の子会社を有しています。TCoは、ある地域の5か国に所在する5つの子会社に対してグループ内役務提供を行う地域統括会社を設立しようと考えています。TCoは、候補地を検討し、地域統括会社RCoをR国に設立することに決定しました。この決定は、R国が、豊富な高度の人材、信頼できる法制度、経済環境、政治的安定性、地域統合体の加盟国であること、洗練された金融業、及び包括的な租税条約ネットワークを有していること（上記子会社の所在地国5か国とも租税条約を締結しており、低率の源泉税率が適用されます。）が主たる理由でした（パラグラフ182例G）。

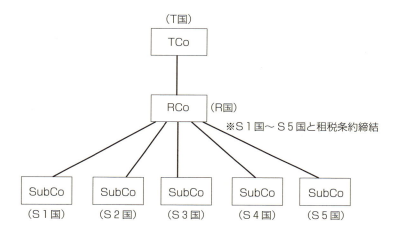

上記事例においては、RCoの提供するグループ内役務が、実質的な経済機能を遂行し、資産を使用し、実際のリスクを負担する実体のある事業であり、かつ、RCoがR国に所在するその被用者を通じて当該事業を行っている場合には、特段の事実が存在しない限り、R国と子会社所在地国間の租税条約の特典を否認するのは合理的ではないと解されます。

③ 例 3

R国居住者である法人RCoは、過去5年間、S国居住者である法人SCoの株式を24％保有しています。R国とS国間の租税条約の発効にともない、RCoは、同条約の規定する親子間配当の軽減税率の特典を受けるため、SCoの株式の所有を25％まで増やすことを決定しました（パラグラフ182例E）。

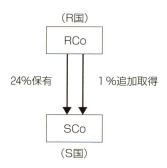

上記の追加株式の取得は条約の軽減税率の適用を受けることが主要な目的の1

つであることは明らかですが，これは租税条約の該当条文の目的に適合しているので，主要目的テスト条項の適用は受けないとされています。

3 特典を受ける権利の一般的制限条項以外の個別条項

BEPS防止措置実施条約は，租税回避を防止する上記の一般的ルールに加えて，以下に説明するとおり，条約濫用防止のための個別ルールも定めています。

ア 契約の分割対応

最初に，契約の分割対応について解説します。

BEPS防止措置実施条約14条は，契約の分割対応規定を設けました。

OECDモデル租税条約5条3項は，「工事現場又は工事が12箇月を超える期間存続する場合には，恒久的施設を構成する」と定めているところ，同規定の適用を回避するために契約を人為的に分割する前記例1のような事例が存在します。条約特典最終報告書は，上記(iii)の主要目的テストが適用される当該例のような人為的回避に対処すべくコメンタリーを改正すべきであるとしました。

ただし，日本政府は上記14条の規定（契約期間の分割によるPE回避防止規定）を採用しませんでした。これは，前述の主要目的テスト（PPT）により十分対応が可能と判断したことによると推測されます[19]が，財務省担当者は，「条文の文言上，正当な事業との区別が困難な場合もあるため」，上記14条の適用を選択しなかったと説明しています（中澤弘浩「BEPS防止措置実施条約について」（租税研究2018年2月号172頁参照）。平成30年度税制改正によって，法人税法施行令が契約期間の分割によるPE回避への対抗規定を設けましたが（4条の4第3項），「正当な理由」に基づく契約分割は除外しています（同項但書）。

イ 譲渡所得の種類の変更に対抗する規定

不動産の譲渡所得については不動産所在地国が課税権を有していますが，それを株式の譲渡所得に変更して課税を免れようとする租税回避に対抗するためにOECDモデル租税条約14条4項は，次の規定を設けています。

---

19 成道秀雄「PE認定の人為的回避の防止」（「「税源浸食と利益移転（BEPS）」対策税制」187頁参照）

「一方の締約国の居住者が株式又は同等の持分（組合又は信託財産の持分を含む。）の譲渡によって取得する収益に対しては，当該株式または同等の持分の価値の50％を超えるものが，当該譲渡に先立つ365日の期間のいずれかの時点において，第6条に規定する不動産であって他方の締約国内に存在するものによって直接又は間接に構成される場合には，当該他方の締約国において租税を課することができる。」

ウ　独立企業間対価を超える受動的所得と租税条約の減免の否定

租税条約によっては，独立企業間対価を超える部分の利子及び使用料については，租税条約の減免を認めないという規定を設けているものもあります。この趣旨について，2019年改正前日米租税条約に関する解説は，「一般に租税条約では，特殊関連者間で実態から乖離した内容の取引を行うことにより利益を操作した場合には，その乖離した部分についてまで条約上の特典（限度税率の適用等）を及ぼすべきではないことから，利子，使用料等のうち独立企業間価格を超過する部分については，これらに関する条項にもとずく源泉地国課税の減免を行わないこととしている。」と説明しています（浅川雅嗣編著『コンメンタール改訂日米租税条約』132頁）。

OECDモデル租税条約も，利子及び使用料（ロイヤルティ）について，それぞれ次のとおり定めています。

11条6項

「利子の支払の基因となった債権について考慮した場合において，利子の支払者と受益者との間又はその双方と第三者との間の特別の関係により，当該利子の額が，その関係がないとしたならば支払者及び受益者が合意したとみられる額を超えるときは，この条の規定は，その合意したとみられる額についてのみ適用する。この場合には，支払われた額のうちその超過する部分に対しては，この条約の他の規定に妥当な考慮を払った上で，各締約国の法令に従って租税を課することができる。」

12条4項

「使用料の支払の基因となった使用，権利又は情報について考慮した場合に

おいて，使用料の支払者と受益者との間又はその双方と第三者との間の特別の関係により，当該使用料の額が，その関係がないとしたならば支払者及び受益者が合意したとみられる額を超えるときは，この条の規定は，その合意したとみられる額についてのみ適用する。この場合には，支払われた額のうちその超過する部分に対しては，この条約の他の規定に妥当な考慮を払った上で，各締約国の法令に従って租税を課することができる。」

第 **4** 章

行動 5 「有害税制への対抗」と行動11「BEPS の規模・経済的効果の分析方法の策定」

1 行動5「有害税制への対抗」について

　行動5「有害税制への対抗」（Countering Harmful Tax Practice More Effectively, Taking into Account Transparency and Substance）最終報告書は，わが国にはパテントボックスのような知的財産に関する有害な優遇税制はないとされたので，わが国税制との関連性は薄いものとなっています。ただし，移転価格税制に係る事前確認のうち，（二国以上の複数国間の相互協議を通じた事前確認ではなく）納税者とその所在地国税務当局との間でのみ行われるユニラテラル（unilateral）なものについては，個別ルーリングに該当すると考えられることから，取引相手国の税務当局に対して自発的情報交換により当該事前確認に係る情報を提供することとされました（行動5　最終報告書第5章C節英文49・50頁参照）。国税庁においても，2016年（平成28年）6月から，租税条約の情報交換制度の枠組みを用いて，ユニラテラルな事前確認に係る情報交換を実施しています。

　優遇税制への対抗として問題とされたユニラテラルな個別ルーリングとしては，アップルコンピュータに対してアイルランドが管理支配地主義によるバミューダへの利益移転を認めたものが挙げられますが，ユニラテラルな事前確認もその延長として，帰属利益の水準を確認することが他国の税源を浸食するとの理解から採用されたものと考えられます。

　しかし，ユニラテラルな事前確認に対する対抗措置を他国に認めることは，他国での利益水準を引き上げる移転価格課税をもたらすことにつながり，二重課税問題の原因となるものです。

　特に，わが国で行われている外国子会社の利益水準の上限を取引単位営業利益法により抑える方法でのユニラテラルな事前確認については，他国に所在する法人の利益水準に一方的に介入するものとして他国からの批判が多く，ユニラテラルな事前確認に係る情報交換の実施は，他国の税務当局による移転価格調査のトリガーとなっており，二重課税が発生した場合には，相互協議での解決が強く求められる状況になっています。

　なお，財務省作成の平成30年9月「国際課税関係資料」は，OECD有害税制フォーラムにおける優遇税制の審査について，次の説明を行っています。

① 行動5「有害税制への対抗」について ◆319

✓ OECDにより定義された「有害税制（harmful preferential regime）」とは,
　① 金融・サービス業等の経済活動から生じる「足の速い所得（mobile income）」に
　　 対して通常より低い実効税率を適用し,
　② 外国企業のみを優遇する「囲い込み（ring-fencing）」を行うこと等により, 外国
　　 の課税ベースを奪う効果を持つ優遇税制のこと。
✓ わが国が共同議長を務める, OECD有害税制フォーラム（FHTP: Forum on Harmful
　 Tax Practices）において, 参加国の優遇税制が「有害税制」か判定する審査を行い,
　 改廃を慫慂している。
✓ FHTPから「有害税制」と判定された場合, 他国は, 優遇税制の効果を打ち消す対抗
　 措置をとることができる。

≪FHTPが審査した優遇税制（2018年5月現在）計163件≫

改廃済	31件
改廃作業中	81件
「審査対象外（out of scope）又は有害でない（not harmful）」	47件
「潜在的に有害（potentially harmful）」（審査中）	1件（ヨルダン）
「実際に有害（actually harmful）」	3件（仏, 伊, 土）

※ 仏の知的財産優遇税制は, 2016年11月に「実際に有害」と判定されたが, 2018年5月現在
　改廃されていない。伊及び土［筆者注：トルコ］の知的財産優遇税制は,「実際に有害」と判
　定されたのち改廃されたものの, 優遇税制適用新規申請の受入れ期限がFHTPの基準を超過
　しているため, 当該部分が「実際に有害」とされている。

　上記のOECD有害税制フォーラム（FHTP）による審査及び改廃慫慂活動の成
果については, 毎年進捗レポートが公表されています。

　2019年1月29日にOECDが公表した「有害な租税慣行―優遇税制に関する2018
年進捗レポート」（2018年進捗レポート）では, 2017年進捗レポートの内容が更新
され, 包摂的枠組みの参加国・地域で確認されたすべての優遇税制のレビュー結
果が報告されています。特に問題となっていた知的財産（IP）への優遇税制の廃
止又はネクサスアプローチへの是正が報告されています。

　また, IP以外の有害税制についても, モニタリングプロセスを継続的に実施す
るとともに, ユニラテラルな個別ルーリングについても情報交換を行うためのピ
アレビューを実施しているほか, 実質的活動要件の適用を再開するための見直し
が行われる予定となっています。

② 行動11「BEPSの規模・経済的効果の分析方法の策定」

行動11「BEPSの規模・経済的効果の分析方法の策定」（Measuring and Monitoring BEPS）最終報告書は，BEPSによる税収の損失は，年間1,000億～2,400億ドル，世界全体の法人税収の４～10％に達すると見積もることも可能だが，税収損失額を正確に推計することの困難性も認めています。また，多国籍企業の５～30％の利益がBEPSによって課税対象から逃れているとしています。そして，BEPSは，先進国よりも発展途上国により深刻な影響を及ぼしていると指摘しています。なお，最終報告書は，OECDが勧告するBEPS対抗措置が実施された場合には，多国籍企業の実効税率が上昇し，そのコストは主として資本の所有者が負担することになるとしています。

BEPSの規模については，英国のHMRCが，英国におけるタックス・ギャップの額を毎年見積もり公表しており，最新の2019年６月のレポートでは，2017～18年において350億ポンドと見積もっています。

本レポートでは，タックスギャップの40％が小規模事業者において発生し，法人のタックスギャップは，長期的に低下傾向にあり，8.7％と見積もっています。

なお，OECDは，今後，租税データを充実し，BEPS関連の経済指標を精査・開発し，民間研究者等とともにさらなる研究を継続するとしています。

【著者紹介】

藤枝　純（ふじえだ　あつし）

長島・大野・常松法律事務所　パートナー　弁護士　ニューヨーク州弁護士
税務訴訟，調査対応，相互協議案件（移転価格事案等）等を多数手がけ，主な移転価格案件
としては，本田技研工業株式会社に対する課税処分の訴訟手続での取り消し及び武田薬品工業
株式会社に対する課税処分の審査請求手続での取り消しがある。University of California, Los
Angeles 卒業（LL.M.）。2005 年 4 月，東京大学法科大学院，一橋大学大学院国際企業戦略研
究科，及び神戸大学大学院法学研究科トップローヤーズ・プログラムを含む複数の大学院におい
て，実務家教員として，国際課税の講義を担当した。日本機械輸出組合　国際税務研究会委員。

遠藤　努（えんどう　つとむ）

長島・大野・常松法律事務所　アソシエイト　弁護士
2006 年東京大学文学部卒業，2009 年東京大学法科大学院修了，2016 年 University of
Cambridge 卒業（Master of Corporate Law），2017 年 Vienna University of Economics and
Business 卒業（LL.M. in International Tax Law）。長島・大野・常松法律事務所東京オフィスで，
移転価格事案を含む，多くの税務プランニングや税務訴訟を担当するほか，近年はデジタル企業
の課税問題に注力している。

角田　伸広（つのだ　のぶひろ）

EY 税理士法人　会長　税理士　法学博士　経営法博士
国税庁において国際業務課長及び相互協議室長等，東京・大阪国税局において課税第 1 部長，
調査第 1 部長及び国際情報課長等を歴任し，租税条約等に基づく情報交換，OECD グローバ
ルフォーラム，FATCA，相互協議，移転価格調査及び事前確認等の実務を行う。OECD 租
税委員会各部会では，OECD モデル租税条約及び移転価格ガイドラインの改訂並びに BEPS
行動計画の策定に参画，国際連合国際租税協力専門家委員会では，国連モデル租税条約改訂
及び新興国・途上国のための移転価格実務マニュアルの策定に参画。2019 年 EY 税理士法人
に入所。

デジタル課税と租税回避の実務詳解

2019年12月30日　第1版第1刷発行

著　者　藤　枝　　　純
　　　　遠　藤　　　努
　　　　角　田　伸　広
発行者　山　本　　　継
発行所　㈱中央経済社
発売元　㈱中央経済グループ
　　　　パブリッシング

〒101-0051　東京都千代田区神田神保町1-31-2
電　話　03(3293)3371(編集代表)
　　　　03(3293)3381(営業代表)
http://www.chuokeizai.co.jp/

© 2019
Printed in Japan

印　刷／文唱堂印刷㈱
製　本／誠製本㈱

＊頁の「欠落」や「順序違い」などがありましたらお取り替えいた
　しますので発売元までご送付ください。(送料小社負担)
ISBN978-4-502-32821-3　C3034

JCOPY〈出版者著作権管理機構委託出版物〉本書を無断で複写複製(コピー)することは,
著作権法上の例外を除き,禁じられています。本書をコピーされる場合は事前に出版者著
作権管理機構(JCOPY)の許諾を受けてください。
　JCOPY〈http://www.jcopy.or.jp　eメール：info@jcopy.or.jp〉

●実務・受験に愛用されている読みやすく正確な内容のロングセラー！

定評ある税の法規・通達集シリーズ

所得税法規集
日本税理士会連合会 編
中央経済社

❶所得税法 ❷同施行令・同施行規則・同関係告示 ❸租税特別措置法（抄）❹同施行令・同施行規則・同関係告示（抄）❺震災特例法・同施行令・同施行規則（抄）❻復興財源確保法（抄）❼復興特別所得税に関する政令・同省令 ❽災害減免法・同施行令（抄）❾国外送金等調書提出法・同施行令・同施行規則・同関係告示

所得税取扱通達集
日本税理士会連合会 編
中央経済社

❶所得税取扱通達（基本通達／個別通達）❷租税特別措置法関係通達 ❸国外送金等調書提出法関係通達 ❹災害減免法関係通達 ❺震災特例法関係通達 ❻索引

法人税法規集
日本税理士会連合会 編
中央経済社

❶法人税法 ❷同施行令・同施行規則・法人税申告書一覧表 ❸減価償却耐用年数省令 ❹法人税法関係告示 ❺地方法人税法・同施行令・同施行規則 ❻租税特別措置法（抄）❼同施行令・同施行規則・同関係告示 ❽震災特例法・同施行令・同施行規則（抄）❾復興財源確保法（抄）❿復興特別法人税に関する政令・同省令 ⓫租特透明化法・同施行令・同施行規則

法人税取扱通達集
日本税理士会連合会 編
中央経済社

❶法人税取扱通達（基本通達／個別通達）❷租税特別措置法関係通達（法人税編）❸連結納税基本通達 ❹租税特別措置法関係通達（連結納税編）❺減価償却耐用年数省令 ❻機械装置の細目と個別年数 ❼耐用年数の適用等に関する取扱通達 ❽震災特例法関係通達 ❾復興特別法人税関係通達 ❿索引

相続税法規通達集
日本税理士会連合会 編
中央経済社

❶相続税法 ❷同施行令・同施行規則・同関係告示 ❸土地評価審議会令・同省令 ❹相続税法基本通達 ❺財産評価基本通達 ❻相続税法関係個別通達 ❼租税特別措置法（抄）❽同施行令・同施行規則（抄）・同関係告示 ❾租税特別措置法（相続税法の特例）関係通達 ❿震災特例法・同施行令・同施行規則（抄）・同関係告示 ⓫震災特例法関係通達 ⓬災害免除法・同施行令（抄）⓭国外送金等調書提出法・同施行令・同施行規則・同関係通達 ⓮民法（抄）

国税通則・徴収法規集
日本税理士会連合会 編
中央経済社

❶国税通則法 ❷同施行令・同施行規則・同関係告示 ❸同関係通達 ❹租税特別措置法・同施行令・同施行規則（抄）❺国税徴収法 ❻同施行令・同施行規則 ❼滞調法・同施行令・同施行規則 ❽税理士法・同施行令・同施行規則・同関係告示 ❾電子帳簿保存法・同施行令・同施行規則・同関係通達 ❿行政手続オンライン化法・同国税関係法令に関する省令・同関係告示 ⓫行政手続法 ⓬行政不服審査法 ⓭行政事件訴訟法（抄）⓮組織的犯罪処罰法（抄）⓯没収保全と滞納処分との調整令 ⓰犯罪収益規則（抄）⓱麻薬特例法（抄）

消費税法規通達集
日本税理士会連合会 編
中央経済社

❶消費税法 ❷同別表第三等に関する法令 ❸同施行令・同施行規則・同関係告示 ❹消費税法基本通達 ❺消費税申告書様式等 ❻消費税法等関係取扱通達等 ❼租税特別措置法（抄）❽同施行令・同関係通達 ❾消費税転嫁対策法・同ガイドライン ❿震災特例法・同施行令（抄）・同関係告示 ⓫震災特例法関係通達 ⓬税制改正法等 ⓭地方税法（抄）⓮同施行令・同施行規則（抄）⓯所得税・法人税政省令（抄）⓰輸徴法令（抄）⓱関税法令（抄）⓲税関定率法令（抄）

登録免許税・印紙税法規集
日本税理士会連合会 編
中央経済社

❶登録免許税法 ❷同施行令・同施行規則 ❸租税特別措置法・同施行令・同施行規則（抄）❹震災特例法・同施行令・同施行規則（抄）❺印紙税法 ❻同施行令・同施行規則 ❼印紙税法基本通達 ❽租税特別措置法・同施行令・同施行規則（抄）❾印紙税額一覧表 ❿震災特例法・同施行令・同施行規則（抄）⓫震災特例法関係通達等

中央経済社